Lehrbuch für Maurer

Teil 2

von Arthur Wagner / Bernhard Großmann

weitergeführt von Alfred Grascht
Oberstudienrat in Berlin

41. Auflage

HERMANN SCHROEDEL VERLAG KG
Hannover · Dortmund · Darmstadt · Berlin

Bildernachweis

Textfotos von Photo-Machus, Berlin
Bild 144 u. 145 vom Heraklith-Bildarchiv
Bild 160 u. 165 von Dolberg-Glaser und Pflaum G.m.b.H., Essen
Bild 211 von T. Sperling, Hamburg
Bild 213-217 von Steine und Erden G.m.b.H., Goslar

Alle Rechte vorbehalten

Die Vervielfältigung und Übertragung auch einzelner Textabschnitte, Bilder oder Zeichnungen ist — mit Ausnahme der Vervielfältigung zum persönlichen und eigenen Gebrauch gemäß §§ 53, 54 URG — ohne schriftliche Zustimmung des Verlages nicht zulässig. Das gilt sowohl für die Vervielfältigung durch Fotokopie oder irgendein anderes Verfahren als auch für die Übertragung auf Filme, Bänder, Platten, Arbeitstransparente oder andere Medien.

© 1974 HERMANN SCHROEDEL VERLAG KG, HANNOVER
Fachbereich Berufliche Bildung, vormals Gebr. Jänecke Verlag
Druck: Konkordia GmbH für Druck und Verlag, Bühl/Baden
ISBN 3-507-**91028**-4

Inhaltsverzeichnis Teil 2

Abdichten von Hochbauten gegen Erdfeuchtigkeit 5
Die gebräuchlichen Dichtungsstoffe · Anstrichmittel · Bitumen- und Teerpappen

Dämmstoffe 14
Maßnahmen zur Verbesserung des Wärme- und Schallschutzes · Anorganische Dämmstoffe · Organische Dämmstoffe · Kunststoffe

Kunststoffe 20
Kunststoffarten · Eigenschaften · Verwendung der Kunststoffe am Bau · Übersicht über Rohstoff, Anwendungsgebiete und Handelsbezeichnungen

Rechteckige und quadratische Pfeiler . 32
Verbandregeln · Kreuzförmige Pfeiler Lege- und Zeichenübungen

Anlegen und Hochmauern von Fenster- und Türöffnungen 37
Fenster- und Türanschläge · Verbandregeln · Fensterohlbänke und Schwellen Lege- und Zeichenübungen

Schornsteine 46
Schornsteinzug · Querschnittsformen Lage der Schornsteine · Schornsteine aus Formsteinen · Lege- und Zeichenübung für freistehende, ein- und angebauter Schornsteine

Stellen von Außenrüstungen 63
Stangengerüste · Stahlrohrgerüste · Auslegergerüste · Schutzbestimmungen · Seilknoten

Baugipse 76
Herstellung · Arten · Verarbeitungs-Eigenschaften

Putzarbeiten 83
Glatter Wandputz · Anforderungen und Aufbau des Putzmörtels · Fehler im Putz. Putzgeräte · Putz auf Holzwerk, Beton und Metall · Deckenputz

Bewehren und Betonieren von Betonstürzen 109
Balkenschalung · Betonstähle für die Bewehrung · Zuschneiden und Biegen der Stahleinlagen · Verlegen und Flechten der Stäbe · Grundregeln für die Betonherstellung · Verlegen von fertigen Stahlbetonstürzen

Hohlmauern 131
Zweck der Hohlwand, Ausführung, Verbandregeln

Mauerwerk aus Leichtbetonsteinen 136
Wände aus Leichtbeton-Vollsteinen, aus Leichtbeton-Hohlblocksteinen, aus Kalksand-Hohlblocksteinen, aus Gas- und Schaumbeton · Vorschriften · Lege- und Zeichenübungen

Überdecken von Maueröffnungen 158
Segmentbogen · Scheitrechter Bogen Rund-, Spitz- u. Korbbogen · Überdecken von Öffnungen mit Stahlträgern

Die einfachen Gewölbe 184
Tonnengewölbe · Kappengewölbe

Bauholzeinbau 197
Einmauern und Verankern der Balken · Holzbalkendecken · Ermittlung des Deckengewichts · Holzbalkendecken mit ausreichendem Schallschutz

Inhaltsverzeichnis Teil 3

Unterscheiden und Bearbeiten der Natursteine 5
Natursteinarten · Aufbau und Eigenschaften · Die wichtigsten Naturgesteine · Gewinnung und Zurichtung · Bearbeitung

Natursteinmauerwerk 20
Mauerverbände · Bruchstein-, Schichten- und Mischmauerwerk mit Werksteinverblendung

Fenster- und Türbegrenzungen aus Werkstein 40

Erhaltung der Natursteine 45

Verblenden von Mauerwerk mit künstlichen Baustoffen 47
Vormauerziegel und Klinker · Verbandarten · Verblenden mit Platten

Rollschichten, Gesimse und rungebogene Mauern 57

Massive Fußböden 64
Flach- und Rollschichtpflater · Bodenbeläge aus Kunststein- und Natursteinplatten · Fußbodenbeläge aus Fliesen

Herstellen von Beton-Estrich 73
Unterbeton · Verbindung zwischen Unterbeton und Estrich · Fugenausbildung · Hartbetonbeläge

Herstellen von Gips-Estrich 79

Stemmwerkzeuge und Stemmarbeiten 82
Druckluftwerkzeuge · Durchbrüche · Rohrschlitze

Ausbruch-, Abbruch- und Unterfangarbeiten 85
Absteifungen · Türdurchbrüche · Vergrößerung eines Fensters · Unterkellern eines Raumes · Anbau eines Hauses mit tieferliegenden Fundamenten · Einbau eines tiefer zu gründenden Hauses

Einsetzen von Dübeln, Zargen, Reinigungstüren und Eckschienen 91

Mauern von nichtrechtwinkligen Ecken, Stößen und Kreuzungen 96

Wände aus Leicht- und Schwerbeton . 102
Aufbau · Einschalungsarten · Wärmedämmung

Herstellen von Massivdecken 115
Stahlbetondecken · Stahlbetondecken zwischen Stahlträgern · Durchlaufende Platten · Beiderseits eingespannte Decken · Einbringen des Betons

Einschalen und Bewehren von Säulen 128

Plattenbalkendecke 128

Stahlbetonrippendecken.............. 131
Rippendecken ohne und mit Füllkörper · Rippendecken aus Fertigteilen

Stahlsteindecken 137

Schallschutz 140

Einrichten einer Baustelle 144
Festlegen der Haupt- und Seitenfluchten · Schnurgerüst

Leichte Trennwände 154
Stahlstein-Innenwände · Glasstein-, Drahtputz-, Anwurf-, Stahlbeton-, Platten- und Gerippewände

Steinerne Treppen 169
Treppen-Arten, -Teile, -Steigungsverhältnisse · Unterstützungsarten · Treppen mit Versetzstufen · Freitreppen · Innere Geschoßtreppen · Treppen im Erdreich · Gemauerte Treppen über dem Erdreich · Treppen aus Beton- und Stahlbeton; aus Stahlbeton-Fertigteilen · Feuerschutz

Dämmen von Schornsteinen 203

Ziehen von Schornsteinen 204

Mauern von Schornsteinköpfen 209

Außenputze 209

Abdichten von Hochbauten gegen Erdfeuchtigkeit

Zweck des Abdichtens. Alle auf die Erde herabfallenden Wassermengen (Regen, Schnee) sowie Nutzwasser dringen je nach der Beschaffenheit des Bodens verschieden tief ein. Im Sandboden wird das Wasser schneller und tiefer in das Erdreich einsickern als in einer Ton- oder Lehmschicht. Ton- oder Lehmschichten sind wenig oder gar nicht wasserdurchlässig und halten die Feuchtigkeit sehr lange fest. Im tiefliegenden Gelände bezeichnet man als Grundwasser das Druckwasser der Flüsse, im hängigen Gelände das auf undurchlässigen, tiefliegenden Schichten abfließende Wasser.

1. Versuch: Auf die Lagerfläche eines Ziegels lege eine allseitig überstehende Dachpappe. Darauf mauere einen 2. Läufer auf. Diesen Mauerkörper bringe in eine Entwicklerschale mit Wasser und beobachte die Wirkung der Sperrschicht! Bild 1.

2. Versuch: Streiche einen Mauerziegel fünfseitig bis zur halben Höhe zweimal mit Bitumenlösung. Nach dem Trocknen stelle den Ziegel und einen ungestrichenen Ziegel in eine Entwicklerschale mit Wasser. Beobachte die Wirkung des Anstriches! Bild 2.

Bild 1. Wirkung der Sperrpappe

Bild 2.
Wirkung des Sperranstriches

Bild 3. Wirkung des Sperranstriches in einer Glaubersalzlösung

3. Versuch: Streiche einen Ziegel wie beim Versuch 2 lückenhaft mit Bitumen. Ein zweiter Ziegel ist mit einem zweifachen Anstrich zu versehen. Beide Ziegel stelle in eine Entwicklerschale mit Glaubersalzlösung. Beobachte die Wirkung des Anstriches. Bild 3.

Das Wasser kann also, wie die 3 Versuche gezeigt haben, bei nicht gesperrtem Mauerwerk in die Ziegel eindringen bzw. bei verunreinigtem Wasser Ausblühungen hervorrufen. Ebenso kann das Wasser auch vom Erdreich aus sowohl von unten als auch von der Seite ins Mauerwerk eindringen. Auch Spritzwasser kann in das Mauerwerk gelangen, selbst wenn kein Druck vorhanden ist. Infolge der Feinporigkeit der Ziegel wird das Wasser auf Grund der Haarröhrchenwirkung (Kapillarität) durch die feinen Poren angesaugt und steigt im Mauerwerk hoch. Die Wasserdurchlässigkeit und Saugfähigkeit der Ziegel wirkt sich für Mauerwerk im Erdreich nachteilig aus. Deshalb müssen nach DIN 4117 alle Teile eines Bauwerkes, besonders aber die zum dauernden Aufenthalt von Menschen oder zur Lagerung nässeempfindlicher Wirtschaftsgüter dienenden Untergeschosse gegen aufsteigende und seitlich eindringende Feuchtigkeit durch geeignete Sperrschichten bzw. Anstriche geschützt werden. Die Sperrschichten sollen den Bau und seine Teile auch vor den Angriffen etwaiger schädlicher Stoffe des Bodens oder des Grundwassers bewahren. Unterschieden werden:

1. Abdichtungen gegen aufsteigende und seitlich eindringende Bodenfeuchtigkeit.

2. Abdichtungen gegen Grund- und Druckwasser.

Die gebräuchlichsten Dichtungsstoffe sind Asphalt, Bitumen und Teer. Das Wort Asphalt (griechisch) und Bitumen (lateinisch) bedeuten im wesentlichen das gleiche = Erdpech. Unter Naturasphalt versteht man eine in der Natur vorkommende chemische Bindung von Gestein und Bitumen, wobei das Bindemittel Bitumen ist. Asphalt, auch Teerpech genannt, kommt mit einem Bitumengehalt von etwa 60 % auf der Insel Trinidad (Insel vor Venezuela in Südamerika) vor, wo er, stark mit Mineralien und Wasser durchsetzt, ganze Seen bildet. Dieser Asphalt, der gereinigt als „Trinidad épuré" in den Handel kommt, wird auch Seeasphalt genannt.

Asphaltgesteine: Asphaltgetränkte Kalksteine werden in Deutschland in der Gegend von Hannover und Holzminden gefunden. Der aus ihnen gewonnene Asphalt wird auch „Steinasphalt" genannt.

Künstliche Asphalte werden durch Mischen von Steinmehlen und Bitumen hergestellt.

Bitumen: Die Verarbeitung von Erdöl auf Bitumen ist im Grunde sehr einfach. Je nach der Gewinnung unterscheidet man: Destillierte Bitumen, Hochvakuum-Bitumen und geblasene Bitumen. Für Abdichtungen kommen nur destillierte Bitumen in Frage. Diese erhält man durch Verdampfung und nachfolgende Verflüssigung und Verdichtung (Kondensation) des Erdöls, wobei nacheinander die Benzine, Petroleum, Gasöl und Schmieröle entfernt werden. Der nicht verdampfbare Anteil ist weiches bis mittelhartes Bitumen. Bitumen ist ein warmverformbarer Werkstoff.

Bei normaler Temperatur sind die Bitumen ballfest bis springhart. Beim Erwärmen werden sie allmählich knetbar, dann zähflüssig und bei 150 bis 200° dünnflüssig. In diesem Zustand benetzen sie pflanzliche Fasern, Metalle und steinige Stoffe gut. Beim Abkühlen nehmen sie wieder ihre ursprüngliche Beschaffenheit an. Aufeinandergelegte Steine oder Pappbahnen, die mit heißflüssigem Bitumen bestrichen wurden, sind nach dem Erkalten durch das Bitumen fest miteinander verbunden. Die Kitt- und Klebewirkung der Bitumen beruht also auf Änderung ihrer Zähflüssigkeit durch Wärme.

Teer ist ein klebefähiges, zähes oder flüssiges Erzeugnis, das beim Trocknen oder zersetzenden Überdampfen pflanzlicher oder tierischer Stoffe entsteht. Je nach dem Ausgangsstoff unterscheidet man: Steinkohlenteer, Braunkohlenteer, Holzteer, Torfteer, Ölschiefer-Teer und Knochenteer. Für das Bauwesen kommt fast ausschließlich der Steinkohlenteer in Frage. Zur Herstellung von Schutzanstrichen sind geeignet:

Tafel 1   **Anstrichmittel und Ausführungsart**

Anstrichmittel	Für die Ausführung der Anstriche kommen in Betracht
1. Bitumenlösungen (kalt zu verarbeiten)	1. Mehrfache Anstriche mit Bitumenlösung oder gefüllter Teerpechlösung
2. gefüllte Teerpechlösung (kalt zu verarbeiten)	2. Zweimaliger Anstrich mit Bitumenemulsion oder Teerpechemulsion
3. Bitumenemulsion (kalt zu verarbeiten)	3. Erster Anstrich mit Bitumenlösung, zweiter Anstrich mit Heißbitumen
4. Teerpechemulsion (kalt zu verarbeiten)	4. Zweimaliger Heißanstrich mit Teerpech, bei staubigem Mauerwerk Voranstrich mit Teerpechlösung
5. Bitumen (heiß zu verarbeiten)	5. Erster Anstrich mit Bitumenlösung, zweiter Auftrag mit kalt zu verarbeitender Spachtelmasse
6. Teerpech (heiß zu verarbeiten)	
7. Bitumenspachtelmassen	

Die Anstriche mit Bitumenemulsion und Teerpechemulsion eignen sich auch für feuchtes Mauerwerk, die übrigen Anstrichmittel nur für trockenes Mauerwerk. Bei unebenem Mauerwerk sind Heißanstriche zu bevorzugen. Über die Zusammensetzung der Anstrichmittel und den Mindestverbrauch siehe Tafel 2 und 3!

Tafel 2 Zusammensetzung der Anstrichmittel

Anstrichmittel	Gehalt an Bitumen oder Steinkohlenteerpech in Gewichts-%	Erweichungspunkt °C	Sonstige Bestandteile
Bitumenlösung	50—70	45—85	Organische Lösungsmittel
Steinkohlenteerpechlösung, gefüllt	45—60	45—60	Organische Lösungsmittel u. Mineralstoffe
Bitumenemulsion	mind. 50	45—85	Wasser, Emulgator
Steinkohlenteerpechemulsion	mind. 50	40—60	Wasser, Emulgator
Heißbitumen	80—100	40—85	Bis 20 % Steinmehl zulässig
Steinkohlenteer-Heißpech	100	45—60	—

Tafel 3 Mindestverbrauch an Anstrichmitteln

Anstrichmittel	Mindestverbrauch in Gramm je m² Wandfläche
Mehrfache Anstriche mit Bitumenlösungen	700—1000
Dreimaliger Anstrich mit gefüllter Teerpechlösung	950
Erster Anstrich mit verdünnter Bitumenemulsion und zweiter Anstrich mit Bitumenemulsion	insgesamt 1250
Zweimaliger Anstrich mit Teerpechemulsion	900
Erster Anstrich mit Bitumenlösung, zweiter Anstrich mit Heißbitumen	etwa 300 1500
Zweimaliger Anstrich mit Teerheißpech	1800—2300
Erster Anstrich mit Bitumenlösung, zweiter Anstrich mit kalt verstrichener Bitumenspachtelmasse	etwa 300 1000—1500

Die niedrigen Werte in Tafel 3 gelten im allgemeinen für ebenes oder verputztes Mauerwerk, die höheren Werte für sehr unebenes und rauhes Mauerwerk.

Bitumen- und Teerpappen. Die waagerechten Sperrschichten sind nach DIN 4117 aus Bitumendachpappen nach DIN 52128, Teerdachpappen nach DIN 52121 oder Teersonderdachpappen nach DIN 52140 (Dachpappen mit mineralischer Bestreuung) herzustellen.

Zweckmäßiges Verlegen der Sperrpappe. Auch wenn die Kellerwände nicht unmittelbar in das Grundwasser hinabreichen, müssen sie gegen aufsteigende und seitlich eindringende Bodenfeuchtigkeit gesperrt (abgedichtet) werden. Die waagerechten Sperrschichten werden in der Regel aus Dachpappe (siehe Tafel 4) gebildet. Bei unterkellerten Räumen wird die Pappe auf der 3. Schicht über dem Fundament verlegt (Bild 4). Außerdem ist eine weitere Sperrschicht gegen Spritzwasser mind. 30 cm über dem Erdreich oder unter der Kellerdecke anzuordnen. Diese soll den Übertritt der Feuchtigkeit in das Erdgeschoß verhindern (Bild 5).

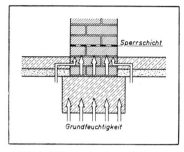

Bild 4. Sicherung gegen aufsteigende Feuchtigkeit mit einer Sperrschicht

Tafel 4   Eigenschaften der Bitumen- und Teerpappen

Eigenschaften	Bitumendachpappe mit beiderseitiger Deckschicht nach DIN 52128		Teer-Dachpappe beiderseitig besandet nach DIN 52121		Teer-Sonderdachpappe u. Teer-Bitumendachpappe mit Sonderdeckschichten nach DIN 52140	
Herstellung	Durch Tränken von Wollfilzpappe, beiderseitiges Überziehen mit Deckmasse und beiderseitiges gleichmäßiges Bedecken mit steinigen Stoffen		Durch Tränken von Rohpappe od. Wollfilzpappe mit Tränkmasse, beiderseitiges Überziehen m. Deckmasse u. beiderseitiges gleichmäßiges Bedecken mit Sand		Durch Tränken von Rohpappe od. Wollfilzpappe m. Tränkmasse, beiderseitiges Überziehen m. Deckmasse und beiderseitiges Bedecken m. steinigen Stoffen	
Art der Tränk- u. der Deckmasse	Bitumen, Naturasphalte, Zusatz von Fettpech zulässig (Paraffingehalt 2,5 %)		Steinkohlenteer-Erzeugnisse		Steinkohlenteer-Erzeugnisse allein oder mit Bitumen oder Naturasphalt oder beiden	
Gewicht der Einlage	0,500 kg/m²	0,333 kg/m²	0,500 kg/m²	0,333 kg/m²	0,500 kg/m²	0,333 kg/m²
Länge der Rollen	20 m		10 m		10 m	
Breite der Rollen	1 m		1 m		1 m	

Gegen die seitlich eindringende Bodenfeuchtigkeit sind die äußeren Kellerwandflächen von Geländehöhe hinab bis etwas unter die unterste Sperrschicht mit Schutzanstrich (s. Tafel 1—4) zu versehen.

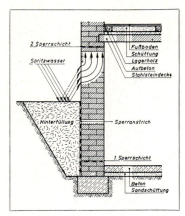

Bild 5.
Sperrschichten am Kellermauerwerk

Sollen auch die Kellerfußböden trocken bleiben, so ist nach Bild 6 zwischen dem ebenen Unterbeton eine durchgehende waagerechte Sperrschicht zu verlegen. Ähnlich ist bei Fußböden nicht unterkellerter Räume zu verfahren. Es genügt, wenn die Sperrschicht zwischen Unterbeton und Lagerhölzer verlegt wird (Bild 7). Lagerhölzer und Schwellen sind allseitig, Fußbodenbretter unterseitig mit Holzschutzmittel zu streichen.

Bei Bauten an Hängen ist der Kellerboden nebst Außenmauer nach Bild 6 mit durchgehender Sperrschicht zu versehen. Auch wenn das anschließende Erdreich Bestandteile enthält, die in wässerigen Lösungen die Baustoffe angreifen, ist so zu verfahren. Als Sperrschichten dienen „nackte" Dachpappen (ohne Bestreuung nach DIN 52126—52129), die in 3 oder 4 Lagen mit heißer Klebemasse verklebt werden. Ausführung nach DIN 4031.

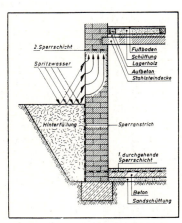

Bild 6. Verbesserter Schutz gegen aufsteigende Feuchtigkeit

Für die waagerechte Sperrung werden am besten fabrikmäßig auf Mauerdicke zugeschnittene Pappbahnen verwendet (Bild 8). Die Mauerschicht muß vor dem Verlegen mit Mörtel abgeglichen und gesäubert werden. Es ist besonders darauf zu achten, daß die Pappe nicht durch spitze Gegenstände durchstoßen oder beschädigt wird. Reicht die Länge einer Pappbahn nicht aus, so sollen die Stoßstellen mindestens 10 cm überdecken. Bei späteren Maueranschlüssen muß die Pappe so weit herausragen, daß eine gute Überdeckung möglich ist.

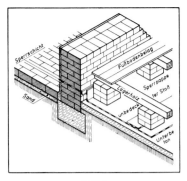

Bild 7.
Sperrschicht unter Lagerhölzern

Bild 8.
Verlegen der Sperrpappe

Anhaften der Anstrichmittel. Ebene Flächen erleichtern das Auftragen der Anstrichmittel, besonders der Kaltanstriche. Mauerwerk soll daher vollfügig und eben gemauert werden und einen guten (glatten) Fugenverstrich erhalten. Unebenes Mauerwerk (z. B. aus Bruchsteinen) oder Beton wird zweckmäßig durch einen Putz aus Zementmörtel oder Kalkzementmörtel geebnet. Staub, Sand oder sonstige lose Teile sind vor dem Anstrich zu entfernen, da sonst der Anstrich nur teilweise haftet. Nötigenfalls ist mit Bitumenlösung oder Teerpechlösung vorzustreichen.

Vor dem Aufbringen der Anstriche müssen Mauer- und Putzmörtel oder der Beton hinreichend erhärtet sein. Neigt Mauerwerk zu Ausblühungen, so sind erst nach Austreten der Ausblühungen diese abzukratzen und abzubürsten (ohne Wasser). Dann erst darf gestrichen werden. Denn solche Ausblühungen würden den Dichtungsfilm (Anstrichschicht) wegdrücken.

Damit die Außenfläche gereinigt bzw. verputzt und später gestrichen werden kann, ist die Baugrube so breit auszuschachten, daß vor der Wand noch ein Arbeitsraum von mindestens 50 cm Breite verbleibt (Bild 6).

Arbeitsregeln. Die Schutzanstriche müssen eine zusammenhängende, lückenlose Deckhaut bilden, die auf dem Untergrund fest haftet. Die Streicharbeit ist bei Regen zu unterbrechen, und vom Regen abgespülte Anstriche sind zu erneuern. Bei Handarbeit werden die Schutzanstriche mit breiten Malerpinseln oder Bürsten angetragen. Bei Kaltanstrichen können auch Spritzpistolen verwendet werden. Diese Arbeiten müssen sehr gewissenhaft ausgeführt werden, da jede Fehlstelle der Anfang von Zerstörungen und Durchfeuchtungen ist.

Bitumenlösung und gefüllte Teerpechlösung enthalten Lösungsmittel; deshalb sind sie nur auf lufttrockenen und ebenen Wandflächen anwendbar. Regennasse und baufeuchte Mauern muß man genügend austrocknen lassen. Zweit- und Drittanstriche dürfen erst nach völliger Trocknung des vorhergehenden Anstriches frühestens 24 Stunden nach dem ersten Anstrich, aufgebracht werden. Da die Lösungsmittel dieser Anstriche leicht entflammbar sind, ist offenes Feuer fernzuhalten und bei Aufbewahrung in geschlossenen Räumen das Rauchen zu unterlassen.

Bitumenemulsion und Teerpechemulsion sind als Anstrich auch bei feuchtem und ebenem Mauerwerk anwendbar. Zweckmäßig wird trockenes Mauerwerk vorher angefeuchtet oder mit verdünnter Emulsion vorgestrichen. Auch hier gilt: Zweitanstriche erst nach völliger Trocknung des ersten. Bei feuchtem Wetter trocknet Emulsion langsam. Emulsionen sind frostempfindlich; sie sind daher frostsicher zu lagern. Bei Frost darf nicht mit Emulsionen gestrichen werden.

Bitumen- und Teerpech-Heißanstriche eignen sich besonders für unebene und rauhe Mauerflächen. Diese aber müssen trocken sein. Die heiß zu verarbeitenden Anstrichmittel sind genau nach Arbeitsvorschrift der Lieferfirma unter ständigem Rühren bis zur Dünnflüssigkeit zu erhitzen. Durch Überhitzung entstehen Verkokungen. Zur Verminderung der Abkühlung und der dadurch bedingten Zähigkeit und schlechten Haftung soll die gleichmäßig erwärmte, dünnflüssige Masse möglichst schnell und mit großen Bürsten aufgestrichen werden. Bitumen-Heißanstrichen soll stets ein Grundanstrich mit Bitumenlösungen vorausgehen. Bei mehrfachen Heißanstrichen ist der folgende möglichst bald nach Festwerden des vorangehenden Anstrichs aufzubringen.

Bitumenspachtelmassen werden mit dem Spachtel aufgetragen (dicht an dicht); sie beanspruchen längere Trocknungszeit.

Hinterfüllen des Mauerwerks. Erst wenn die Anstriche trocken und fest, nicht vollgedeckte Stellen nachgestrichen sind, darf hinterfüllt werden. Um Beschädigungen der Anstrichhaut zu vermeiden, dürfen unmittelbar an die Wandfläche nur Sand, Lehm oder Erde, die frei von Kies, Splitt oder Geröll sind, geschüttet werden. Beim Anfüllen schützt man die Anstriche gegen reibende und schürfende Beanspruchung durch schräg davor gestellte Bretter, die der Schütthöhe folgend höher gezogen werden.

Wiederholungsfragen und Hausaufgaben

1. Warum muß Kellermauerwerk abgedichtet werden?
2. Wodurch können im aufgehenden Kellermauerwerk Ausblühungen entstehen?
3. Nenne die gebräuchlichsten Dichtungsstoffe!
4. Wodurch unterscheiden sich Bitumenanstrichmittel von Teeranstrichmitteln?
5. Welche Vorteile bieten Emulsionen?
6. Wo werden am Kellermauerwerk waagerechte Sperrschichten verlegt?
7. Wie kann man einen verbesserten Schutz gegen aufsteigende Feuchtigkeit erreichen?
8. Wo verlegt man die Sperrschicht bei nicht unterkellerten Räumen?
9. Wie sind die Stöße auszuführen?
10. Wie muß die Wandfläche vor dem Auftragen des Schutzanstriches beschaffen sein?
11. Wann nur darf der Zweitanstrich vorgenommen werden?
12. Welche Anstrichmittel sind dir bekannt?
13. Warum darf beim Anstreichen mit Bitumen- und Teerpechlösung nicht geraucht werden?
14. Worauf ist beim Hinterfüllen des Mauerwerks zu achten?

Rechenaufgaben

1. Das in Bild 9 dargestellte Grubenmauerwerk soll gegen aufsteigende und seitlich eindringende Feuchtigkeit abgedichtet werden.

    a) Wieviel m² Sperrpappe sind für eine horizontale Sperrschicht notwendig?

    b) Wie groß ist der Gesamtbedarf, wenn mit 15 % Verschnitt gerechnet werden muß?

    c) Wie groß ist der Anstrichmittelbedarf für die Wandflächen, wenn ein dreimaliger Anstrich mit gefüllter Teerpechlösung vorgenommen wird (siehe Tafel 3)?

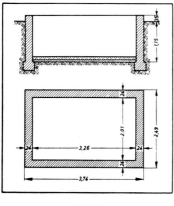

Bild 9

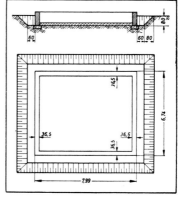

Bild 10

2. Das Kellermauerwerk in Bild 10 soll gegen aufsteigende und seitlich eindringende Feuchtigkeit abgedichtet werden.

    a) Wieviel m² Sperrpappe sind für die oberhalb des Kellerfußbodens und unterhalb der Erdgeschoßdecke verlegte Sperrschicht erforderlich?

    b) Wie groß ist der Verschnitt bei 15 %?

    c) Wie groß ist der Anstrichmittelbedarf bei einem zweimaligen Anstrich mit Teerpechemulsion?

    d) Wieviel m³ Erdreich sind für die Hinterfüllung erforderlich?

Dämmstoffe

Maßnahmen zur Verbesserung des Wärmeschutzes

Wände und Decken sind im allgemeinen nur wenig luftdurchlässig, so daß der Wärmeverlust durch Wärmemitführung gering ist. Dagegen gehen durch Undichtigkeiten an Fenstern und Türen große Wärmemengen verloren; deshalb sollen alle Fugen gut abgedichtet sein. Dies gilt besonders auch für die Fugen zwischen Fensterrahmen und Mauerwerk und für die Stoßfugen bei großflächigen Bauteilen (Plattenwänden).

Risse im Außenputz können zur Durchfeuchtung der Wand und zu Wärmeverlusten führen. Heute sind auch Art und Größe der Fenster für den baulichen Wärmeschutz von ausschlaggebender Bedeutung. Die Wärmeverluste von Fenstern sind entsprechend ihrer Bauart unterschiedlich: Bezogen auf das Verbundfenster hat ein Doppelfenster 16 % niedrigere Wärmeverluste, ein Einfachfenster jedoch 55 % höhere. Angesichts der gestiegenen Brennstoffkosten ist es höchst unzweckmäßig, überhaupt noch Einfachfenster zu verwenden.

Ein Atmen der Wände im Sinne einer Lufterneuerung der Innenräume findet nicht statt. Dagegen ist aus hygienischen und bautechnischen Gründen auf der Innenseite der Wände eine gewisse Aufnahmefähigkeit für Wasserdampf erwünscht. Üblicher Innenputz, auch saugfähige Pappen und dergleichen erfüllen diesen Wunsch.

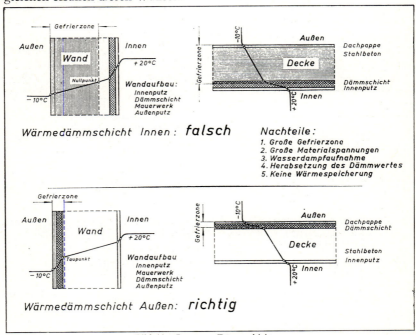

Bild 11. Lage von Dämmschichten

Um das Eindringen der von dieser Schicht bei hohem Feuchtigkeitsgrad der Raumluft aufgenommenen Wasserdampfmengen ins Innere der Bauteile zu verhindern, kann die Anordnung einer unmittelbar anschließenden möglichst wasserdampfundurchlässigen Schicht (Dampfsperre) zweckmäßig sein.

Wärmespeichernde Wände und Decken sind erforderlich, um im Winter eine zu schnelle Auskühlung der Räume bei Nachlassen der Heizung und im Sommer eine zu rasche Erwärmung zu verhindern. Der Erfolg ist um so größer, je größer das Wärmespeicherungsvermögen der Bauteile und je zweckmäßiger ihre Lage zur Außenluft ist. Wenn die Wände oder Decken als temperaturausgleichende Speicher wirken sollen, so ist auf der Außenseite eine Dämmschicht mit möglichst hohem Wärmedurchlaßwiderstand anzubringen. Diese Anordnung hat eine längere Anheizzeit und entsprechend längere Auskühlzeit der Räume zur Folge.

Maßnahmen zur Verbesserung des Schallschutzes

Bei der früher üblichen Bauweise bestand nicht die Notwendigkeit, dem Tritt- und Luftschallschutz große Beachtung zu schenken. Erst mit der umfangreichen Anwendung von leichten Baustoffen und den Körperschall gut leitenden, tragenden Betonkonstruktionen traten diese schalltechnischen Probleme in den Vordergrund; denn neben dem unbestreitbaren technischen und wirtschaftlichen Vorteil haben diese Bauten den Nachteil, daß sie den schalltechnischen Erfordernissen nicht entsprechen.

Das Bauteil muß so konstruiert sein, daß der Stoß, der den Schall erzeugt, abgefedert wird. Bei einer Massivdecke (Bild 12) kann der Schall auf zwei verschiedenen Wegen in den darunterliegenden Raum eindringen. Der

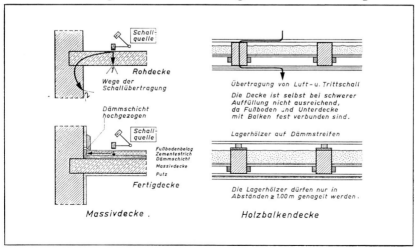

Bild 12

erste Weg führt unmittelbar durch die trennende Massivdecke. Auf dem zweiten Weg werden die Schallwellen durch die seitlich anschließende Wand übertragen. Der fertige Deckenaufbau ist dargestellt: Auf der Rohdecke liegt eine mindestens 8 mm dicke Dämmatte oder Dämmplatte. Der darüberliegende sog. „Schwimmende Estrich" darf keine direkte Berührung mit der Massivdecke haben, da sonst Schallbrücken entstehen.

Schallschutzmaßnahmen verbessern in der Regel auch die Wärmedämmung eines Bauwerkes. Deshalb werden auf beiden Gebieten des Bautenschutzes die gleichen Dämmstoffe eingesetzt. Es sei hier noch einmal darauf hingewiesen, daß die Luftschalldämmung in erster Linie von dem Gewicht je Flächeneinheit abhängig ist.

Dämmstoffe

Dämmstoffe werden im Bauwesen für den Wärmeschutz und Schallschutz (Schutz gegen Ausbreitung von Luft- und Körperschall sowie zur akustischen Gestaltung von Räumen durch Regulierung der Nachhallzeit) verwendet. Dämmstoffe können aber auch dem Feuerschutz dienen.

A. Überwiegend anorganische Dämmstoffe
1. Naturstoffe
a) Kieselgur = Kieselsäuregerippe fossiler Algenarten. Vorkommen in Deutschland: Lüneburger Heide. Weißlich-graues Pulver, das nach dem Glühen rosa bis fleischfarben wird. Eigenschaften: temperatur- und säurebeständig, nicht brennbar, wassersaugend.
Verwendung: lose Füllungen und Schüttungen (z. B. bei Plewa-Schornsteinen, der Hohlraum zwischen den dünnwandigen Rauchrohren und der Ummauerung wird mit Kieselgur ausgefüllt), Füllungen von fh- und fb-Türen, als Mörtel mit Bindemitteln aufbereitet zur fb-Ummantelung tragender Stahlteile, wärmedämmende und schallschluckende Putze.

b) Asbest = Serpentin oder Hornblende in kristalliner Faserform (metamorphes Naturgestein), in Kollergängen zerfasert.
Eigenschaften: nicht brennbar, säurebeständig, wärmedämmend.
Verwendung: zur Wärmedämmung hochtemperierter Flächen (Heizkessel) sowie zum Schutz gegen strahlende Hitze in Form gepreßter Asbestplatten. Als Mörtel mit Bindemitteln aufbereitet zur fb-Ummantelung tragender Stahlteile sowie als wärme- und schallschluckende Putze. Mit anderen Bindemitteln verarbeitet wie Teer, Asphalt, Kunstharzkleber (Spritzasbest) für wärmedämmende Ummantelung sowie zur Entdröhnung von Lüftungskanälen usw.

c) Bims = helles, schaumiges, vulkanisches Auswurfgestein.
Verwendung: als Bimskies für Leichtbeton und Leichtbeton-Fertigteile (Hbl-Steine, Vollsteine, bewehrte und unbewehrte Fertigteilplatten für Trennwände und Dachdecken.

2. Weiterverarbeitete Naturstoffe
a) Blähglimmer. Glimmerabfälle werden bei ca. 1200 °C aufgebläht bis zu einer Korngröße von 15 mm. Je nach Korngröße wird unterschieden: fein-, gemischt- und grobkörnig. Fabrikate: Vermiculite, Progetha.
Eigenschaften: wärmedämmend, unbrennbar, chemisch unempfindlich, nicht verrottend.
Verwendung: lose Füllungen und Schüttungen, mit Bindemitteln als Mörtel aufbereitet für fb-Ummantelungen von tragenden Stahlteilen, wärmedämmende und schallschluckende Putze, Leichtbeton-Fertigteile (Steine und Platten).

b) Perlite = künstlich aufgeschäumtes vulkanisches Gesteinsglas (Obsidian) mit ähnlichen Eigenschaften und Verwendungsmöglichkeiten wie Blähglimmer (max. Korngrößen 3 mm).
c) Blähton (Leca-Ton): Fetter, kalkarmer Ton wird mit Wasser angereichert, durch Siebe zerkrümelt und durch plötzliche Einwirkung von Temperaturen bis zu 900 °C aufgebläht und gleichzeitig gebrannt. Es entstehen kugelige Formen mit Korngrößen bis zu 15 mm, die in Wasser schwimmen.
Verwendung: lose Schüttungen, Leichtbeton und Leichtbeton-Fertigteile.
d) Gipsbaustoffe, hergestellt aus Normengips nach DIN 1168 (vorwiegend Stuckgips, aber auch Estrichgips) mit organischen (Kokosfaser, Stroh, Schilf, Holzwolle usw.) und anorganischen (Natur-, Sinter- und Hüttenbims, Glas, Mineral- und Asbestfasern usw.) Füllstoffen aufgefüllt.
 1. Gips-Wandbauplatten nach DIN 18 163 als:
 Porengipsplatten durch Zusatz gastreibender Mittel,
 Gipsplatten mit Holzwolle-Leichtbauplatten-Unterlage,
 Gipsplatten mit organischen oder anorganischen Füllstoffen.
 Abmessungen: Länge 50; 66,6; 100 cm; Breite 33,3; 50 cm; Dicke 6; 8; 10; 12 cm.
 2. Gipshohldielen = Bauplatten aus Stuck- und Hartputzgips mit einer glatten und einer geriffelten Seite, mit organischen Stoffen gefüllt.
 Abmessungen: 200 cm lang; 33,3 und 50 cm breit; 1,5 bis 7 cm dick.
 3. Gipskartonplatten (Rigips). Ein Gipskern ist beidseitig mit Spezialkarton verkleidet. Dadurch entstehen relativ dünne, hochelastische Platten.
 Abmessungen: 150 bis 375 cm lang; 120 cm breit; 9,5 bis 18 mm dick.
 Verwendung: Verkleidung von Decken und Wänden anstelle von Putz (Trockenbauweise). Fugen werden mit Spezialkitten unter Einlegen von Gazestreifen verspachtelt und abgeschliffen. Die Flächen können direkt gestrichen oder tapeziert werden. Ab 12 mm gilt Rigips als fh. Trockenbauweise von Schallschluckwänden (mitschwingende Schallschlucker als zweischalige Wand mit lose dazwischengehängter biegeweicher Matte).
 4. Gipskarton-Akustikplatten mit Lochung (gerastert oder als Streulochung oder eingeschlitzt in Form großer Platten, kleiner quadratischer Platten 36,5/36,5 und 50/50 cm).
 5. Gipskassetten 50/50 cm zur Abhängung von Decken mittels einer Spezialhängevorrichtung.
  a) Flächenwirkung: die einzelnen Kassetten haben einen Profilraster als Oberfläche und werden an den Stößen verspachtelt, so daß der Eindruck einer geschlossenen Fläche entsteht.
  b) Kassettenwirkung: Jede Kassette hat einen profilierten Rand, während die Fläche eben ist, meistens mit Akustik-Lochung. Als schallschluckende Auflage meistens Mineralwolle, die mit Alu-Folie abgedeckt ist.
 6. Schwimmender Trockenestrich aus besonders druckfesten Rigipsplatten mit weicher Unterlage.
e) Mineralwolle als Glas-, Schlacke- oder Steinwolle. Der Schmelzfluß wird durch Spinndüsen gepreßt, dann evtl. durch Kräuselbäder geleitet und entsprechend der vorgesehenen Verwendung auf Länge geschnitten.
Verwendungsformen:
 1. Lose Watte oder Wolle für Schüttungen, zum Ausstopfen für Fensteranschläge usw.
 2. Dämmatten in verschiedenen Formen:
  a) zwischen Bitumen- oder Wachspapier versteppt,
  b) einseitig auf nackter Bitumenpappe oder Bitumenpapier aufgesteppt oder aufgeklebt,
  c) auf einer Zwischenbahn beidseitig aufgesteppt oder aufgeklebt.
 3. In einer der Formen nach 2 a) bis c) auf einer Stabilrohrmatte als Putzträger befestigt für Leichtbau-Dachdecken.

4. **Rollfilzmatten und Vliesbahnen:** gekräuselte und auf Länge geschnittene Fasern werden in Wirbeltrommeln mit Kunststoffklebern besprüht, auf Fließbändern in entsprechender Dicke aufgeschichtet, durch Walzen zusammengepreßt und in Öfen getrocknet.
5. **Mineral- und Glasfaserplatten.** Herstellung wie 4., jedoch mit höherem Kleberanteil und stärkerer Pressung, so daß stabile, steife Platten entstehen.

B. Überwiegend organisch

1. Holz

Der Werkstoff Holz wird entweder mechanisch weiterverarbeitet (zerkleinert, zerspänt, zerschliffen) oder chemisch verändert (Zellwolle), um so den Rohstoff zu gewinnen für die Weiterverarbeitung.
Verwendungsformen:
a) Holzwolle, Hobelspäne, Sägespäne, als lose Füllstoffe, Füllungen oder z. B. zum Verstopfen von Fugen (Blendrahmen von Fenstern).
b) Holzwolle-Leichtbauplatten nach DIN 1101. Abmessungen: 50/200 cm; 15; 25; 35; 50; 75; 100 mm dick. Holzwolle wird mit Bindemittelschlämme zu Platten verpreßt. Als mineralische Bindemittel sind geeignet: Zement (Klimalit), Magnesit (Heraklith) und Gips (Lignolith).
c) Weichfaserdämmplatten aus weichem Karton, leim- oder kunstharzgebunden, für Wärme- und Schalldämmzwecke, naturfarben oder einseitig weiß gespritzt. Abmessungen: Länge 125 bis 350 cm, Breite 125 cm, Dicke 6 bis 20 mm.
d) Weichfaser-Wellplatten. Gleiches Material wie c), jedoch gewellt entsprechend den Formen von Wellasbestzement bzw. Wellblech. Dienen zur Wärmedämmung von Dächern (Industriebau!), die mit Wellblech bzw. Wellasbestzement gedeckt sind. Belüftung zwischen Deckung und Dämmung beachten!
e) Bitumengebundene Weichfaserdämmplatten. Wie c), jedoch Bitumenemulsion als Bindemittel, daher feuchtigkeitsbeständiger. Verwendung: Flachdachdämmung, Unterlagschicht für schwimmende Estriche.
f) Akustikplatten als Weichfaserdämmplatten, einseitig gespritzt mit Kunstharzfarben, mit glatter, geriefter oder gelochter Oberfläche für akustische Zwecke. Lieferformen: großflächige Platten oder kleinere quadratische Platten (50/50 und 62,5/62,5 cm) mit gefasten Kanten.
g) Sperrholzplatten, auch mit Edelholzfurnier, als mitschwingende Schallschlucker.

2. Kork

Naturprodukt, gewonnen aus der Rinde der Korkeiche, die in den nördlichen Mittelmeerländern angepflanzt wird. Meist verwendet in Form von Korkschrot, natürlich oder expandiert.
Verwendungsformen:
a) Platten aus expandiertem Korkschrot zu Wärmedämmzwecken als
  1. Kältekork für den Kühlhausbau sowie für Dachdämmungen. Als Bindemittel für den expandierten Korkschrot sind geeignet: Bitumen, Teerpech, Leinölfirnis, Kunstharzkleber.
  2. Wärmekork für höhere Temperaturen, als Bindemittel Ton.
b) Korkdämmatten für Wärme- und Trittschalldämmung (Unterlage für schwimmende Estriche) bestehen aus Dachpappen oder Wollfilzpappen auf Bitumen oder Teerbasis, werden unterseitig mit expandiertem Korkschrot beschichtet. Fabrikate: Etra, Emfa.
c) Spritzkork: Korkmehl, zusammen mit Mineral- und Asbestfasern und Bindemitteln auf bituminöser oder Kunstharzbasis, wird mit der Spritzpistole aufgespritzt zu Wärme- und Schalldämmzwecken wie auch zur Entdröhnung von Maschinengehäusen und Lüftungskanälen.

d) Kork-Akustikplatten aus expandiertem Korkschrot gepreßt, sinngemäß wie Weichfaser- bzw. Mineralfaser-Akustikplatten mit glatter, geriefter oder gelochter Oberfläche (Corkoustic).
e) Kork-Unterlagsplatten für Maschinen zur Schwingungsdämpfung. Ein Raster aus Bandstahl wird mit Korkstreifen ausgeschlagen (Korfundplatten).
f) Korkparkett: fußwarmer und trittschalldämmender Fußbodenbelag, relativ empfindlich (Suberit, Korkett).

3. Torf
Naturprodukt, aus Mooren gewonnen, muß schwer entflammbar imprägniert werden.
a) Für lose Füllungen und Schüttungen.
b) Torfdämmplatten, Torf mit Bindemitteln verpreßt, wasserabweisend imprägniert, für Wärme- und Trittschalldämmung geeignet.

4. Kokosfasern
Naturprodukt, gewonnen aus der äußeren Schale der Kokosnüsse, muß schwer entflammbar und gegen Pilz und Fäulniserreger imprägniert werden.
a) Dämmplatten: Kokosfasern mit Bindemittel zu steifen Platten verpreßt (Emfa-Wandplatten).
b) Kokosrollfilze: kunstharzgebundene Dämmatten, auch für schwimmende Estriche geeignet (Emfa-Rollfilz, Tela-Matten, Gerotekt-Matten).
c) Kokosmatten: Kokosfasern zwischen Bitumenpapier versteppt zur Wärmedämmung.
d) Putzträgermatten: Kokosmatten in Verbindung mit Stabilrohrgewebe als Putzträger (Tele-Matten).

5. Kunststoffe
Aufgeschäumte synthetische Polymerisations- oder Polykondensationskunstharze (Thermoplaste, Duroplaste), teilweise mit relativ hohem Diffusionswiderstand. Thermoplaste sind empfindlich gegenüber Wärme und organischen Lösungsmitteln. Vorteil: geringes Gewicht, keine Verrottung.
a) Schaumstoffplatten zur Wärmedämmung, auch einseitig in Streifen bekiest zur Putzhaftung oder beidseitig beschichtet mit zementgebundenen Holzwolle-Leichtbauplatten (Styropor, Corblanit, Poresta, Isopor, Frigolit).
b) Wellplatten zur Dämmung von Wellblech- oder Wellasbestzement-Dachdeckungen im Industriebau (Well-Poron, Well-Algostat).
c) Schaumstoffmatten und -vliese, rollbar, auch als wärmedämmende Untertapete (Thermopete, Isopete).
d) Hartschaum, der an Ort und Stelle hergestellt und gespritzt wird, zum wärmedämmenden Ausspritzen von Wandschlitzen mit Rohrleitungen, für den Dachgeschoßbau usw.
e) Schaumstoffstreifen und -bänder zur Fugendichtung, lassen sich stark zusammenpressen und dehnen sich wieder aus, wobei sie sich jeder Unebenheit anpassen, daher besonders geeignet zur Fugendichtung von vorgefertigten Bauelementen (Compri-Band).

Wiederholungsfragen und Hausaufgaben
1. Warum sollen in Räumen, die zum dauernden Aufenthalt von Menschen dienen, keine Einfachfenster eingesetzt werden?
2. Welche Aufgaben hat die Dampfsperre zu erfüllen?
3. Nennen Sie die üblichen Maßnahmen zur Verbesserung des Wärme- und Schallschutzes!
4. Nennen Sie die wichtigsten anorganischen Dämmstoffe!
5. Nennen Sie die wichtigsten organischen Dämmstoffe!
6. Welche Kunststoffe werden überwiegend zur Verbesserung des Wärme- und Schallschutzes angewendet?

Kunststoffe

Bedeutung der Plaste

Bei den Kunststoffen handelt es sich in keinem Falle um Ersatzstoffe, wie es zum Teil irrtümlich angenommen wird. Heute weiß man, daß sie neue, wertvolle Werkstoffe geworden sind. Man beabsichtigt deshalb, von der Bezeichnung Kunststoffe abzugehen. In neuester Zeit bedient man sich des öfteren der Bezeichnung „Plaste" (DIN 7708) oder „Plastische Massen". Die Eigenschaften der Kunststoffe gleichen oft denen anderer Werkstoffe. Auf einigen Anwendungsgebieten mögen die Kunststoffe in ihren Eigenschaften unterlegen sein; in vielen Fällen sind sie aber anderen Werkstoffen überlegen.

Kunststoffe haben sich im modernen Baugeschehen folgende Anwendungsgebiete erschlossen:

Baustellenschutz
Betonbindemittel
Betonverbindungsmittel
Kunststoffüberzüge für Beton und Mauerwerk
Schalungsfolien, Schaltafeln, Schalhilfsmittel
Dämmstoffe
Sperrstoffe
Kunststoffglas
Fußbodenbeläge
Rohrleitungen

Kunststoffarten

Die kleinsten Teile eines Stoffes, ob er fest, flüssig oder gasförmig ist, sind die Moleküle. In ihnen sind die Atome von meist zwei oder mehr Grundstoffen (Elementen) miteinander verbunden. Alle organischen Stoffe bestehen aus Molekülen, in denen das Element Kohlenstoff mit anderen Elementen — hauptsächlich Wasserstoff, Sauerstoff und Stickstoff — verbunden ist. Mit Hilfe des Sonnenlichtes bauen sich die Pflanzen aus Kohlensäure, Luft, Wasser und Grundstoffen des Bodens auf. In der Natur gibt es Hunderttausende verschiedener Kohlenstoffverbindungen, denn Kohlenstoffatome haben im Gegensatz zu den meisten anderen Elementen die Fähigkeit, sich zu langen Ketten zu verbinden, an denen seitlich Atome anderer Elemente hängen. Mit steigender Anzahl der Kohlenstoffatome in einer solchen Kette wird aus dem gasförmigen ein flüssiger, aus dem flüssigen ein fester Stoff. Das tragende Gerüst der Pflanzen und Tiere erhält seine Festigkeit durch den Aufbau aus Makromolekülen.

Die Grundbausteine der Kunststoffe sind die Makromoleküle (makros, griechisch: groß), in denen Tausende von Kohlenstoffatomen verkettet sind. Es ist den Chemikern gelungen, nach dem Vorbild der Natur, Makromoleküle mit mehr als 1500 Kohlenstoffatomen aufzubauen. Nach dem Temperaturverhalten unterscheidet man zwei Gruppen von Kunststoffen:

1. **Duroplaste**
2. **Thermoplaste**

Härtbare Kunststoffe (Duroplaste) sind solche, die durch Wärmeeinwirkung (Druck und Hitze) sich verformen lassen und in einen harten Zustand übergehen. Sie sind dann glasig hart und nicht schmelzbar. Bei zu starker Erwärmung werden sie zersetzt.
Härtbare Kunststoffe sind nicht schweißbar. Sie lassen sich nach der Verformung durch Wiedererhitzen micht mehr in einen weichen Zustand zurückversetzen.
Nichthärtbare Kunststoffe sind sogenannte thermoplastische bzw. warmbildsame Kunststoffe. Sie lassen sich nach der Verarbeitung durch Erwärmung aus dem harten Zustand jederzeit wieder in den plastischen, gummiartigen Zustand zurückversetzen. Nach dem Erkalten werden diese Kunststoffe wieder fest.

Tafel 5　　　　　　Hauptgruppen der Kunststoffe

Hauptgruppe	I seit 1870	II seit 1910	III seit 1930	IV seit 1940
Bezeichnung	Kunststoffe aus Naturstoffen	Klassische Kondensationsharz-Kunststoffe	Polymerisationsharz-Kunststoffe	Neueste Kunststoffe „nach Maß"
Wesentliche Rohstoffe	**Cellulose:** Baumwolle, Holz, Stroh **Eiweißstoffe:** Milch-Kasein, Sojabohnen-Protein	**Phenole, Anilin** aus Steinkohlenteer **Harnstoff, Melamin** aus Kohle, Wasser und Luft **Formaldehyd** aus Kohle und Wasser	**Acetylen** aus Kohle (über Carbid) und Wasser, Hydriergasen, Erdgasen **Äthylen** u. a. aus Hydriergasen, Erdgasen, Erdöl	**Phenole, Benzol, Acetylen** (Reppe-Chemie), Produkte aus Kohle und Erdöl durch Krackung, Hydrierung, Fischer-Tropsch-Verfahren, vielfältig funktionell umgewandelt
Herstellen von Kunststoffen	Veränderungen an funktionellen Gruppen natürlicher Makromoleküle führen zu Kunststoffhalbzeug (ältere Verfahren) oder thermoplastischen Kunststoffen (neuere Verfahren)	Mehrstufige Polykondensation, dabei Füllstoffe (Harzträger) eingearbeitet, führt zu „duroplastischen" Kunststoffen mit vernetzten (ausgehärteten) Kunstharzmolekülen	Durchlaufende Polymerisation führt zu „thermoplastischen" Kunststoffen mit fadenförmigen (linearen) Makromolekülen, zuweilen durch Weichmacher abgewandelt	Polyaddition, Polykondensation, Polymerisation, mehrstufig, wechselweise folgend, führen zu verschiedenartigen Kunstharzen (linear oder vernetzt), je nach funktionellem Bau- und Mengenverhältnis, der Ausgangs- und Zwischenprodukte
Untergruppen etwa	10	20	20	10

Eigenschaften. Allgemein zeichnen sich die Kunststoffe durch ein geringes spezifisches Gewicht (0,9 bis 2,0) aus. Besonders gering ist das Leitvermögen für den elektrischen Strom und die Wärmeleitfähigkeit von 0,1 bis 0,6 kcal/mh °C. Für die Wärmedämmung im Hochbau kommen aber nur Schaumstoffe in Frage, da die Kunststoffe nur in dünnen Schichten verwendet werden. Alle Kunststoffe besitzen eine hohe Beständigkeit gegen chemische Angriffe und gegen pflanzliche und tierische Stoffe. Für ihre Wirtschaftlichkeit ist weiter sehr wichtig, daß ihre glatten Oberflächen keiner Nachbehandlung bedürfen. Dazu kommt noch der große Farbenreichtum oder die glasklare Beschaffenheit. Die Zugfestigkeit harter Kunststoffe liegt zwischen 150 und 1500 kp/cm², die Druckfestigkeit etwa bei 600 und 2000 kp/cm²; die Biegezugfestigkeit bei 500 bis 2500 kp/mm². Die Wärmeausdehnung der Kunststoffe — insbesondere der thermoplastischen — ist 2- bis 10mal so groß wie die der Metalle.

Wegen des großen Umfanges, können nur die wichtigsten Anwendungsgebiete besprochen werden.

Verwendung der Kunststoffe am Bau

Baustellenschutz

Die weiche und doch sehr widerstandsfähige Polyäthylenfolie, auch PVC-Folie, findet im Baustellenschutz umfangreiche Anwendungsgebiete. Sie wird in Dicken von 0,03 bis 0,2 mm und in Breiten bis 4,50 m hergestellt und meist in 50-m-Rollen geliefert.

In einfacher Weise werden mit dieser Folie Baustoffe, die im Freien lagern, gegen Regen, Schnee und Frost abgedeckt.

Frisch betonierte Flächen, wie Decken, Estriche, Autobahnen usw. werden zum Schutz gegen Schlagregen, Schnee, Frost und zu starke Sonnenbestrahlung mit Folie belegt oder überspannt. Das Kondenswasser schlägt sich an der Innenseite der Folie nieder und erhält dem Beton die erforderliche Feuchtigkeit.

Auch eine Gesamtverkleidung von Baustellen ist möglich, und man kann auf diese Weise eine vollkommene Winterbaustelle einrichten. Zur Befestigung der Folie am Holz- oder Metallrahmen verwendet man einfach aufgenagelte Leisten oder Metallprofile, in die die Folie mit einem Keder eingeklemmt wird.

Betonbindemittel

Versuche mit Zusätzen von Polyphenylazetat bei der Betonherstellung ergaben merkliche Verbesserung der Druckfestigkeit und Abriebbeständigkeit. Außerdem steigt die Korrosionsfestigkeit. Die guten Erfahrungen, die man mit Polyphenylazetatbeton im Wasserbau gemacht hat, werden damit erklärt, daß das Anquellen der ausgedehnten Oberflächenschicht die Gesamtmasse des Betons abdichtet.

Betonverbindungsmittel

Soll frischer Beton auf alten Beton aufgebracht werden, wobei nur eine mangelhafte Verbindung zu erwarten ist, kann man als Zwischenlage ein Kunstharzmittel auftragen, durch das eine hochwertige Haftung erzielt wird.

Kunststoffüberzüge für Beton und Mauerwerk

Mit einem Zwei-Komponenten-Kunststoff, einer schnell härtenden und die Poren dichtenden Deckschicht überzieht man Mauerwerk und Beton. Es wird deshalb zur Auskleidung von Lagertanks, Silos, Wannen und Behältern sowie zur Abdichtung von Fundamenten, Terrassen, Balkonen und Fußböden empfohlen. Vor allem erlaubt dieses Mittel die Verwendung von Beton im Säurebau.

Zur Verfestigung der Oberfläche von Fußböden aus Zementestrich, Kunststein und Naturstein sowie zur Staubbindung versiegelt man diese Böden mit Polyphenylazetat.

Die wasserabweisenden Eigenschaften der Silikone werden für farblose Anstrichmittel für Mauern, Wände und Dächer genutzt. Durch die Einwirkung der Kohlensäure aus der Luft bildet sich aus dem wasserlöslichen Silikonat ein wasserunlöslicher Film, der die Baustoffe gegen Nässe und Feuchtigkeit schützt. Der Film hat zugleich die Eigenschaft eines Ventils, d. h., er schützt von außen, läßt aber in der Gegenrichtung von innen nach außen Feuchtigkeit durch. Somit bleibt die wichtige Atmungsaktivität der Baustoffe erhalten.

Schalungsfolien, Schaltafeln, Schalhilfsmittel

Schalungsfolien werden aus Polyäthylen und aus Hart-PVC in Dicken von 0,03 bis 0,8 mm hergestellt und je nach Dicke als kurzlebiges Hilfsmittel oder als Dauerschalung verwendet. Die Abdeckung mit einer dünnen Folie von 0,03 bis 0,05 mm erspart das vorherige Ölen und die nachträgliche Reinigung der Holzschalung. Dickere Schalungsfolie ergibt glatte Deckenuntersichten und ist daher für Sichtbeton sehr geeignet. Wo ein Deckenputz aufgebracht werden soll, ist die Folie jedoch fehl am Platze.

Schalplatten werden aus kochfest verleimten Sperrholzplatten auf Phenolharzbasis hergestellt, die durch eine zweiseitig aufgepreßte Kunstharzbeschichtung ihre glatte und unempfindliche Oberfläche erhalten. Die Platten sind ca. 2,50 × 1,22 m groß und 4 mm dick. Sie sind für Gleitschalung oder zum Dauereinsatz für schafkantigen Sichtbeton geeignet, vor allem im Ingenieur- und Stahlbetongerippebau und wo sehr glatte Flächen erwünscht sind. Die Platten müssen auf jeden Fall mit einer Trägerschalung verarbeitet werden. Die Ausbildung der Stöße und Ecken in der Schalung müssen sehr sorgfältig vorgenommen werden. Man kann mit Kunststoffkitt sehr glatte, kaum merkbare Stöße erreichen, man kann aber auch das Bauwerk durch bewußte Betonung der Fugen aus dem Plattenformat herausgliedern.

Schalhilfsmittel aus Schaumstoff ist der Schalzwerg aus Styropor, der dort in die Schalung eingelegt wird, wo Aussparungen für Durchgänge verlangt sind. Dieser Einsatz stellt eine erhebliche Ersparnis gegenüber der Anfertigung von Einsatzkästen aus Holz oder gar dem Stemmen von Durchbrüchen dar.

Nach dem Ausschalen wird das weiche Material entweder herausgedrückt oder mit einem heißgemachten Rohr durchstoßen und kann so als Dämmpackung für eine Rohrdurchführung dienen.

Fugenprofile dienen zur Abdichtung bzw. Abdeckung von Fugen, die beweglich bleiben sollen (Dehnungsfugen). Man verwendet vielfach Spezialprofile aus dauerbeständigem PVC. Das PVC ist unempfindlich gegen alle im Bauwerk auftretenden aggressiven Einflüsse, jedoch nicht gegen Mineralöle sowie tierische und pflanzliche Fette. Auch Bitumen und Teere enthalten Bestandteile, die PVC angreifen können.

Kunststoffdübel. Zur trockenen Verankerung oder zeitweiligen Befestigung von Betonbauteilen werden Kunststoffdübel eingesetzt.

Terrazzoschienen. Zur Teilung und Gliederung von Terrazzoflächen werden vielfach Schienen aus Hart-PVC benutzt. Sie werden 30 bis 40 mm hoch und 3 bis 8 mm dick in vielen Farben hergestellt und sind wegen der leichten Verarbeitung sehr beliebt. Zum besseren Einbinden sind die Schienen im Abstand von 10 cm mit durchgehenden kreisrunden Löchern versehen.

Dämmstoffe

Mit dem Aufkommen neuer synthetischer Schaumstoffe auf Kunststoffbasis, die bei niedrigem Gewicht eine hohe Festigkeit haben und deren Eigenschaften in vieler Hinsicht wandelbar sein können, die aber vor allem wegen ihrer homogenen Struktur eine nach allen Richtungen gleichbleibende Festigkeit besitzen, hat sich das Interesse der Techniker stark darauf konzentriert, die Vorbilder der Natur planvoll zu einer ,,Leichtstoff-Verbundweise" auszubauen.

Grundsätzlich werden solche Schäume wahlweise starr, weich und elastisch hergestellt, die starren Schäume werden am häufigsten verwendet. Starre Schäume wiegen z. B. 0,013 bis 0,08 g/cm^3, d. h., ein Würfel von den Abmessungen eines Litergefäßes wiegt nur 13 g. Elastische Schäume sind im Durchschnitt etwas schwerer. Zur Zeit sind zu unterscheiden:

    Harnstoffharzschäume
    Phenolharzschäume
    Polystyrolschäume
    Polyurethanschäume

Bei der Herstellung von Kunstharzschaum wird eine Schaummittellösung zu Schaum geschlagen und dann mit Harnstoffharzlösung versetzt. Im Gemisch mit der entsprechend festgesetzten Schaummittellösung hat der erzielte Schaum eine solche Steifigkeit, daß er nach kurzer Zeit erhärtet und zu Blöcken abgestochen wird. Die Blöcke werden dann zum Entzug von Feuchtigkeit getrocknet.

Phenolharzschäume werden besonders in den USA verwendet. Große Bedeutung hat der Polystyrolschaum. Er entsteht aus körnigem oder perlenförmigem, treibmittelhaltigem Polystyrol, welches in entsprechenden Verfahren mit Heißwasser oder Dampf bei Temperaturen zwischen 105 und 120 °C verschäumt und unter Druck zu Formkörpern verschweißt wird.

Polyurethan-Schäume werden in Blöcken hergestellt und in Platten oder anderen Formen aufgetrennt.

Lieferform und Eigenschaften. Die Schaumstoffe können, wie schon erwähnt, verschieden schwer hergestellt werden, etwa zwischen 13 und 80 kg/m^3. Als Dämmstoffe kommen jedoch vorwiegend nur vier Sorten, 13 kg/m^3, 16 kg/m^3, 20 kg/m^3, seltener 25 kg/m^3, in Betracht, die mit Erhöhung des Eigengewichtes entsprechend strukturfester sind. Im Vergleich zu anderen Dämmstoffen ist das Raumgewicht außerordentlich gering (10- bis 20mal leichter als Kork), dabei aber gleichzeitig sehr druckfest (begehbar). Bei den Schaumstoffen beruht die hohe Dämmwirkung auf der großen Zahl geschlossener luftgefüllter Poren. Ein Liter Schaumstoff enthält etwa 4 bis 8 Millionen dieser Luftzellen. Um sich die Zusammensetzung des Schaumstoffes vorstellen zu können, muß man bedenken, daß z. B. der Styropor-hartschaum bei einem Gewicht von 13 kg/m^3 im Volumen zu 98,5% aus Luft besteht und nur zu 1,5 % aus Kunststoff. Die Hartschaumplatte hat nach DIN 53454 je nach Rohdichte eine Druckfestigkeit von 0,8 bis 1,5 kp/cm^2.

Die Schaumstoffe werden in Form von Platten $100 \times 50 \times 1$ bis 30 cm, $100 \times 100 \times 1$ bis 30 cm als eingerollte, 1 m breite und 5 bis 15 mm dicke Matten, als 1 m lange Rohre und Rohrhalbschalen geliefert. In Sonderfällen in beliebigen Formen (Segmentteile, Profilkörper, Behälter). Die Formkörper können ähnlich wie Holz oder Kork bearbeitet, d. h. geschnitten, gesägt und gefräst werden. Man kann aber auch mit einem elektrisch erhitzten Draht Abschnitte gewinnen oder bestimmte Körper aus einem größeren Block ausarbeiten.

Bei den Schaumstoffen sind drei Eigenschaften als besonders günstig anzusehen:

1. die hohe Beständigkeit gegen Feuchtigkeitseinflüsse
2. die nahezu als Dampfsperre wirkende Strukturdichte
3. die sehr geringe Wärmeleitfähigkeit

Auf Grund des Verwendungszweckes im Hochbau ist die niedrige Wärmeleitzahl wohl am wichtigsten. So haben folgende Baustoffe die gleiche Wärmedämmung:

Schaumstoff	2,5 cm
Naturstein (Granit, Basalt)	250 cm
Sand- oder Kalkstein	150 cm
Stahlbeton	130 cm
Schwerbeton	100 cm
gelochte Vollziegel	52 cm
Lochziegel	45 cm
Bimsbetonplatten	40 cm
Schaumbeton	18 cm
Holzkonstruktion	15 cm

Verwendungszweck. Schaumstoffe werden vorzugsweise zur Erstellung oder Dämmung von Zwischenwänden, Außenwänden, Flachdächern, Heizkörpernischen, Betonstürzen und Pfeilermauerwerk als verlorene Schalung (Beton- und Stahlbetonbau) und als Trittschalldämmplatte verwendet. Es wurden auch verschiedene kleine Häuser aus Schaumstoffwänden (mit Stützpfeilern) gebaut. Für großformatige Fertighausteile aus Stahlbeton wird Schaumstoff als Zwischendämmung verwendet.

Eine weitere Anwendung besteht für Schaumstoff in Form von ausgedehnten Partikeln aus Füllstoff im Gemisch mit Zement. Leichtbauplatten aus 2 Raumteilen Schaumstoff und einem Raumteil Zement weisen beim Raumgewicht von 450 kg/m^3 eine hohe Druckfestigkeit (73 kp/cm^2) und eine hohe Biegezugfestigkeit (27 kp/cm^2) auf.

Die Wasseraufnahme dieser Leichtbauplatten ist — da keine offenen Zellen vorhanden sind — gering.

Harnstoffharz kann auch in transportablen Anlagen verschäumt und in Hohlräume oder Schlitze von Bauten direkt eingespritzt werden.

Sperrstoffe

Folien

Zum Sperren von Bauwerken gegen Grundwasser, Stau-, Sicker- und Oberflächenwasser werden auch thermoplastische Folien und Bahnen auf der Basis von Polyisobutylen verwendet. Sie sind beständig gegen Alterung durch Oxydation und unverrottbar. Die Folien werden in Bahnen von 1 bis 2 mm Dicke, 1 m Breite und in Längen bis 12 m geliefert. Sie werden auf Bitumen geklebt und können im warmen Zustand miteinander verschweißt werden, so daß eine undurchlässige Abdichtungshaut um das gesamte Bauwerk entsteht.

Auch mit Bitumenpapier überklebte PVC-Folien — auch Polyterephthalat-Folien — werden zum Schutz des Mauerwerks gegen aufsteigende Feuchtigkeit von nicht unterkellerten Räumen, Terrassen und Balkonen angewendet. Sie werden in Bahnen von 25 bis 30 m Länge und 24, 38 und 75 cm Breite geliefert.

Um die Dämmschicht bei schwimmenden Estrichen gegen Feuchtigkeit zu schützen, können Folien auf der Grundlage von Polyäthylen verwendet werden. Sie werden in Bahnen bis 40 m Länge und 0,50 bis 4,50 m Breite und in Dicken von 0,03 bis 0,2 mm geliefert. Zum Teil werden auch PVC-Folien als Dachbelag, auf Bitumen geklebt, verwendet.

Dichtungskitte

Für unzählige Dichtungszwecke haben sich heute die dauerplastischen Kunststoffkitte eingeführt. Die lösungsmittelfreien plastischen Massen schwinden nicht, sind wetterfest und kälte-/wärmebeständig von —60 °C bis +100 °C. Sie werden geliefert als Spachtelmasse, als Band und Rundschnur und in spritzbarer Konsistenz. Das Material haftet von selbst unter der Voraussetzung einer sauberen, staubfreien und trockenen Unterlage. Die dauerplastischen Kitte werden sowohl bei Fugen, Anschlußstellen, Einfassungen, Dächern, Rohrdurchführungen u. a. verwendet, wie auch als Hilfs- und Reparaturmittel bei Undichtigkeiten gebraucht.

Flüssigkeitskunststoffe zum Abdichten und Kleben

Flüssigkeitskunststoff ist zum Teil ein Zweikomponentenmaterial, Kunststoff und Härter werden im abgestimmten Mischungsverhältnis gepackt geliefert. Man kann mit Flüssigkeitskunststoff Betonfußböden je einmal versiegeln und beschichten oder z. B. Trinkwasserbehälter aus Beton wasserdicht und physiologisch unbedenklich beschichten oder auch Öltanks bis zur Sicherheitshöhe öldicht abdichten. Auch zum Verkleben von nahezu allen Materialien auch weichmacherfreien Duroplasten findet dieser Kunststoff Anwendung.

Verschiedene Arten geben die Gewähr für einfachste Anwendung und Verarbeitung mit Pinsel, Roller oder Spritzpistole. Prüfungen haben gezeigt, daß die Flüssigkeitskunststoffe je nach Art eine hohe Beständigkeit gegen Wasser, Öle, Fette, Lösungsmittel, organische und anorganische Säuren und Laugen sowie hohe Elastizität, Härte, Abrieb- und Haftfestigkeit besitzen.

Kunststoffglas

Polyesterharze werden mit einer Bewehrung aus Glasfasern zu flachen oder profilierten Platten verarbeitet. Hierbei ist für die Festigkeit nicht die Plattendicke, sondern der Anteil der Glasfaserbewehrung maßgebend. Die Platten, die durchscheinend sind, zeigen die Struktur des eingelegten Glasfasergespinstes und können klar-transparent in verschiedenen Tönungen geliefert werden. Die Lichtdurchlässigkeit kann bis zu 86% betragen. Die gewellten Platten haben die Abmessungen der Wellasbestzement-Platten bei Dicken von 1,6 bis 1,7 mm. Die Platten können für Oberlichter, Vordächer, Trennwände, Balkonbrüstungen, Treppengeländerverkleidungen und Fassadenverkleidungen angewendet werden.

Ähnlich in Wirkung und Verwendungszweck sind die organischen Acrylgläser. Hier werden Platten in Dicken von 2 bis 12 mm aus Polymethacrylsäure gegossen, die auch im warmen Zustand zu Wellplatten verformt werden. Sie werden klar und farbig hergestellt und haben eine Lichtdurchlässigkeit bis zu 92%. Die Abmessungen betragen bis 3,00 × 1,85 m für ebene und 1,00 × 2,80 m für gewellte Gläser. Die wesentlichen Vorteile gegenüber den vorher genannten Platten ist die Ultraviolett-Durchlässigkeit bis 71%.

Eine Entwicklung ganz aus den Eigenschaften des Kunststoffes heraus sind die Lichtkuppeln, die in einem Stück bis 1,76 × 2,66 m aus dem thermoplastischen Acrylglas geformt werden.

Fußbodenbeläge

Für die Erstellung solcher Fußbodenbeläge verwendet man:

    Spachtelmassen

    Bahnen

    Platten

Zur Zeit gibt es Beläge, die zu folgenden Kunststoffgruppen gehören:

1. Für fugenlose Fußböden Spachtelmassen auf Grundlage von Polyvinylacetat (PVAC)
2. Bahnen und Platten auf Grundlage von Polyvinylchlorid (PVC)
3. Kunststoff-Bitumenplatten auf der Basis von:

    Asbestbitumen
    Asbestkunstharz   } oder beide Mittel zusammen
    Asbest-PVC

Spachtelböden (PVAC) werden unter Zusatz von Weichmachern, mineralischen Füllstoffen und Farbstoffen aufgebaut. Sie bestehen aus einer füllstoffreichen Unterlageschicht und einer verschweißfähigen, bindemittelreichen Deckschicht, die aus mehreren dünnen Schichten mit 1,0 bis 1,7 mm Gesamtdicke besteht. Die für jede einzelne Schicht fertig angerührten Spachtelmassen werden als teigig-zähe Masse in Kanistern geliefert.

Die Spachtelböden sind für alle Arten von Aufenthaltsräumen geeignet, die nicht unter dauerndem Einfluß von Wasser stehen. Besonders geeignet bei großen Räumen, z. B. Fabriken mit Geschäftshäusern. Die Kunststoff-Spachtelböden sind bei sachgemäßer Verarbeitung abriebfest und wasserbeständig. Sie lassen sich leicht pflegen und sind unempfindlich gegen Mineralöle, Fette, Terpentin, Äther und Kohlenwasserstoffe. PVAC-Böden sind schwer entflammbar; sie verlöschen außerhalb der Flamme. Bei längerer Brandeinwirkung verkohlen sie.

Die Beläge in Form von Bahnen und Platten aus Polyvinylchlorid bestehen aus Weichmachern, Farbstoffen und mineralischen Füllstoffen. Zu unterscheiden sind Einschicht- und Mehrschichtbeläge. Die Verschleißschicht muß mindestens 0,3 mm dick sein. Die Beläge aus PVC haben ähnliche Eigenschaften wie die Gummibeläge, besonders federn sie und dämpfen den Schall ausgezeichnet. Außerdem sind sie weitgehend beständig gegen Feuchtigkeit (auch Seewasser), gegen Öl, verdünnte Säuren und Alkalien. Sie sind unentflammbar und schwer brennbar. Sie altern nicht, das heißt, sie verändern sich nicht unter dem Einfluß von Licht, Wärme und Sauerstoff. Sie werden also mit der Zeit nicht mürbe und brüchig und zeigen auf die Dauer weder Risse noch Sprünge. Die Beläge aus PVC sind sehr abriebfest, zerreißfest und biegsam. Sie sind auch schimmel- und bakterienfest. Wegen der Abnutzungsbeständigkeit — also der langen Lebensdauer — und der leichten Reinigungsmöglichkeit sind die Unterhaltungskosten so gering, daß der höhere Anschaffungspreis dadurch bald ausgeglichen wird.

Die Beläge aus PVC werden in vielen hellen und dunklen Farben, auch in sehr schönen Pastellfarben hergestellt. Die Dicken der Beläge liegen zwischen 1,5 und 3 mm. Sie werden in Bahnen zwischen 1,35 und 3,00 m Breite oder in Form von quadratischen Platten zwischen 23 × 23 cm und 60 × 60 cm geliefert. Zu den meisten PVC-Belägen gibt es in jeder Farbe und Dicke passende Treppenstoßkanten und Handläufe.

Die PVC-Bodenbeläge sind für alle Aufenthaltsräume geeignet. Die hochwertigen, aber teuren Beläge sind aber mehr für Repräsentationsräume und Räume mit starkem Fußgängerverkehr geeignet.

Normale PVC-Beläge dürfen wegen der Möglichkeit elektrostatischer Aufladung nicht in Operationsräumen und anderen Räumen mit feuergefährlichen Dämpfen oder Gasen verlegt werden.

Kunstharz-Bitumenplatten. Die Bitumen-Kunstharzplatten bestehen vor allem aus Asbestfasern, Bitumen, Harzen, Füllstoffen und Weichmachern. Inzwischen verwendet man auch PVC und Kunstharze, besonders Kumaronharze. PVL-gebundene Platten sind elastischer und qualitativ besser. Sie werden als Flex- oder Pastellplatten bezeichnet.

Die Rohstoffe werden aufbereitet und mit Stanzen zu Platten von 2; 2,5; 3 mm; Flexplatten ab 1,8 mm Dicke und 25 × 25 cm bzw. 30 × 30 cm Seitenlänge geformt. Für die Güte der Platten ist insbesondere die Asbestfaser ausschlaggebend. Die Rohdichte der Platten ist 1,77 kg/dm^3, die Wasseraufnahme 2% des Eigengewichts. Die Abnutzungsbeständigkeit ist sehr hoch. Die lieferbaren Farben sind: schwarz, braun, weiß auf schwarz, weiß auf braun, rotgold auf mahagoni, weiß-grün auf schwarz, rot, grün, grau auf sandfarben, gelb, schwarz auf weiß, rot auf elfenbein.

Rohrleitungen

Ein erprobtes Einsatzgebiet von Kunststoffen ist die Frisch- und Abwasserinstallation. Verwendet werden vornehmlich Rohre aus Polyvinylchlorid, (PVC)-hart, das aus Chlorwasserstoff und Azetylen hergestellt wird.

PVC-Rohre sind physiologisch unbedenklich, durch ihre innere Glätte bilden sich keine Verkrustungen, hierzu kommt eine fast unbegrenzte hohe Alterungsbeständigkeit.

Kunststoffrohre werden nach Außendurchmesser und Wanddicke bezeichnet. So hat z. B. das Frischwasserrohr 32×2,6 den Außendurchmesser von 32 mm und die Wanddicke 2,6 mm. Heute werden PVC-Rohre für drei Druckstufen geliefert: 2,5, 6 und 10 atü. Während der Außendurchmesser bei allen Stufen gleich bleibt, wird mit steigendem Druck die Wanddicke größer und der lichte Querschnitt kleiner.

Tafel 6　　　　　　　　Thermoplastische Kunststoffe

Rohstoff	Anwendungsgebiete	Handelsbezeichnungen
Polyäthylen (PE)	Baufolien Dichtungsfolien Korrosionsschutzbandagen Druckrohre	Guttagena, Neolen Trocal Corothene Dynalen, Supralen
Polyvinyl-chlorid (PVC)	Beschichtete Bleche Möbelfolien Fußbodenbeläge Lichtplatten Tankschutzfolien Dachfolien Wandbelagfolien Bau- und Möbelprofile Installationsrohre Betonschalung Falttüren	Skinplate, Platal Horniflex, Mipolam Floorflex, Floorbest, Pegulan, Marley u. a. m. Organit, Trocal Geco, Rhenofol Trocal, Guttagena SE Lamin, Floracella Isoplastic, Semperit Dynadur, Supralen Genafol Acordial, Marley
Polystyrol (PS)	Wandfliesen Schaumstoffplatten 　zur Wärmedämmung Dämmtapeten Lichtraster	Triplastic Styropor, Poresta, Frigolit, Isopor Algopete, Thermopete Rastifix
Polyisobutylen (PIB)	Dachfolien Dichtungsfolien	Prewanol Rhepanol
Polyvinyl-acetat (PVAC)	Spachtelmassen für 　Wände und Fußböden Anstrichmassen, Kleber, 　flammhemmende 　Anstriche Kleber für Panzerscheiben	Ruboleum, Keravin, Coriplast Movilith, Movicoll, Racoll, Vinapas Movital

Rohstoff	Anwendungsgebiete	Handelsbezeichnungen
Polyvinylalkohol (PVA)	Emulgatoren	Moviol, Polyviol
Polyacrylat- (PAA)	Kunstharzgläser Leime und Kleber Binderfarben Lackharze Faserstoffe	Plexiglas, Resartglas Acronal Diwagolan, Diwagin, Caparol Lucite, Resarit Orlon, Acrylan, Dolan
Polyamide (PA)	Kunstleder Fasern, Borsten Lacke, Kleber	Igamid, Perfol Nylon, Perlon Herbol
Duroplastische Kunststoffe		

Phenolformaldehyd (PF)	Schichtpreßplatten
	
	Schichtpreßholz
	Beschichtete Span- und
	  Hartfaserplatten
	Hartschaumplatten
	  für Dämmzwecke
		Formica, Resopal,
		Hornitex, Ultrapas
		Durofol, Lignostone
		Getadur, Wirutex,
		Homapas, Werzalit
		Phenophil, Ronobil,
		Sürotex, Troporit

Harnstoff-Formaldehyd (UF)	Spritzbare Schaumstoffe	Isoschaum, Thermoschaum
Polyesterharze, glasfaserverstärkt (GUP)	Ebene und gewellte Lichtplatten Doppelschalige Lichtkuppeln Duschzellen Fensterprofile Garagentore, Türen Lichtwände Schwimmbecken	Acoplan, Acowell, Lamilux, Polydet, Eterplast Silkok, Scobalit Plasba Duroplast, Mealit Fegra, Polydet Dekaphan, Aco-Therm Aclapoot, Lamilux
Polyurethan (PUR)	Hartschaumplatten Weichschaumstoffe	Lamoltan, Foriment Moltopren, Klimaton

Wiederholungsfragen und Hausaufgaben

1. Nenne die Anwendungsgebiete für Kunststoffe!
2. Wie heißen die beiden Kunststoffarten?
3. Erläutere die Begriffe „härtbare und nicht härtbare Kunststoffe"!
4. Nenne die Kunststoffeigenschaften!
5. Nenne die vier Rohdichten für die Hartschaumplatten!
6. Durch welche Eigenschaften zeichnen sich die Hartschaumplatten aus?
7. Für welche Bauaufgaben werden Schaumstoffe verwendet?
8. Wie bauen sich Sperrstoff-Folien auf?
9. Welche Vorteile bieten dauerplastische Dichtungskitte?
10. Für welche Bauaufgaben werden flüssige Kunststoffe verwendet?
11. Welche Vorteile bietet Kunststoffglas?
12. Welche Kunststofferzeugnisse werden für Fußbodenbeläge verwendet?

Rechteckige und quadratische Pfeiler

Zweck der Pfeiler. Pfeiler sind schlanke Mauerteile, die in der Regel stärker belastet werden als normales Mauerwerk, zum Beispiel als Fensterpfeiler zwischen zwei Fensteröffnungen oder freistehend im Raum. Maßgebend für die Tragfähigkeit eines Pfeilers sind dessen Querschnitt und die Schlankheit sowie die verwendete Stein- und Mörtelart. Unter Schlankheit versteht man das Verhältnis der Höhe zur **kleinsten Seite**, also: $\frac{h}{d}$.

Bei einem Pfeiler von $24 \times 36{,}5$ cm Querschnitt und einer Höhe von 3 m wäre das Schlankheitsverhältnis: $S = \frac{h}{d} = \frac{300}{24} = \mathbf{12{,}5}$. Wie groß ist die zulässige Druckspannung für diesen Pfeiler bei Verwendung von Vollziegeln Mz 150 in Kalkzementmörtel? Nach Tafel 1 sind 8 kp/cm² für den Schlankheitsgrad 12 und 6 kp/cm² für Schlankheitsgrad 14 zulässig; demnach für den errechneten Schlankheitsgrad 12,5 zulässig: $8 - 0{,}5 = \mathbf{7{,}5 \text{ kp/cm}^2}$.

Haben wir denselben Pfeilerquerschnitt ($24 \times 36{,}5$ cm) und eine Pfeilerhöhe von 3,75 m, so ist der Schlankheitsgrad $\frac{375}{24} = \mathbf{15{,}6}$. Wird die gleiche Stein- und Mörtelart verwendet, so ist die zulässige Druckspannung nach Tafel 7 für den Schlankheitsgrad 14 = 6 kp/cm², für Schlankheitsgrad 16 = 4 kp/cm²; demnach für den ermittelten Schlankheitsgrad 15,6 = $6 - 1{,}6 = \mathbf{4{,}4 \text{ kp/cm}^2}$. Dieses Beispiel zeigt eindeutig, daß mit zunehmendem Schlankheitsgrad die Tragfähigkeit des Pfeilers abnimmt.

Pfeiler werden, sobald ihre Belastung gering ist, in den letzten 6 Schichten mit Mauersteinen von 250 kp/cm² Druckfestigkeit und Kalkzementmörtel, bei größerer Belastung dagegen mit Mauersteinen von 350 kp/cm² Druckfestigkeit in Zementmörtel gemauert.

Verbandsregeln für Mauerpfeiler

Die Verwendung von klein- und mittelformatigen Mauersteinen erleichtert das Mauern einwandfreier Pfeiler erheblich. Beim Mauern von Pfeilern kann man von 3 Möglichkeiten ausgehen:

1. **Pfeilerverbände für mittelformatige Mauersteine.** Die angelegten Endblöcke zeigen nach Bild 13, daß die meisten Pfeiler regelrecht gemauert werden können.

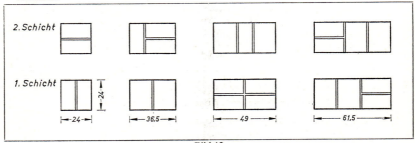

Bild 13

In den 2 am (24 cm) breiten Pfeilern wird ½ am statt ¾ am überbunden, weil es sich in kurzen Mauern nicht lohnt, von der ½ am Überbindung zur ¾ am Überbindung überzugehen.

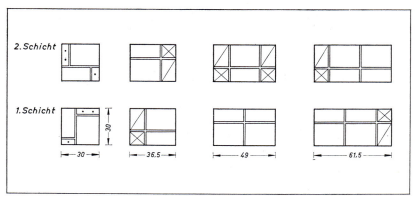

Bild 14 zeigt 2½ am (30 cm) breite Pfeiler

In den 3 am breiten Pfeilern wird vom Mauermittenverband Gebrauch gemacht, weil er in Richtung der Pfeilerbreite eine bessere Überbindung ergibt und die Fugendeckung in den kurzen Pfeilern vermieden werden kann (Bild 14).

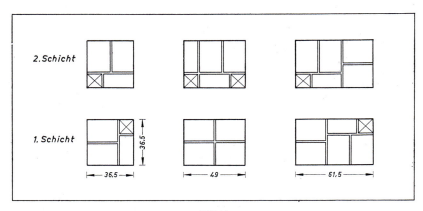

Bild 14

2. **Pfeilerverbände für kleinformatige Mauersteine.** Die in den Verbänden angelegten Endblöcke zeigen, daß nur in wenigen Fällen vom Endverband abgewichen werden muß. Die Fugendeckung ist auch für belastete Pfeiler zulässig (Bild 15).

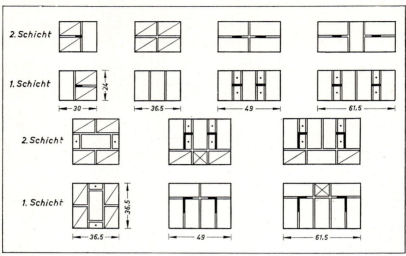

Bild 15

3. Falls die dargestellten Verbände **für Sichtmauerwerk** nicht angewandt werden sollen, da die sichtbaren Teilstücke des Verbandes das Fugenbild stören, muß der Maurer aufwendige Verbände mauern. Die dabei auftretende Fugendeckung ist auch hier zulässig (Bild 16).

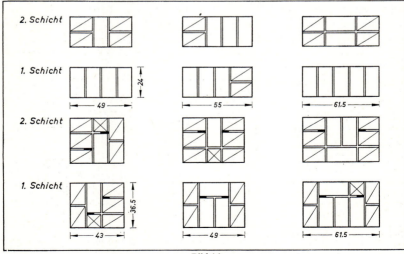

Bild 16

Tafel 7   Zulässige Druckspannungen für Mauerwerk aus künstlichen Steinen in kp/cm² nach DIN 1053

Steinart	Wanddicken 24 cm und mehr und Pfeiler mit Schlankheitsgrad bis 10			Wanddicken unter 24 cm und schlanke Pfeiler				
	Mörtelgruppe			Mörtel- gruppe	Schlankheit $h:d$			
	I	II	III		10	12	14	16

Porenziegel PMz 1,2/50
Langlochziegel LLz 1,2/50
Kalksand-Hohlblocksteine
  KSHbl 1,0/50
  KSHbl 1,2/50
Kalksand-Lochsteine 1,2/50
Hüttensteine HS 50
Hohlblocksteine aus
  Leichtbeton Hbl 50
Vollsteine aus Leichtbeton V 50
Dampfgehärtete Gas- und
Schaumbetonsteine GS 50
	4	7	10	II	7	5	3	—

				III	10	7	5	3

Vollziegel Mz 100
Porenziegel PMz 1,4/100
Langlochziegel LLz 1,4/100
Hochlochziegel A oder B
  HLz 1,2/100, HLz 1,4/100
Kalksand-Lochsteine
  KSL 1,2/75; KSL 1,4/75
Kalksand-Vollsteine
  KSV 1,8/100
Hüttensteine HS 100
Vollsteine aus Leichtbeton V 75
	6	9	12	I	6	4	3	—

				II	9	6	4	3
				III	12	8	6	4

Vollziegel Mz 150
Vormauerziegel VMz 150
Hochlochziegel A oder B
  HLz 1,2/150, HLz 1,4/150
Vormauer-Hochlochziegel
  VHLz 1,4/150
Kalksand-Lochsteine
  KSL 1,4/150
Kalksand-Vollsteine
  KSV 1,8/150
Hüttensteine HS 150
Vollsteine aus Leichtbeton V 150
	8	12	16	I	8	6	4	3

				II	12	8	6	4
				III	16	11	8	6

Vollziegel Mz 250
Vormauerziegel VMz 250
Hochlochziegel A oder B
  HLz 1,2/250 und 1,4/250
Vormauer-Hochlochziegel
  VHLz 1,4/250
Hüttenhartsteine HHs 250
Kalksand-Vollsteine 1,8/250
	10	16	22	I	10	7	5	3

				II	16	11	8	6
				III	22	15	10	7
Hochbauklinker KMz 350 Hochlochklinker KHLz 350 Voll- und Lochziegel 350	—	22	30	II	22	15	10	7
				III	30	20	14	10
Bei dünnen Wänden und schlanken Pfeilern sind nur abgeminderte Druckspannungen mit Rücksicht auf die Ausknickungsgefahr zulässig				Zwischenwerte sind gradlinig einzuschalten				

Wiederholungsfragen und Hausaufgaben

1. Was versteht man unter Schlankheitsgrad?
2. Wovon ist die Tragfähigkeit eines Pfeilers abhängig?
3. Welche Pfeilerformen gibt es?
4. Nenne die Verbandregeln für rechteckige und quadratische Pfeiler!

Rechenaufgaben

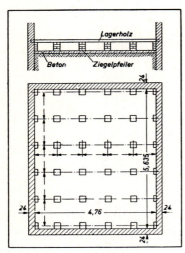

Bild 17

1. Wie hoch ist ein quadratischer Mauerpfeiler von 36,5 × 36,5 cm, wenn er aus 32 Schichten im Normalformat besteht?
2. Wie groß ist der Stein- und Mörtelbedarf für diesen Pfeiler?
3. In einem nicht unterkellerten Raum von 4,76 × 5,635 m sind 4 Schichten hohe und 24 × 24 cm große Mauerpfeiler zur Aufnahme der Lagerhölzer in einem Abstand von 0,8 bis 1,00 m zu setzen (Bild 17):
   a) Berechne das Maß von Mitte zu Mitte, Mauerpfeiler in der Längs- und Breitseite.
   b) Wieviel Mauerpfeiler sind für die Lagerhölzer notwendig (Bild 17)?
   c) Errechne den Stein- und Mörtelbedarf für diese Pfeiler!
4. a) Wie groß ist der Schlankheitsgrad von einem 24 × 36,5 cm und 3,25 m hohen Pfeiler?
   b) Wie groß sind die zulässigen Druckspannungen des Pfeilers aus VMz 250 in Kalkzementmörtel (nach Tafel 7)?
5. Wie groß ist die zulässige Auflast eines Pfeilers von 36,5 × 49 cm Querschnitt aus Klinkern in Zementmörtel?
6. Ein quadratischer Mauerpfeiler hat einen Druck von 41 503 kp aufzunehmen. Die zulässige Beanspruchung beträgt 8 kp/cm². Wie groß ist die Kantenlänge des Pfeilers (NF)?
7. Welchen Druck in kp übt ein Pfeiler von 36,5 × 49 cm Grundfläche und 1,75 m Höhe auf 1 cm² des Baugrundes aus?
8. Ein quadratischer Wasserbehälter soll in der Mitte durch einen 36,5 × 49 cm dicken und 4 m hohen Mauerpfeiler unterstützt werden. Das Behältergewicht beträgt 800 kg. Innere Abmessungen des Behälters 2,50 × 2,50 × 3,00 m.
   a) Wie groß ist das Gewicht des gefüllten Wasserbehälters?
   b) Wie groß ist die Querschnittfläche des Pfeilers?
   c) Berechne die Belastung des Pfeilers je cm²!
   d) Wie groß ist das Schlankheitsverhältnis des Pfeilers?
   e) Bestimme die notwendige Stein- und Mörtelart nach Tafel 7!
   f) Wie groß ist der Stein- und Mörtelbedarf für den Pfeiler?

Anlegen und Hochmauern von Fenster- und Türöffnungen

Türen und Fenster sind Öffnungen im Mauerwerk, die zum Durchgehen bzw. der Licht- und Luftzufuhr dienen. Die Fensterfläche richtet sich nach der Größe und dem Zweck der Räume. In Räumen, die zum dauernden Aufenthalt von Menschen dienen, betragen die Fensterflächen ca. $1/6$ bis $1/10$ der Grundrißfläche. Heute sind Art und Größe der Fenster von für den baulichen Wärmeschutz und für die Betriebskosten der Heizung von ausschlaggebender Bedeutung. Bezogen auf das Verbundfenster hat ein Doppelfenster 16 % niedrigere Wärmeverluste, ein Einfachfenster jedoch 55 % höhere. Die zeichnerische Darstellung der Fenster und Türen im Grundriß ist aus Bild 18 zu ersehen.

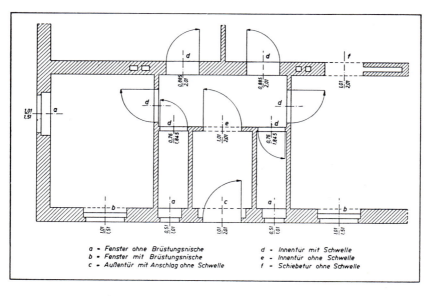

a – Fenster ohne Brüstungsnische
b – Fenster mit Brüstungsnische
c – Außentür mit Anschlag ohne Schwelle
d – Innentür mit Schwelle
e – Innentür ohne Schwelle
f – Schiebetür ohne Schwelle

Bild 18. Darstellung der Fenster und Türen im Grundriß

Öffnungsteile. Bei der Fensteröffnung wird die obere Begrenzung Sturz genannt, wenn sie waagerecht ist, und Bogen, wenn sie gebogen ist. Die untere Begrenzung heißt Sohl- oder Fensterbank (Bild 19). Die bei den Öffnungen entstehenden Mauerenden haben einen Vorsprung, dessen Innenfläche Maueranschlag (A) genannt wird, gegen den sich der Blend- oder Futterrahmen des Fensters lehnt.

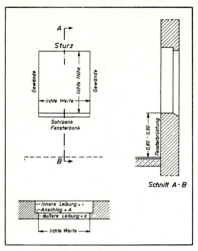

Bild 19. Fensteröffnung und deren Bezeichnungen

Die seitlichen Begrenzungsflächen der Öffnungen heißen Leibungen, bei denen man die äußere Leibung (a) und die innere Leibung (i) unterscheidet (Bild 19). Das Maß zwischen den äußeren Leibungen in der Breite ist die lichte Weite, das Maß zwischen Sohlbank und Sturz bzw. Bogenscheitel die lichte Höhe (Bild 19). Das Mauerwerk unter der Öffnung heißt Brüstung.

Nach DIN 18 050 gelten für Wohnungsfenster folgende Vorzugsgrößen (Richtmaße):

a) einflügelig: Breite 0,50 bis 0,75 m, Höhe 0,375 bis 1,375 m;
b) zweiflügelig: Breite 0,875 bis 1,25 m, Höhe 0,50 bis 1,50 m;
c) dreiflügelig: Breite 1,625 bis 1,75 m, Höhe 1,00 bis 1,375 m;

Lichte Weite = Richtmaß-Breite + 1 cm, lichte Höhe = Richtmaß-Höhe + 1,2 cm.

Anschlagsarten. Der Innenanschlag wird am häufigsten angewendet. In Gebieten mit starkem Winddruck werden Außenanschläge bevorzugt. Bei Zargenfenstern kann auf den Anschlag verzichtet werden.

Bei den Fenstern unterscheidet man:
1. Blendrahmenfenster mit Anschlag nach innen (Bild 20);
2. Blendrahmenfenster mit Anschlag nach außen;
3. Doppelfenster (Kastenfenster) mit Anschlag nach innen (Bild 21);
4. Doppelfenster mit Anschlag nach innen und außen (Bild 22);
5. Zargenfenster mit Anschlag nach außen (Bild 23) auch als Doppelfenster.

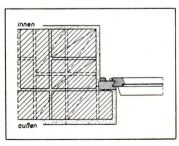

Bild 20. Blendrahmenfenster mit Anschlag nach innen

Anschläge haben den Zweck, das Durchdringen des Windes zu verhindern und die Abdichtung zu erleichtern.

Zargenfenster, ohne Anschlag zwischen durchgehende Leibungen gesetzt und mit Bankeisen befestigt (Bild 24), bleiben nie ganz winddicht, da der Putz infolge Erschütterungen und Temperaturschwankungen reißt. Sie eignen sich nur für untergeordnete Räume.

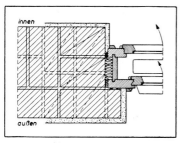
Bild 21. Doppelfenster mit Anschlag nach innen

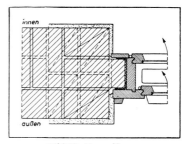
Bild 22. Doppelfenster mit Anschlag nach innen und außen

Türen werden je nach Verwendungszweck aus Holz, Stahl, Leichtmetall, Glas oder Kunststoff hergestellt.

Nach DIN 18100 gelten im Wohnungsbau folgende Rohbau-Richtmaße:

a) Keller- und Nebentüren:
Breite 0,625; 0,75; 0,875 m
Höhe 1,875 m;

b) einflügelige Wohnungstüren:
Breite 0,625; 0,75; 0,875; 1,00 m
Höhe 2,00 m;

c) zweiflügelige Wohnungstüren:
Breite 1,125; 1,25; 1,50; 1,75 m
Höhe 2,00 m.

Lichte Weite = Richtmaß-Breite + 1 cm,
lichte Höhe = Richtmaß-Höhe + 1,2 cm.

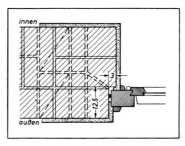
Bild 23. Zargenfenster mit Anschlag nach außen

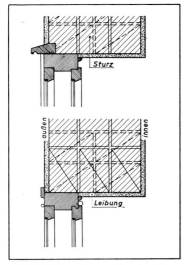
Bild 24. Zargenfenster ohne Anschlag

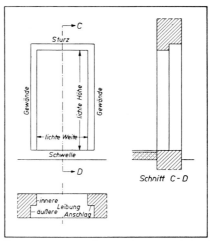
Bild 25. Türöffnung, Flügel nach außen aufgehend

Fenster- und Türanschläge. Der Form nach unterscheidet man ½ am und 1 am breite Anschläge. Die Breite des Anschlages beträgt bei einfachen Fenstern ½ am (5,25 + 1 cm = 6,25 cm), bei Doppelfenstern und großen Eingangstüren 1 am (11,5 + 1 cm = 12,5 cm).

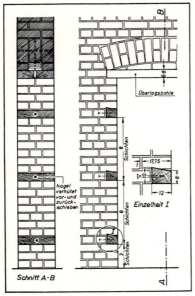

Bild 25a. Innere Tür mit Holzdübeln

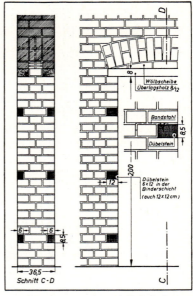

Bild 25b. Innere Tür mit Dübelsteinen

Die **Innentür** besteht aus dem Türblatt, dem Futter, der Bekleidung und evtl. der Schwelle. Die Oberfläche des Türblattes ist entweder glatt (Sperrholz oder Sperrplatten) oder als Füllungstür (mit oder ohne Verglasung) ausgebildet. Das Futter kann aus Holz oder in Form einer Stahlzarge hergestellt werden. Die Bekleidung überdeckt die Fuge zwischen dem Futter und dem Wandputz. Beim Einbau von Stahlzargen entfällt die Bekleidung.

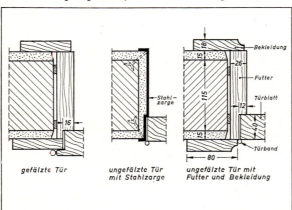

Bild 26

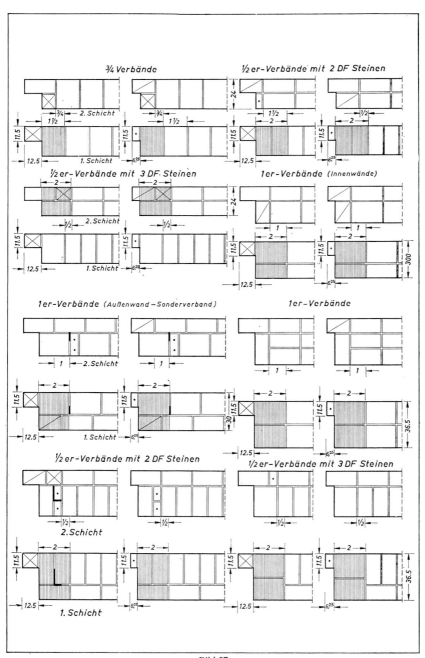

Bild 27

Außentür. Im Gegensatz zur Innentür muß die Außentür wetterbeständig gebaut sein. Das wird durch die Auswahl geeigneten Materials und durch eine einwandfreie Konstruktion erreicht. Weiterhin wird die Außentür gegen Witterungseinflüsse geschützt, wenn sie an der Innenseite der Außenwand angebracht wird und einen zusätzlichen Witterungsschutz oberhalb der Tür bekommt (Kragplatte). Die Haustür wird in fast allen Fällen als Blendrahmentür angefertigt. Der Rahmen liegt in einem Mauerfalz und schneidet mit der Oberfläche des Innenputzes ab. Der Blendrahmen wird durch Blendrahmenschrauben (Hülsenschrauben) mit dem Mauerwerk verbunden. Die Tür schlägt mit dem unteren Falz gegen eine Stahlschiene, die gleichzeitig eine Verbindung zwischen dem Podest und dem tieferliegenden Fußboden des Windfangs herstellt. An öffentlichen Gebäuden mit großem Verkehr müssen die Türen aus Sicherheitsgründen nach außen aufschlagen.

Verbandsregeln für Fenster- und Türanschläge

Die Verbandsregeln für Fenster- und Türanschläge sind aus den Regeln für das teilweise oder ganze Mauerende abgeleitet.

1. In der ersten Schicht wird der Anschlag vom übrigen Mauerwerk durch eine Schnittfuge abgetrennt, und der Anschlagstein (½ bzw. 1 am) stößt stumpf dagegen. Dabei darf an der Innenecke keine Kreuzfuge entstehen.
2. In der zweiten Schicht wird der Anschlag eingebunden, möglichst mit ganzen Steinen.
3. Die Regelschnittfuge der zweiten Schicht liegt von der Regelschnittfuge der ersten Schicht entfernt:

    in den 1er-Verbänden um 1 am

    in den ½er-Verbänden um ½ oder 1 ½ am

    im ¾-Verband der 2er-Mauer um ¾ am.

Wiederholungsfragen und Hausaufgaben

1. Wie bezeichnet man die einzelnen Teile der Fensteröffnung?
2. Welche Abmessungen haben Wohnungsfenster?
3. Welche Arten von Fenstern unterscheidet man?
4. Wie bezeichnet man die seitlichen Begrenzungen der Türen bei Innenwänden?
5. Wie werden Türöffnungen in Innenmauern abgedeckt?
6. Wie werden die Maueranschläge der Form nach unterschieden?
7. Welche Breite erhalten Fenster- und Türanschläge?
8. Nenne die Verbandregeln für Fenster- und Türanschläge!

Rechenaufgaben

1. Die in Bild 28 dargestellte Fensteröffnung hat als Maßangaben am eingetragen. errechne die Maße in cm!
2. Eine Fensteröffnung ist 1,635 m breit und 1,387 m hoch.
   a) Wieviel am breit ist die Öffnung?
   b) Wieviel Schichten (NF) sind zu mauern?
3. Eine Türöffnung ist 88,5 cm breit und 2,012 hoch.
   a) Wieviel am breit ist die Öffnung?
   b) Wieviel Schichten (1½ NF) sind zu mauern?
4. Errechne lichte Weite und innere Leibungsweite folgender Öffnungen:
   a) Fenster 4; 6; 7; 10; 13; 16 am breit mit beiderseitigem ½ am Anschlag!
   b) Tür 5; 6; 7; 8; 10; 12; 14 am breit mit beiderseitigem am Anschlag!

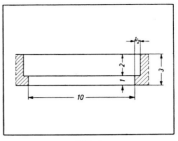

Bild 28

Begrenzungen der Fenster und Außentüren durch Fenstersohlbänke und Schwellen

Fenstersohlbank aus Mauerziegeln. Die Sohl- oder Fensterbank soll das Regenwasser vom Fenster ableiten, das darunterliegende Mauerwerk vor der Durchnässung schützen; sie dient gleichzeitig als Stütze des Fensterrahmens. Damit dieser dichtschließend wird, muß die Aufsetzfläche an

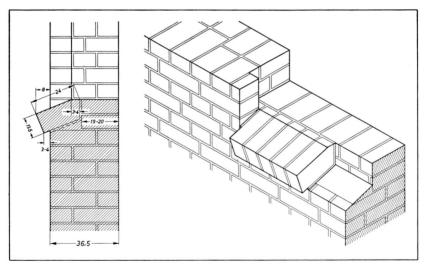

Bild 29. Sohlbank ohne Falz

der Bank unbedingt eben sein. Ein Falz erhöht die Sicherheit gegen Windzug und Regenschlag. Die Sohlbank wird im Rohbau aus einer Klinkerflach- oder -rollschicht hergestellt, die geneigt so zu legen ist, daß deren

Kante etwa 6 bis 8 cm vor die Mauerflucht vorspringt und die untere Kante Tropfkante wird (Bilder 29 bis 33). Die unbeschädigten Klinker werden in Zementmörtel verlegt und bis zur Putzgerüstentfernung mit Brettern gegen Bestoßen geschützt. Außer den einfachen Ziegelsteinen werden auch Formsteine (Bild 34) und Biberschwänze (Bild 35) oder Natursteinplatten als Abdeckung genommen. Beim Putzbau wird die obere

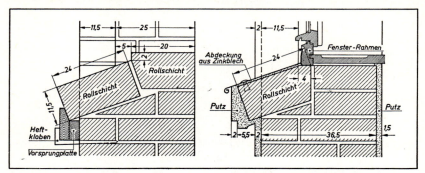

Bild 30. Sohlbank mit Falz   Bild 31. Sohlbank mit Putz

Fläche in der Regel mit Mörtel geneigt abgeglichen und mit Zinkblech abgedeckt (Bild 31), beim Rohbau die Klinker mit Zementmörtel verfugt und geglättet.

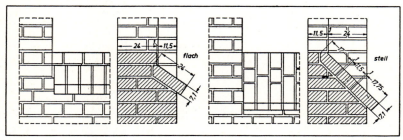

Bild 32   Bild 33
Sohlbänke in Klinker-Flachschichten

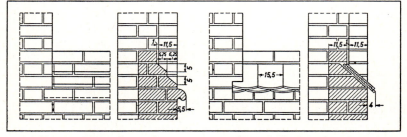

Bild 34. Sohlbank in Formsteinen   Bild 35. Sohlbank in Biberschwänzen

Die Oberkante Sohlbank liegt meistens 80 bis 90 cm über Fußbodenoberkante. Den Mauerteil von Oberkante Sohlbank bis zum Fußboden nennt man Fensterbrüstung, ihre Höhe Brüstungshöhe. Ist die Brüstungsmauer schwächer als die Hauptwand, so entsteht eine Brüstungsnische (siehe Bild 18).

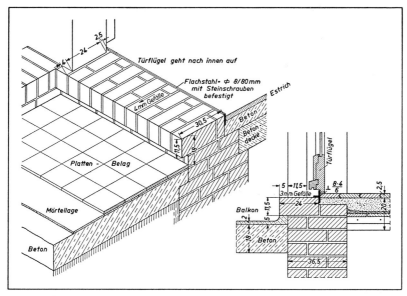

Bild 36. Türschwelle mit Flachstahl   Bild 37. Türschwelle mit T-Stahl
(Tür nach innen aufgehend)

Arbeitsgang: Die Steine der abzuschrägenden Abdeckschichten werden behauen, in besonderen Fällen nach Schablone und möglichst in Kalkzementmörtel versetzt. In ebensolchem Mörtel werden dann die vorher zugerichteten Abdecksteine nach einer unterhalb festgemachten Vorsprunglatte versetzt und die Fugen ausgegossen und ausgefugt. Das gleiche gilt für Flachschichten, Formsteine und Biberschwänze.

Klinkerschwelle. Die Türschwelle wird aus Klinkern hergestellt, seltener aus hartgebrannten Ziegelsteinen, meistens als Rollschicht. Als Abschluß gegen den Fußboden wird zwischen der inneren und äußeren Leibung ein Flachstahl oder T-Stahl hochgestellt oder ein Winkelstahl, der gleichzeitig der Tür an Stelle des Holzschwellenfalzes als Dichtung dient.

Die Türschwellen legt man in der Regel 2 bis 3 cm höher oder tiefer als den Fußboden, der auch in gleicher Höhe liegen kann (siehe Bilder 36 bis 39). Man gibt ihnen nur ein ganz geringes Gefälle nach außen, damit das Wasser abfließen kann.

Sowohl zum Mauern als auch zum Verfugen verwendet man Zement- oder Kalkzementmörtel.

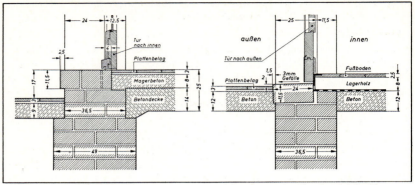

Bild 38. Türschwelle mit Rollschicht (Ohne Türanschlag)

Bild 39. Türschwelle mit Winkelstahl (Tür nach außen aufgehend)

Schornsteine

Zweck des Schornsteins. Der Schornstein, Schlot, Esse oder Kamin genannt, stellt die Verbindung zwischen Feuerstelle und Außenluft her. Er hat die Aufgabe, dem Brennstoff die zur Verbrennung notwendige Verbrennungsluft durch Ansaugen zuzuführen und die Rauchgase über Dach ins Freie zu leiten.

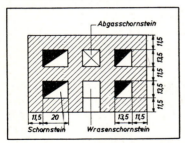

Bild 40. Schornsteinbezeichnung

Schornsteinbezeichnung. Der Schornstein ist eine bauliche Vorrichtung, die nicht nur die Verbrennungsgase fester und flüssiger Brennstoffe ins Freie leiten soll, sondern auch zur Ableitung von gasigen Brennstoffen dient. Diese Schornsteine werden als Abgaseschornsteine bezeichnet. Außerdem haben wir Schornsteine, die ausschließlich der Ableitung von Dämpfen (Wrasen, Dunst) einzelner oder mehrerer Räume dienen (Bild 40 und 41).

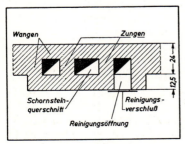

Bild 41. Schornsteinteile

Schornsteinteile. Der Schornsteinquerschnitt ist der freie Raum, durch den die Rauchgase abgeleitet werden. Die Schornsteinsohle ist der untere Abschluß des Rauchrohrquerschnittes. Die Außenseite des Rohres heißt Wange, die Trennungswand zwischen den Rohren Zunge (Bild 41).

Die Schornsteinmündung ist der obere Abschluß des Schornsteins. Die Schornsteinhöhe ist die Entfernung zwischen Schornsteinsohle und Schornsteinmündung. Der Schornsteinkopf ist der freistehende Teil über der Dachhaut bis zur Schornsteinmündung.

Der Schornsteinzug beruht auf dem Gewichtsunterschied zwischen kalter und warmer Luft. Die Leistung eines Schornsteins ist um so besser, je größer der Raumgewichtsunterschied der kalten Außenluft und der Rauchgase im Schornstein ist. Die Schornsteinhöhe beeinflußt außerdem die Zugstärke in hohem Maße; je höher der Schornstein, desto größer der Zug durch den Unterschied zwischen Luftdruck an der Sohle und an der Ausmündung. Aus diesem Grunde muß die Höhe vom Rost bis zur Schornsteinmündung mindestens 4,50 m betragen.

Die Zugkraft wird geprüft an der geöffneten unteren Reinigungstüre (Schornsteinsohle) durch Davorhalten einer brennenden Kerze. Deren Flamme muß durch den Zug zum Schornstein abgezogen werden.

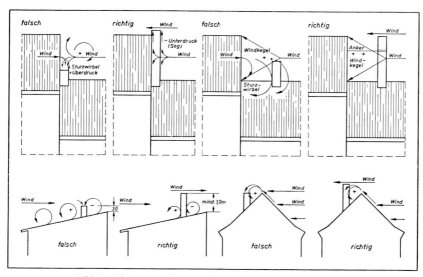

Bild 42. Falsche und richtige Anlage von Schornsteinen über Dach

Zugkraft erzeugt auch der Wind, wenn die Schornsteinmündung so hoch über dem Dachfirst steht, daß die Mündung außerhalb der entstehenden Luftwirbel liegt. Die Schornsteinmündung muß den Dachfirst bei Flachdächern mindestens 1 m, bei Steildächern 0,5 m überragen. Falsche und richtige Anlagen zeigt Bild 42.

Ein guter Schornsteinzug ist nur dann gewährleistet, wenn die Rauchgassäule leichter als die Luftsäule ist (Bild 43). Ist zwischen Außenluft und Rauchgassäule ein Gewichtsunterschied nicht vorhanden, entsteht ein

Ruhezustand der Gase, ein sogenannter „Stau" (Bild 44). Entsteht ein negativer Gewichtsunterschied zwischen Außenluft und Rauchgassäule, findet eine Rückwärtsbewegung der Rauchgase statt (Bild 45), z. B. an heißen Tagen bei Sonnenbestrahlung auf den Schornsteinkopf.

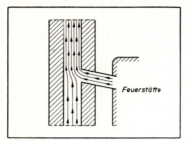

Bild 43. Schornsteinzug

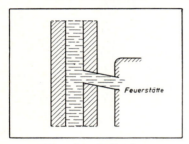

Bild 44. Stau der Rauchgase

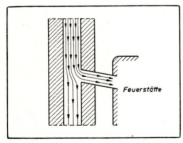

Bild 45. Rückstrom der Rauchgase

Einflüsse auf den Schornsteinzug

Schornsteinquerschnitt. Die Größe des Schornsteinquerschnittes ist durch die Rauheit der Wangen, durch die Art der Brennstoffe und Größe der Feuerstelle bedingt. In der Praxis haben sich für häusliche Feuerstätten Erfahrungssätze herausgebildet. Demnach erfordert ein Ofen einen Mindestquerschnitt von 80 bis 100 cm². Wir können also bei einem Querschnitt von $13,5 \times 13,5$ cm $= 182$ cm² zwei Öfen anschließen, ohne daß eine Überlastung eintritt. Ein Herd oder Waschkessel benötigt dagegen einen Querschnitt von 150 cm².

Man unterscheidet enge oder russische Rohre, deren Querschnitt 13,5/13,5, 13,5/20, 20/20, 20/26, 26/26 cm groß ist (Bild 46), und besteigbare Rohre mit mindestens 44/51 cm großem Querschnitt (Bild 47), die von 51/51 cm Größe an mit eingemauerten Steigeisen im Abstand von ca. 40 cm versehen werden müssen. Die Wangen sind zweckmäßig 1 Stein dick zu mauern (Bild 47). Nicht besteigbare Querschnitte kommen für Wohnhausbauten, besteigbare für Zentralheizungen und gewerbliche Feuerungen zur Anwendung.

Querschnittform. Die abziehende Rauchgassäule paßt sich am besten

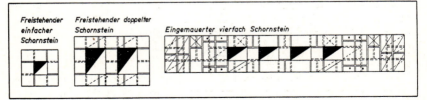

Bild 46. Schornsteine mit engen oder russischen Rohren

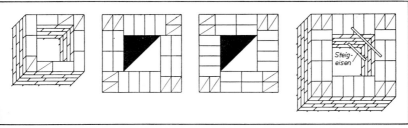

Bild 47. Besteigbare Schornsteine

einem runden Schornsteinquerschnitt an, weil hier die Reibungswiderstände an den Wandungen am geringsten sind (Bild 48). Der quadratische Querschnitt wird am meisten angewendet; hier ist der Reibungswiderstand größer, und es bilden sich in den Ecken kleine Wirbel (Bild 49). Je weiter sich die Querschnittform vom runden Querschnitt entfernt, desto mehr werden die Gase von ihrer natürlichen Aufwärtsbewegung abgelenkt. Die Wirbelbildung wird erhöht und die Reibungswiderstände werden vergrößert. Beim rechteckigen Querschnitt wirken sich diese Dinge um so ungünstiger aus, je größer das Seitenverhältnis des rechteckigen Querschnittes ist (Bild 50). Nach den Vorschriften der meisten Bauordnungen ist ein Seitenverhältnis von höchstens 1:1,5 zugelassen (Bild 51).

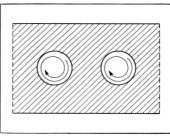

Bild 48. Verbrennungsgasbewegung in einem runden Schornsteinquerschnitt

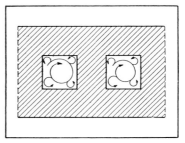

Bild 49. Verbrennungsgasbewegung im quadratischen Schornsteinquerschnitt

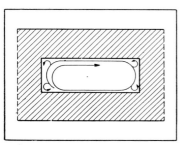

Bild 50. Verbrennungsgasbewegung in einem rechteckigen Querschnitt mit ungünstiger Form

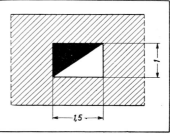

Bild 51. Noch zulässiger rechteckiger Querschnitt mit einem Seitenverhältnis 1:1,5

Dicke der Wangen und Zungen. Rauchgase von festen und flüssigen Brennstoffen dürfen in einen gemeinsamen Schornstein eingeleitet werden, wenn der Querschnitt ausreicht. Feuerstätten mit mehr als 40 000 kcal/h für feste und flüssige Brennstoffe und mehr als 75 000 kcal/h für Gas müssen je einen eigenen Schornstein erhalten; desgleichen Ölfeuerungen mit Zerstäubungsbrenner. Die Wangen und Zungen müssen mindestens 11,5 cm dick sein. Die Schornsteinwange muß jedoch mindestens 24 cm dick sein,
1. wenn sie an der Außenwand liegt,
2. wenn die Feuerstätte bei festen und flüssigen Brennstoffen über 40 000 kcal/h, bei Gasfeuerungen über 75 000 kcal/h leistet,
3. wenn die Rauch- bzw. Abgase am Rohrstutzen eine Temperatur von mehr als 400 °C haben,
4. in kaltliegenden Räumen, z. B. im nicht ausgebauten Dachgeschoß, wenn Feuerstätten mit niedriger Rauch- bzw. Abgastemperatur angeschlossen sind.

Schornsteine mit mehr als 5 Geschossen dürfen nicht im Verband mit anschließenden Wänden ausgeführt werden.

Fugenzahl und Fugendichte. Mit steigender Stoßfugenzahl wird die Leistung des Schornsteins herabgesetzt. Durch erhöhte Stoßfugenzahl wächst die Rauhigkeit des inneren Querschnittes und damit der Reibungswiderstand. Deshalb soll die Fugenzahl auf ein Mindestmaß beschränkt werden (Bild 52). In der Gesamtstoßfugenzahl sind die Stoßfugen der Wangen mit eingerechnet, durch die Nebenluft in größeren Mengen eintreten kann, wenn nicht vollfugig gemauert wird. Undichte Fugen beeinträchtigen Rauchgasgeschwindigkeit, Zugstärke und Ausnutzungsgrad der Brennstoffe wesentlich. Außerdem besteht die Gefahr der Rauchgasbelästigung.

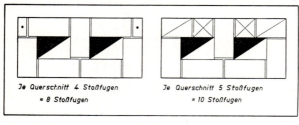

Bild 52. Fugenzahl am Rauchrohr

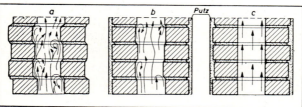

Bild 53. Schornsteinquerschnitt mit Vor- und Rücksprüngen

Beschaffenheit der Innenfläche. Schornsteine sollen vollfugig gemauert werden und einen gleichbleibenden lichten Querschnitt haben! Diese baupolizeiliche Vorschrift besagt, daß Schornsteine innen bündig zu mauern sind. Eine Querschnittverminderung ist zu vermeiden. Bild 53 a, b zeigt ein mangelhaft ausgeführtes Schornsteinmauerwerk. Diese Querschnittverminderung wirkt sich auf die Rauchgasabführung sehr nachteilig aus. Unter der Annahme, daß der skizzierte Schornsteinquerschnitt bis auf 11/10 cm verengt worden ist, wird eine Minderung von 40% eintreten. Wenn an einen Schornstein von 13,5/13,5 cm zwei Feuerstätten angeschlossen sind, bedeutet diese Querschnittverminderung eine Mehrbelastung, die Ursache von Rauchgasbelästigungen sein kann.

Von diesen Erfahrungen ausgehend, wird nach Hasenbein empfohlen, als kleinsten Schornsteinquerschnitt 13,5/20 cm Größe zu wählen. Beim Schornsteinmauerwerk ist anzustreben, daß Stoß- und Lagerfugen in der ganzen Tiefe und Dicke mit Mörtel ausgefüllt sind. Das Anschmieren des Mörtels nutzt nichts, wenn eine zu dünne Stoßfuge das Eindringen des Mörtels verhindert. Diese dünne Mörtelschale wird durch das Kehrgerät beseitigt, und undichte Fugen sind die Folge. Die Schornsteininnenseiten müssen glatt sein; mit zunehmender Rauhigkeit wächst der Reibungswiderstand für die Rauchgase und die Gefahr einer starken Rußablagerung. Deshalb glatte Seite des Ziegels nach innen und bündig legen! Jede Verlängerung durch Vor- oder Rücksprünge der Schornsteininnenfläche führt zur Verminderung der Leistung (Bild 53 und 54).

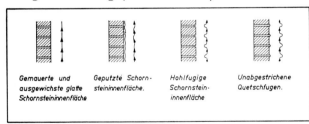

Bild 54. Verschiedene Schornsteininnenflächen

Nach dieser Gegenüberstellung ist der ausgewichste Schornstein als beste Ausführungsart herauszustellen. Der noch hervorstehende, frische Mörtel soll mit der Rohrkelle abgestoßen (der herabfallende Mörtel wird durch schräggestellte Steine in der darunterliegenden Reinigungsöffnung abgefangen) oder noch in vorhandene Unebenheiten bzw. Hohlfugen eingedrückt werden. Ein Auftragen des Mörtels ist abzulehnen. Durch die Bewegungen des Kehrgerätes werden angedrückte oder angeriebene Mörtelschalen mit der Zeit abgeschlagen.

Für Hausschornsteine dürfen folgende Vollsteine verwendet werden:

DIN 105 Mauerziegel, unter und über Dach \
DIN 105 Hochlochziegel A, nur unter Dach } zu gewerblichen und Wohnhaus-Feuerungen \
DIN 106 Kalksandsteine, unter und über Dach \
DIN 398 Hüttensteine, nur unter Dach \
DIN 18152 Vollsteine aus Leichtbeton, nur unter Dach, nicht zu gewerblichen Feuerungen.

Nicht zugelassen sind: Langlochziegel, Hochlochziegel B.

Lage und Größe der Reinigungsöffnung. Alle Schornsteine sind so einzurichten, daß sie gut von Ruß gereinigt werden können. Deshalb erhält der Schornstein Reinigungsöffnungen, die so groß zu machen sind wie der lichte Schornsteinquerschnitt. Die Höhe beträgt 3 bis 4 Schichten. Die Reinigungsöffnungen an der Sohle müssen so angelegt werden, daß sie von der Kellersohle bis zu ihrer Unterkante eine Höhe von 80 bis 90 cm (10 Schichten) haben. Wird über Dach von oben gereinigt, so müssen Ausstiegsöffnungen und Laufdielen am Dach angebracht werden. Bei nicht begehbaren Dächern wird der Schornstein vom Dachboden aus gereinigt. In diesem Falle ist im Dachgeschoß eine Reinigungsöffnung anzulegen. Zu hoch oder niedrig angelegte Öffnungen erschweren die Reinigung. Bei nicht unterkellerten Räumen werden die Reinigungsöffnungen im Erdgeschoß angelegt. Der Zugang zu Reinigungsöffnungen muß stets freigehalten werden.

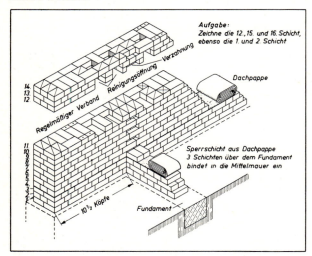

Bild 55. Anlegen von Schornsteinen

Zunächst werden die Reinigungsöffnungen drei Schichten hoch angelegt. Die 4. Schicht überdeckt vorn das Reinigungsloch (mit 1 am Breite). Darüber legt man die Rohrkästen an (siehe Bild 55), die darauf verbandgerecht hochgemauert werden.

Jedes Rauchrohr muß seine eigenen Reinigungsöffnungen im Keller und im Speicher haben. Das Zusammenfassen mehrerer Rohre zu einer Reinigungsöffnung ist fehlerhaft und nicht zulässig.

Lage der Schornsteine

Schornsteine legt man am besten in die Mittelwände und nicht in Außenwände, damit nicht durch Feuchtigkeit und Kälte unnötige Wärmeverluste entstehen (Bild 56). Aus diesem Grunde sind auch mehrere Schornsteine zu Gruppen zusammenzufassen. Die Rohre sollen möglichst in Mauerecken angelegt werden, weil dadurch oft Mauervorlagen vermieden und Rauchrohre aus verschiedenen anstoßenden Räumen eingeführt werden können. Die eine Mauer soll dabei immer in ganzer Dicke durchbinden (Bild 57). Die Rauchrohre in Mittel- und Trennwänden sollen mindestens $^1/_2$ am von den Raumecken entfernt angelegt werden und niemals in die Ecken selbst, weil sonst die Rauchrohrstutzen nicht gerade eingesetzt werden können (Bild 56). Sind die Mauern nur 24 cm dick, dann ist eine 12,5 cm dicke Mauervorlage notwendig (Bild 57).

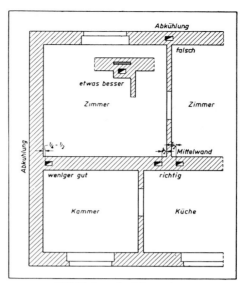

Bild 56. Lage der Schornsteine

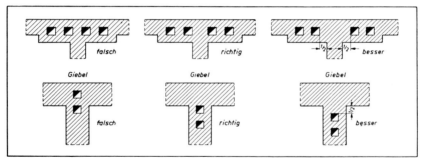

Bild 57. Anordnung der Schornsteine in Außen- und Innenwänden

Werden Rauchrohre an die Außenmauern gelegt, dann ist zweckmäßig eine Luftschicht mit Dämmplatten vorzusehen, damit die Abkühlung der Rauchgase vermieden wird (Bild 58). Schornsteingruppen am Giebel legt man am besten in die Trennwand, um Abkühlungen zu vermeiden (Bild 57).

Die Anlage von zweireihigen Schornsteingruppen ist aus Bild 59 zu ersehen.

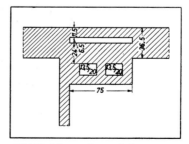

Bild 58. Schornsteine an Außenmauern

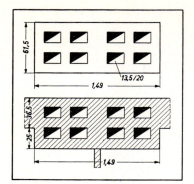

Bild 59. Doppelreihige Schornsteingruppe

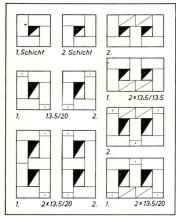

Bild 60. Freistehende Schornsteine

Für das Mauern von Schornsteinen gelten folgende Hauptregeln:

1. Es sind möglichst viele ganze Steine zu vermauern.
2. Kleinstücke sind niemals an Schornsteininnenseiten zu vermauern.
3. Schornsteinzungen sollen in die Wangen einbinden.
4. Der Verband ist am besten, der an den Innenwandungen die geringste Stoßfugenzahl aufweist.
5. Von der inneren Ecke darf nur eine Fuge ausgehen; demnach sind Kreuzfugen nicht zulässig.
6. Die Stoß- und Lagerfugen müssen vollfugig gemauert werden.
7. Schornsteine müssen in der ganzen Höhe einen gleichbleibenden lichten Querschnitt haben.
8. Schornsteinmauerwerk darf weder belastet noch angestemmt werden.

Freistehende Schornsteine. Bei einrohrigen Schornsteinen legt man den Verband umlaufend, d. h. um das Schornsteinrohr herum. Die 2. Schicht ist wie die 1. Schicht, aber um 180° um die Längsachse gekippt (Bilder 46, 47 und 61).

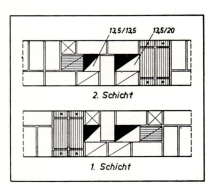

Bild 61a

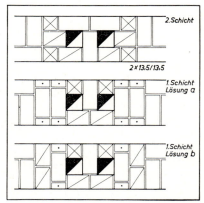

Bild 61

Einreihige Schornsteingruppen in vollen Mauern ausgespart

Entspricht die Mauerdicke mindestens 36,5 cm, so kann der Schornsteinquerschnitt im Wandinnern ausgespart werden.

Verbandregel: Einzelschornsteine oder Schornsteingruppen in vollen Mauern begrenzt man in der Läuferschicht mit so viel 1½-Stücken (Läuferdreiquartieren), wie der Schornstein Köpfe tief ist.

In der Streckerschicht begrenzt man mit je 2 Paar 1½-Stücken (Streckerquartieren) oder je einem Paar Kleinstücken und 1½-Stücken (Bild 61).

Verbandregel: Entspricht die Länge der Schornsteingruppe nicht einer vollen Kopfzahl, so ist umgeworfener Verband zu mauern, das eine Ende ist mit Läuferdreiquartieren, das andere mit Streckerquartieren abzuschließen (Bild 61a).

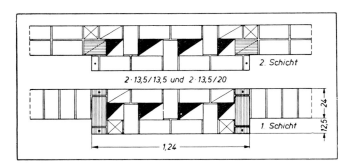

Bild 62

Ist die Mauerdicke geringer als das Außenmaß des Schornsteins, wird das Schornsteinmauerwerk mit Vorlage hochgeführt.

Verbandregel: Bei einzelnen Schornsteinen oder Schornsteingruppen mit Vorlage stößt die Streckerschicht stumpf gegen das Schornsteinmauerwerk, während die Läuferschicht einbindet (Bild 62).

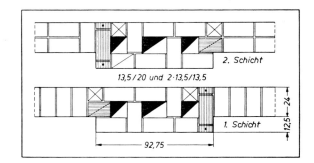

Bild 63

Verbandregel: Entspricht das Schornsteinmauerwerk nicht einer vollen Kopfzahl, so ist umgeworfener Verband zu mauern (Bild 63).

Die zweireihige Schornsteingruppe. Schornsteine sind, wie schon erwähnt, nach Möglichkeit in Schornsteingruppen aufzuführen und im Innern

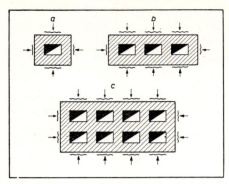

Bild 64. Abkühlungsflächen am Einzelschornstein und an einer ein- und zweireihigen Schornsteingruppe

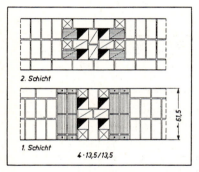

Bild 65. Zweireihige Schornsteingruppe im Mauerwerk ausgespart

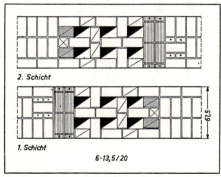

Bild 66. Zweireihige Schornsteingruppe im umgeworfenen Verband

eines Gebäudes anzuordnen. Dadurch werden Wärmeverluste vermieden und größere Leistungen erzielt. Die größte Abkühlungsfläche hat der Einzelschornstein (Bild 64a); er wird von vier Seiten von der Kaltluft umspült. Der Wärmeverlust ist hier am größten! Günstiger zeigt sich die einreihige Schornsteingruppe (Bild 64b). Hier sind die Außenrohre von drei Seiten und die mittleren nur von zwei Seiten der Abkühlung ausgesetzt. Der geringste Verlust an Wärme, verbunden mit der größeren Zweckmäßigkeit, tritt bei der zweireihigen Schornsteingruppe auf (Bild 64c). Hier sind die Rohre an den Ecken von zwei Seiten der Außenluft ausgesetzt, während die inneren Rohre nur eine Abkühlungsfläche haben.

Verbandregel: Zweireihige Schornsteingruppen, in vollen Mauern angelegt, begrenzt man in der Läuferschicht mit soviel 1½-Stücken (Läuferdreiquartieren), wie der Schornstein am tief ist.

In der Streckerschicht begrenzt man mit je 2 Paar 1½-Stücken (Streckerquartieren) (Bild 65) oder je einem Paar 1½-Stücken (Streckerquartieren und Streckerdreiquartieren) (vgl. Bild 61). Das verbleibende Schornsteinmauerwerk wird nach üblichen Mauerregeln und den geltenden Hauptregeln für Schornsteinmauerwerk, Seite 54, hergestellt.

Verbandregel: Entspricht die Länge einer zweireihigen Schornsteingruppe nicht vollen aus, so ist umgeworfener Verband zu mauern, d. h. das eine Ende ist mit 1½-Stücken, das andere mit Kleinstücken zu begrenzen (Bild 66).

Zweireihige Schornsteingruppe in Mauern mit Vorlage

Verbandregel: Bei zweireihigen Schornsteingruppen in Mauern mit Vorlage stößt die Streckerschicht stumpf gegen das Schornsteinmauerwerk, die Läuferschicht bindet dagegen ein (Bild 67).

Entspricht die Länge einer Schornsteinvorlage nicht ganzen am, so ist umgeworfener Verband zu mauern (Bild 68).

Schornsteine als Auflager. Es kommt vor, daß man Schornsteinkörper als Auflager von Massivdecken bzw. als Widerlager gewölbter Decken benutzt. Derartige Aufbaufehler sind unbedingt zu unterlassen, da durch diese Fehler der Wert des Bauwerkes bedeutend vermindert wird. Der untere Teil des Schornsteinkörpers kann sich dabei stärker setzen und abreißen, wodurch eine undichte Fuge entsteht. Decken an Schornsteinen sind stets freitragend zu machen und nicht auf die Schornsteinwangen aufzulegen (siehe Bild 69). Gewölbe, deren Widerlager gegen die Schornsteinwange drückt, würden sich mit dem Schornstein stärker setzen und reißen, auch die Wange eindrücken. Kappengewölbe vor mehreren Schornsteinrohren werden so gewölbt, daß sie mit der Stirnfläche anstoßen. Ist das nicht möglich, dann sind beiderseits der Schornsteine vom letzten Träger zur Wand Trägerwechsel einzulegen und zwischen diesen ein Gewölbe herzustellen, das mit der Stirn an die Schornsteine anstößt. Bei allen Massivdecken ist vor der Ausführung um die äußere Schornsteinwand ein Band aus ungesandeter Dachpappe mit dazwischenliegender Glas- oder Steinwolle zu legen, an das die Massivdecke anschließt. So kann sich der Schornstein setzen, ohne daß sich die Decke mitsenkt. Die Bilder 70 und 71 geben die

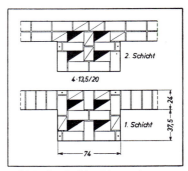

Bild 67. Zweireihige Schornsteingruppe in Mauer mit Vorlage

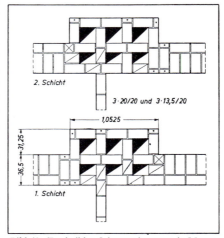

Bild 68 Zweireihige Schornsteingruppe in Mauer mit Vorlage im „umgeworfenen Verband"

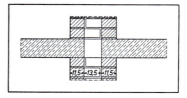

Bild 69. Falsches Einbinden an Betondecke

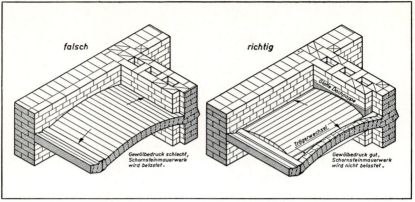

Bild 70. Falsches Deckenauflager bei Schornsteinen

Bild 71. Richtiges Deckenauflager bei Schornsteinen

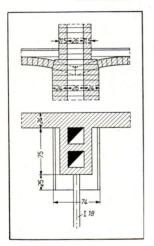

Bild 72. Verstärkte Wangenmauer

falsche und richtige Ausführungsart an. Jedes Auflegen von Trägern, Mauerankern u. a. auf 11,5 cm dicken Wangen ist ebenfalls unzulässig, da die Wangen des Schornsteins dadurch geschwächt werden. Braucht man ein Auflager, so wird die Wangenmauer entsprechend verstärkt (siehe Bild 72 und 73).

Ursache des schlechten Schornsteinzuges kann sein:
1. Zu starke Abkühlung der Rauchgase durch dünne Schornsteinwände in kalten und hohen Dachräumen, Lage der Schornsteinrohre in Außenmauern oder in Wänden an kalten Treppenhäusern oder Durchfahrten. Abhilfe: an beiderseits warme Innenwände legen oder durch Hohlschichten gegen die kalte Seite abdämmen, im Dach dickere Wände oder mit feuersicheren Dämmplatten ummanteln.
2. Falscher Zug durch offene Wangenfugen, durchbrochene Zungen zwischen 2 Schornsteinrohren, beschädigte Wangen durch Stemmen

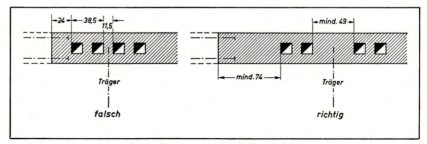

Bild 73. Verstärkte Zungen und Endpfeiler

von Leitungsschlitzen oder Dübeln, durch undichte Rohreinmündungen, Reinigungstüren und Reinigungsverschlüsse. Auch dadurch wird die Luft im Schornstein abgekühlt.

Abhilfe: undichte Mauerfugen usw. abdichten, keine Schlitze und Dübellöcher in Schornsteinwände stemmen; für Wasch- und Küchenherde jeweils besondere Schornsteinrohre anlegen.

3. Zu rauhe Rohrwandungen und einspringende Mauerteile. Abhilfe kaum möglich.
4. Zu enger Rohrquerschnitt bei zuviel Heizstellen, die Rauchgase stauen sich. Abhilfe: nur so viele Heizstellen einführen, als der Querschnitt zuläßt.
5. Stark durch Ruß verengt. Abhilfe: Reinigung.
6. Abkühlung durch aufsteigende Feuchtigkeit. Abhilfe: Sperrschicht unten einziehen. Waschküchenputz aus dichtem Zementmörtel mindestens 1,00 m hoch.
7. Abkühlung durch Niederschlagwasser aufsteigender Dämpfe aus Küchen oder Waschküchen. Abhilfe: für Dämpfe besondere Dunstrohre anlegen. Ventilationsklappe in der Schornsteinwange entfernen und Öffnung schließen.
8. Auf dem Schornsteinkopf aufgesetztes Rohr mit kleinerem Querschnitt als Schornsteinquerschnitt. Abhilfe: Größeres Rohr.
9. Bei hoch über das Dach reichenden Schornsteinen zu dünne Wangen. Abhilfe: Abbruch bis unter Dach und Aufmauern mit dickeren Wangen.
10. Zu weit in den Schornstein reichende Rauchrohre. Abhilfe: Futterrohre mit Überschiebmuffe (Patentfutterrohre).
11. Mehrere in gleicher Höhe einmündende Rauchrohre, wodurch der Rauch sich stößt und Wirbel erzeugt. Abhilfe: Rohreinmündungen in der Höhe um 23 bis 30 cm versetzen und schräg nach oben einführen.

Schornsteine aus Formsteinen

Für die Abführung der Rauchgase von häuslichen Feuerstätten und Heizungsanlagen hat man bis vor wenigen Jahrzehnten die Schornsteine fast ausschließlich aus Ziegelmauerwerk hergestellt. Erst als man die guten Eigenschaften gewisser Leichtbetonarten kennengelernt und erprobt hatte, wurden diese auch für Hausschornsteine verwendet.

Beschaffenheit der Schornstein-Formsteine. Die Schornstein-Formsteine aus Leichtbeton werden mit glatten Innenwandungen und abgerundeten Ecken hergestellt. Während die gemauerten Schornsteine zahlreiche Stoß- und Lagerfugen und infolge der Maßungenauigkeiten der Mauersteine zum Teil einen unstetigen Verlauf der inneren Wandungen aufweisen, sind bei den Formsteinen die Stoßfugen völlig verschwunden und die Lagerfugen nur in größeren Abständen erforderlich. Die Fugendicke braucht nur wenige Millimeter zu betragen, und bei Verwendung von Feinsand läßt sich stets eine gut verstrichene Innenfuge ausbilden. Die Formsteinschornsteine besitzen daher einen geringeren Reibungswiderstand und somit einen besseren Zug als die gemauerten Schornsteine. Der hohe Wirkungsgrad von Ölfeuerungen mit nur geringen Abgastemperaturen und kurzzeitiger Belastung des Schornsteinmauerwerks führte vorzugsweise zur Verwendung von doppelwandigen Formsteinen.

Querschnittform und Größe der Formsteine. Die Formsteine, die für häusliche Feuerstätten verwendet werden dürfen, werden mit einem oder mehreren Zügen (Schornsteingruppen) ausgeführt. Hierbei kommt es darauf an, daß der Beton für die meist nur 4 bis 5 cm dicken Zungen ausreichend fest und dicht ist. Die Schornsteinquerschnitte können rund, quadratisch oder rechteckig mit gut abgerundeten Ecken ausgeführt werden. Beim rechteckigen Querschnitt soll das Verhältnis der Seitenflächen nicht größer als 1 : 1,5 sein. Bei den in Deutschland üblichen Ausführungen sind die Schornsteinwangen entweder ein- oder zweiwandig ausgebildet. Die einwandigen Ausführungen haben in der Regel 8 bis 10 cm Wangendicke (Bild 74). Die Höhe schwankt je nach dem Raumgewicht von 20 bis 33 cm, um das Steingewicht mit Rücksicht auf das Versetzen in erträglichen Grenzen zu halten. Bei den zweiwandigen Formsteinen unterscheidet man Steine nach Bild 75, bei denen die Wangen stellenweise durch Luftspalte unterbrochen sind. Oft werden bei solchen Ausführungen die Hohlräume auf der Oberseite geschlossen und vermörtelt, so daß in der Längsrichtung keine Verbindung zwischen den einzelnen Hohlräumen verbleibt (wie beim Mauerwerk aus Hohlblock-Steinen). Bei den zweiwandigen Formsteinen der Bauart „Schofer" nach Bild 76 soll die schräge Anordnung der Verbindungsstege zwischen Außen- und Innenwand eine federnde Bewegung des Schornsteins bei Dehnung des Materials durch Wärme- und Kälteeinflüsse ermöglichen.

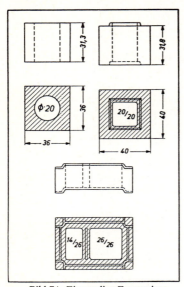

Bild 74. Einwandige Formsteine

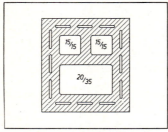

Bild 75. Zweiwandige Formsteine mit Dämmzellen

Meist erhält die äußere Wandung mit Rücksicht auf die Transportsicherheit eine Bewehrung, die sich auch beim Auftreten von Rissen günstig auswirkt, da sich die Risse nach dem Erkalten besser schließen.

Für die eingebauten und freistehenden Schornsteine mit mehr als 1000 cm² lichte Weite können auch Formsteine verwendet werden. Hier kommen zwei Bauarten in Frage, nämlich zweiwandige Formsteine nach Bild 77 und die Zweischalenbauweise nach Bild 78. Die zweiwandigen Formsteine erhalten Wangendicken bis zu 25 cm, während die Zungendicke 5 bis 10 cm betragen muß. Für das Versetzen solcher großen Formsteine werden besondere Greifzangen verwendet. Mit Hilfe eines Kranes lassen sich auch die größten Formsteine leicht versetzen. Bei der Zweischalenbauweise der Fa. Schwend & Cie. werden zwei getrennte Schalen verwendet. Die innere Schale besteht aus einem feuerbeständigen Plewa-Schamotterohr, das mit einem gewissen Zwischenraum in der aus Ziegelsplittformstücken gebildeten Außenschale steht (Bild 78 und 79). Der

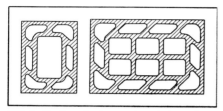

Bild 76. Zweiwandige Formsteine mit besonderer Steganordnung (Bauart Schofer)

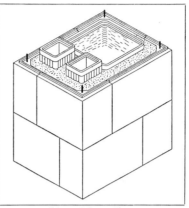

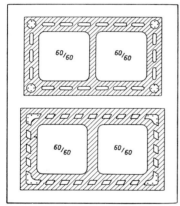

Bild 77. Zweiwandige Formsteine für freistehende und eingebaute Großschornsteine

Bild 79. Schwendilator-Hochleistungsschornstein

Zwischenraum wird mit granulierter Schlacke von bestimmter Körnung oder einem Mörtel aus Lehm und Kieselgur ausgefüllt. In den vier Ecken der Außenschalen können Bewehrungsstähle eingezogen und mit Beton vergossen werden, so daß auch bei freistehenden Schornsteinen die erforderliche Standsicherheit erzielt werden kann. Da das Innenrohr sich in der Längsrichtung unabhängig von der kälteren Außenschale bewegen kann und auch eine Querverformung in dem nachgiebigen Schlackenbett möglich ist, wird auch bei Rauchgastemperaturen über 400 °C die Bildung von Rissen vermieden und eine dauernde Wärmedichte des Schornsteins erhalten.

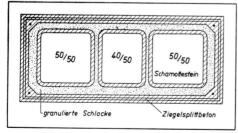

Bild 78. Hochleistungsschornstein in Zweischalenbauweise (Bauart Schwend)

Wiederholungsfragen und Hausaufgaben

1. Welche Aufgaben haben die Schornsteine?
2. Nenne die Schornsteinteile!
3. Worauf beruht der Schornsteinzug?
4. Welchen Einfluß hat der Schornsteinquerschnitt auf den Schornsteinzug?
5. Bei welcher Schornstein-Querschnittform sind die Reibungswiderstände am geringsten?
6. Welche Auswirkungen hat die Fugenzahl und Fugendichte auf den Schornsteinzug?
7. Warum müssen Schornsteine innen bündig gemauert werden?
8. Warum sollen die Innenwandungen eines Schornsteins nicht geputzt werden?
9. Wodurch wird die Größe der Reinigungsöffnung bestimmt?
10. In welcher Höhe werden die Reinigungsöffnungen angelegt?
11. Warum sollen Schornsteine nicht in Außenwänden angelegt werden?
12. Nenne die Hauptregeln für das Schornsteinmauerwerk!
13. Nenne die Verbandregeln für einreihige Schornsteingruppen in vollen Mauern!
14. Warum sollen Schornsteine möglichst zu einer zweireihigen Schornsteingruppe zusammengefaßt werden?
15. Warum dürfen Schornsteine als Deckenauflager nicht benutzt werden?
16. Welche Ursachen können zu einem schlechten Schornsteinzug führen?
17. Aus welchem Werkstoff bestehen Schornstein-Formsteine?
18. Warum besitzen Schornsteine aus Formsteinen einen geringeren Reibungswiderstand als gemauerte Schornsteine?
19. Wie groß ist die Rauchgastemperatur bei Hausschornsteinen?
20. Warum muß bei Großfeuerungsanlagen die Rauchgasabführung durch ein Schamotterohr erfolgen?
21. Warum muß der Leichtbeton der 4—5 cm dicken Zungen ausreichend fest und dicht sein?
22. Warum soll beim rechteckigen Formsteinquerschnitt das Verhältnis der Seitenflächen nicht größer als 1:1,5 sein?
23. Wie sind die Schornsteinwangen bei den Formsteinen ausgebildet?
24. Warum erhalten die äußeren Wandungen der Formsteine eine Bewehrung?
25. Warum wird bei der Zweischalenbauweise der Zwischenraum mit granulierter Schlacke ausgefüllt?
26. Warum werden bei der Zweischalenbauweise in den vier Ecken der Außenschale Bewehrungsstähle eingezogen?

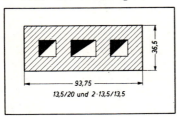

Bild 80

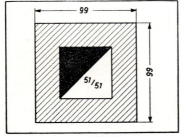

Bild 81

Rechenaufgaben

1. Die in Bild 80 dargestellte freistehende Schornsteingruppe hat eine Höhe von 6,75 m. a) Wieviel m³ Mauerwerk sind zu erstellen? b) Wieviel Ziegel (NF) und Liter Mörtel werden gebraucht?

2. Der in Bild 81 dargestellte freistehende besteigbare Schornstein hat eine Höhe von 3,75 m. a) Wieviel m³ Mauerwerk sind zu erstellen? b) Wieviel Ziegel und Liter Mörtel werden gebraucht? c) Wieviel m² äußere Ansichtsflächen sind zu verfugen?

3. Zwei senkrechte Rohre von je 2601 cm² lichtem Querschnitt und 12 m Höhe sind mit Luft von verschiedener Temperatur gefüllt (Bild 82). Das eine Rohr enthält Luft von 200 °C, das andere solche von 0 °C. Im luftleeren Raum gewogen wiegt 1 m³ Luft bei 200 °C = 0,97 kg, bei 0 °C dagegen 1,293 kg.
   a) Wie groß ist das Gewicht der Luft in dem Rohr bei 0 °C?
   b) Wie groß ist das Gewicht der Luft in dem Rohr bei 200 °C?
   c) Wie groß ist der Gewichtsunterschied beider Luftsäulen?

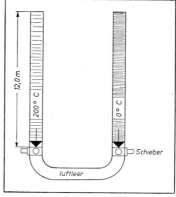

Bild 82

Stellen von Außenrüstungen

Stangengerüste

Baugerüste sollen nach DIN 4420 (Gerüstordnung) so hergestellt werden, daß Gefahren für den Arbeitenden ausgeschlossen sind. Mit den Gerüstbauarbeiten sind nur zuverlässige Personen zu betrauen, die unter eine fachkundige Leitung zu stellen sind. Auf genaue Einhaltung der festgelegten Abmessungen ist zu achten. Da Bemessung und Bauart eines Gerüstes durch seinen Verwendungszweck bestimmt werden, ist dieser zunächst zu klären. Hierbei ist zu berücksichtigen, daß beim Fortschreiten von Bauarbeiten sich der Verwendungszweck ändern kann. Das zu verwendende Gerüstmaterial ist vor Gebrauch sorgfältig zu überprüfen; es dürfen weder beschädigte, angebrochene noch angefaulte Hölzer verwendet werden. Dies gilt auch besonders für die Gerüstverbindungsmittel.

Zweck und Arten der Gerüste. Die Gerüste haben die Aufgabe, die Weiterführung des Mauerwerks bei über 2 m Höhe zu ermöglichen. Durch das Aufstellen der Baugerüste darf der Verkehr auf dem Bürgersteig und der Straße nicht behindert werden. Bauten an Straßen ohne Vorgarten müssen an der Straßenseite ein etwa 1 bis 1,5 m vorgekragtes Schutzgerüst gegen herabfallende Baustoffe erhalten. Das Schutzdach ist so auszubauen, daß es als Boden eine doppelte Brettlage mit 5 cm seitlicher Überdeckung und eine Brüstung von mindestens 80 cm Höhe nach allen Seiten erhält. Bleiben die Gerüste längere Zeit stehen, dann sind sie in gewissen Zeitabständen nachzuprüfen; besonders aber nach heftigen Stürmen oder wenn sie den Winter über unbenutzt gestanden haben.

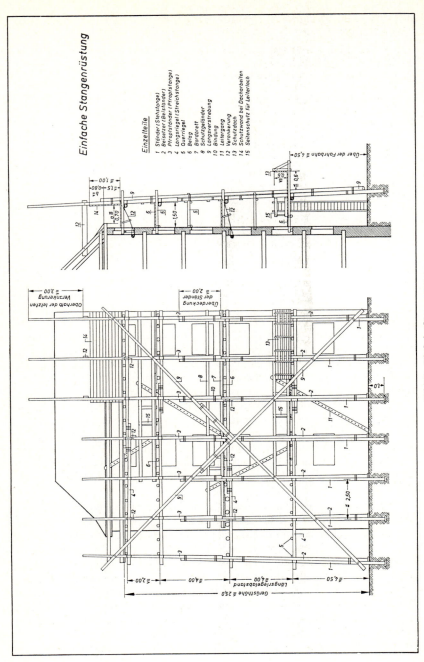

Bild 83. Einfache Stangenrüstung

Arbeitsgerüste sind solche, von denen aus Arbeiten durchgeführt werden. Sie haben außer den Arbeitenden deren Werkzeuge und die zur Durchführung der Arbeiten erforderlichen Baustoffe und Geräte zu tragen. Es werden dabei folgende Gerüste unterschieden: Unterhaltungsgerüste, Putzergerüste und Maurergerüste.

Unterhaltungsgerüste sind für leichte Arbeiten mit geringem Bedarf an Bau- oder Werkstoffen, wie Klempner- (Spengler-), Malerarbeiten, Ausbessern des Putzes, Instandsetzen von Stahlbauten, zulässig.

Putzergerüste für die Ausführung von Putzarbeiten.

Maurergerüste für die Ausführung von Maurerarbeiten. Wird bei Neu- oder Umbauten von außen gemauert, z. B. Verblendmauerwerk, werden in der Regel Stangengerüste errichtet. Oft werden jedoch die Maurerarbeiten von Innenrüstungen aus durchgeführt, dann sind für den Schutz des Arbeitenden Schutzgerüste aufzustellen, wobei diese wie Unterhaltungsgerüste auszuführen sind.

Alle drei Rüstungsarten können als Stangengerüste ausgeführt werden. Diese werden als einfache oder doppelte Stangenrüstung ausgeführt. Bei der einfachen Stangenrüstung stehen in der Mauerfront nur eine Reihe Stehstangen (Bild 83). Sind sie bei höheren Gebäuden nicht lang genug, werden sie bei Maurergerüsten doppelt angeordnet, bei Putzer- und Unterhaltungsgerüsten verlängert (gepfropft) und durch eine Knagge unterstützt. Die Netzriegel liegen außen auf Streichstangen, innen auf dem Mauerwerk auf.

Einfache Stangenrüstung. Die Rüststangen stehen senkrecht, haben einen Durchmesser von 15 bis 25 cm und müssen mindestens 1 m tief mit Neigung nach der Gebäudeflucht eingegraben werden. Gegen Einsinken in das Erdreich sind sie mit einer Stein- oder Brettunterlage zu sichern. Um einem Ausweichen der Rüststangen auf dem Straßenpflaster zu begegnen, stellt man sie zwischen Streichstangen und aufgenagelte Bretter (Bild 84 A), oder es dienen Schwellhölzer als Unterlage (Bild 84 B), mit denen die Rüststangen durch seitliche Brettlaschen oder seltener durch Zapfen verbunden werden. Die Stehstangen müssen an der obersten Verbindung mit dem Längsriegel einen Durchmesser von mindestens 8 cm haben. Wo das Gerüst eine Ecke bildet, wie bei Gebäudeecken, Erkervorsprüngen und dergleichen, sind Eckständer zu setzen. Sollen Rüststangen verlängert werden, so müssen sich die Enden beider Stangen mindestens 2 m überdecken. An der Überdeckungsstelle sind die Ständer zweimal mit Bindedraht, Drahtseilen,

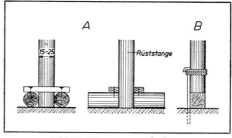

Bild 84. Rüststangen auf Pflaster

65

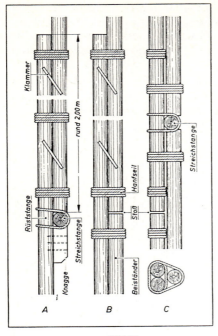

Bild 85
Rüststangen-Verlängerung

Ketten oder dergleichen zu verbinden und fest zu verkeilen. Die Pfropfständer bei Putzer- und Unterhaltungsgerüsten sind auf einen Längs- oder Querriegel zu stellen und erhalten zur besseren Sicherung noch unterhalb eine Knagge (Bild 85 A). Bei den Maurergerüsten steht die Pfropfstange auf einem Beiständer (Bild 85 B). Von Gerüstlage zu Gerüstlage laufen die Streichstangen quer zu den aufgestellten Streichstangen und stellen die Längsverbindung des Gerüstes her. Außerdem dienen sie den Netzriegeln als Auflager. Die Stehstangen dürfen nur an einer Stehstange verlängert (gestoßen) werden. Sie müssen mindestens 1 m übereinander greifen und an den Enden je einmal verbunden sein (Bild 86). Überkragende belastete Streichstangen und schwebende Stöße im Gerüstfeld sind verboten. Rüststangen werden mit den Streichstangen nach den ortsüblichen Gepflogenheiten verbunden durch Hanfseile, Drahtseile, Rüstdraht, Ketten- oder Patentrüsthalter. Querriegel oder Netzriegel müssen einstämmig sein,

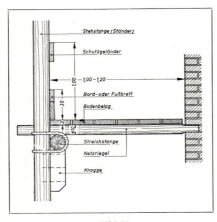

Bild 87
Richtig verlegter Netzriegel

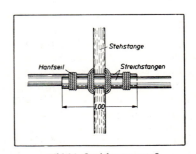

Bild 86. Streichstangenstoß

sicher gelagert werden, besonders bei Rundholz gegen Rollen. Sie dienen den Rüstbrettern als Auflage und übertragen die auftretenden Lasten auf Streichstange und Mauer (Bild 87). Auf der einen Seite legen sie sich auf die Streichstangen, auf der anderen Seite muß ihre Auflagertiefe auf Mauerwerk mindestens ½ Stein (NF) betragen. Kragsteine und nicht tragfähige Bauteile, Stahlpflöcke, -haken oder -hülsen sind als Auflager verboten. Dort, wo der Gerüstbelag nicht mit Nägeln auf die Querriegel geheftet wird, ist eine ausreichende Anzahl von Querriegeln an den Streichstangen zu befestigen, und zwar muß unter jedem überdeckenden Gerüstbrettstoß mindestens ein so befestigter Riegel liegen. Querriegel, die auf eine Maueröffnung treffen und keine Auflager auf tragfähigem Mauerwerk oder fest verlegten Trägern finden, müssen durch besondere Träger oder Hölzer abgefangen werden, die gegen seitliches Verschieben zu sichern sind (Bild 88). Bei einer Gerüstbreite von 1,5 m beträgt der Riegeldurchmesser mindestens 10 cm, bei 2 m Gerüstbreite mindestens 11 cm am Zopfende.

Beim Abbau des Gerüstes sind nach Entfernen der Querriegel die durch ihr Auflager im Mauerwerk entstandenen Löcher auszumauern.

Rüstbretter, die über die Netzriegel gelegt werden, müssen 3 bzw. 3,5 cm dick und an den Enden gegen ein Aufspalten gesichert sein. Der Gerüstbelag soll so dicht sein, daß keine Steinstücke durchfallen können. Die Bretter sind mit stumpfem Stoß über 2 Querriegeln so zu befestigen, daß sie nicht wippen oder ausweichen können. Ein Übereinanderlegen der Gerüstbretter ist wegen der Gefahr des Stolperns zu vermeiden (Bild 89).

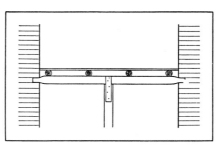

Bild 88. Öffnungen erfordern Querriegel

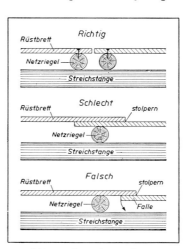

Bild 89. Verlegen der Rüstbretter

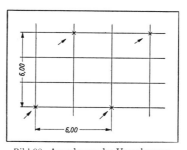

Bild 90. Anordnung der Verankerung

Als Fußgleitschutz sind Bord- oder Fußbretter von 30 cm Höhe vorzusehen, womit jeder Gerüstbelag abzuschließen ist (Bild 87).

Schutzgeländer. Als weitere Schutzvorrichtung dient ein Schutzgeländer, das aus einer Stange oder einem Brett 3/15 cm besteht und mit Oberkante in 1 m Höhe über dem Rüstboden von der Innenseite an den Rüststangen befestigt wird (Bild 87).

Verankerung und Verstrebung. Nicht freistehende Stangengerüste sind mit dem Bauwerk zu verankern. Der waagerechte und lotrechte Abstand der Verankerung darf nicht größer als 6 m sein (Bild 90). Die Verankerungen sind versetzt anzuordnen und müssen Zugkräfte übertragen können. Über die oberste Verankerung darf das Gerüst nicht mehr als 3 m hinausragen. Der oberste Gerüstbelag soll nicht höher als 1,5 m über der Verankerung liegen. Über das ganze Gerüst sind ausreichende Längsverstrebungen, am Erdboden beginnend, in einer Neigung von etwa 45° anzuordnen. Als Streben sind Gerüststangen zu verwenden; bei Putzer- und Unterhaltungsgerüsten genügen 3 cm dicke Bretter (Bild 91).

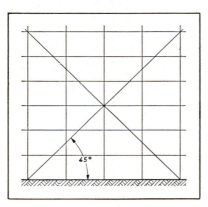

Bild 91. Anordnung der Gerüstverstrebung

Leitern. Werden Lasten auf Baugerüste getragen, dann legt man 1,25 m breite Laufpritschen an, die etwa alle 50 cm Fußlatten erhalten, wenn die Neigung steiler als 1 : 5 ist. Die größte zulässige Neigung beträgt 35°. Die Leitern reichen im Innern meistens von Geschoß zu Geschoß und sollen wegen der Absturzgefahr nicht übereinander stehen, sondern versetzt nebeneinander hochgehen. Leitergänge müssen so angeordnet werden, daß herabfallende Gegenstände die unteren Gänge nicht treffen. Die Leitern müssen mindestens 1 m über den Austritt hinausragen. Zum Teil muß ein Holm durch eine aufgenagelte Handleiste verlängert werden. Beim Leiteraustritt muß die Leitersprosse mit dem Gerüstbelag immer in

Bild 92. Die Leitersprosse muß mit dem Gerüstbelag in einer Ebene liegen

einer Ebene liegen (Bild 92). Das Leitergangloch ist mit einer Umwehrung zu versehen (Bild 93).

Außen liegende Leitergänge sind mit geringer Neigung anzulegen und dürfen nicht zur Baustoffbeförderung benutzt werden. Leitern müssen gegen Ausgleiten, Abrutschen, Umkanten, Umstürzen, Schwanken und Durchbiegen gesichert sein.

Bild 93. Umwehrung des Leiterganglochs

Tafel 8
Abmessungen der Gerüste bei einer Gerüsthöhe bis 25 m und einem Streichstangendurchmesser von mindestens 11 cm an der Bindung mit der Stehstange

Verwendungsart	Gerüstbreite	Größte Stehstangenentfernung	Querriegel Mindest-Dicke	Höchstabstand der Querriegel in m bei Belagdicke von	
	m	m	cm	3,0 cm	3,5 cm
Unterhaltungs- und Schutzgerüste	1,5	4,0	10	1,2	1,5
Putzergerüste		3,0		0,8	1,0
Maurergerüste		2,5		0,8	1,0
Unterhaltungs- und Schutzgerüste	2,0	3,5	11	1,2	1,5
Putzergerüste		2,5		0,8	1,0
Maurergerüste		2,0		0,8	1,0

Tafel 9 Verwendungsart und Belastbarkeit der Gerüste

Verwendungsart der Gerüste	Lotrechte Verkehrslasten
Unterhaltungsgerüste für leichte Arbeiten mit geringem Bedarf an Bau- oder Werkstoffen, wie Klempner- (Spengler-), Malerarbeiten, Ausbessern des Putzes, Instandsetzen von Stahlbauten	Gleichmäßig verteilte Last von 60 kg/m² oder — soweit dadurch bei einzelnen Tragteilen ungünstigere Werte entstehen — zwei Einzellasten von je 75 kg im Abstand von 50 cm
Putzergerüste für die Ausführung von Putzarbeiten	Gleichmäßig verteilte Last von 200 kg/m² (diesem Wert entspricht in einem 3 m langen und 1,25 m breiten Gerüstfeld eine Belastung durch 2 Kasten Mörtel, 1 Mörtelträger und 2 Putzer). Einzellasten dürfen nicht größer als 150 kg sein
Maurergerüste für die Ausführung von Maurerarbeiten. Wenn bei Neu- und Umbauten von außen gemauert (Verblendmauerwerk usw.) wird	Gleichmäßig verteilte Last von 300 kg/m² (diesem Wert entspricht in einem 2,5 m langen und 1,5 m breiten Gerüstfeld eine Belastung durch 2 Maurer, 1 Steinträger, 1 Kasten Mörtel und 150 Steine). Auftretende Einzellasten dürfen nicht größer als 150 kg sein

Doppelte Stangengerüste sind in der Regel Putzergerüste. Sie haben beim Herstellen des Außenputzes den Vorteil, daß die Gerüstlöcher für die Querriegel im Mauerwerk fehlen und daß von oben nach unten ohne Unterbrechung geputzt werden kann (Vermeiden von Absätzen in der Flucht). Anwendung auch bei Mauern mit Werksteinverblendung.

Die Putzerrüstung hat eine innere und äußere Stehstangenreihe, sie hat keine direkte Verbindung mit dem Mauerwerk, sie muß aber an Mauerhaken verankert sein (Bild 94). Die Rüstzeugteile sind die gleichen wie beim einfachen Stangengerüst.

Bild 94. Doppelte Stangenrüstung

Bild 95. Zweireihiges Stahlrohrgerüst

Stahlrohrgerüste

Stahlrohrgerüste werden als zweireihiges, freistehendes Gerüst und als einreihiges Stahlrohrgerüst aufgestellt (Bild 95). An Stelle der früher üblichen Holzkonstruktion bestehen alle tragenden Teile mit Ausnahme des Gerüstbelages aus Stahlrohren. Der Stahlrohrdurchmesser beträgt ca. 50 mm. Die Gerüstknoten bilden Kupplungen, die entweder verschraubt oder auch mit Keilen eingeklemmt werden (Bild 96). Die Verbindungsstücke und anderen Bestandteile müssen behördlich zugelassen sein. Stahlrohrgerüste müssen vom Unternehmer betriebssicher d. h. mit Belägen und Leitergängen aufgestellt werden. Sie dürfen für Unterhaltungs-, Putzer- und Maurergerüste benutzt werden. Die Stahlrohre dienen als Ständer, Längs- und Querriegel. Ihre Abmessungen müssen den Normen DIN 2440 und 2441 entsprechen. Die Stöße

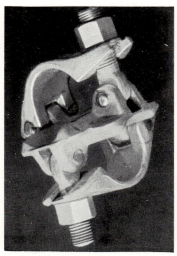

Bild 96
Kupplung einer Stahlrohrrüstung

der Ständer sind in die Nähe der Knotenpunkte zu legen und je nach Art der Beanspruchung entweder druckfest oder zug- und druckfest auszubilden. Jeder Ständer ist unverschiebbar auf eine Fußplatte zu setzen; für eine etwa erforderliche weitere Lastverteilung ist zu sorgen. Die Längsriegel müssen mindestens über zwei Felder laufen und mit Verbindungsstücken mit jedem Ständer verbunden sein. Die Längsriegelstöße müssen in der Nähe der Ständer sein und sollen nicht senkrecht übereinander, sondern sind versetzt in verschiedenen Feldern anzuordnen. Auch die Ständerstöße dürfen nicht alle waagerecht nebeneinander liegen, sondern sind mindestens gegen einen benachbarten Ständer versetzt anzuordnen. Querriegel sind vor Maueröffnungen auf besonderen Trägern sicher zu lagern. Mit einem Ständer verbundene Querriegel dürfen erst beim Abrüsten entfernt werden. Verbindungsstücke dienen zum Anschluß zweier Rohre in ihrer Längsrichtung (Bild 97). Die Kupplungen (siehe Bild 96) werden zur Herstellung von rechtwinkligen und schiefwinkligen Anschlüssen gebraucht. Kupplungen sind so auszubilden, daß weder sie noch die Rohre sich bei häufiger Verwendung verformen.

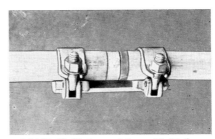

Bild 97. Verbindungsstücke zur Verbindung zweier Rohre

Die Verankerung muß wie bei der Stangenrüstung durchgeführt werden.

Eine Verstrebung ist in der Längsrichtung durch Streben gegen ein seitliches Verschieben anzuordnen. Zweireihige Stahlrohrgerüste sind auch in der Querrichtung zu verstreben.

Gerüstabmessungen. Bei zweireihigen Stahlrohrgerüsten beträgt der Abstand von Ständer- zu Ständerachse 1,35 m. Bei einreihigen Gerüsten von Ständerachse bis Mauerflucht 1,35 m. Gerüsthöhe: höchstens 25 m. Der Gerüstbelag mindestens 25×4 cm.

Tafel 10   Gerüstabmessungen

Gerüstart	Höchstabstände (m) der			Auftretende Belastung d. Kupplung
	Ständer	Längsriegel	Querriegel	
Unterhaltungsgerüst	3,00	3,50	1,50	300 kg
Putzergerüst	2,40	3,00	1,20	450 kg
Maurergerüst	2,00	3,00	1,00	525 kg

Auslegergerüste

Auslegergerüste dienen als Schutzgerüste. Sie dürfen ausnahmsweise als Unterhaltungsgerüst verwendet werden, wenn eine andere Rüstungsart nicht aufgestellt werden kann (Bild 98). Außerdem unterscheiden wir noch abgestrebte Auslegergerüste; sie dienen als Arbeitsgerüste in größeren Höhen oder wenn das Aufstellen anderer Gerüste unmöglich ist.

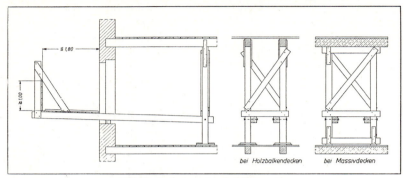

Bild 98. Auslegergerüst als Schutzgerüst

Aufbau. Als tragende Teile dürfen nach DIN 4420 nur Hölzer von mindestens 14/14 cm oder Rundhölzer von mindestens 14 cm Durchmesser verwendet werden. Sie müssen in das Bauwerk so weit hineinreichen, wie sie nach außen aus dem Bauwerk vorgestreckt sind. In der Regel ist jedoch nach innen eine Mindestlänge von 2,5 m und nach außen von höchstens 1,8 m zulässig. Sie werden im Gebäudeinnern an Balkenlagen oder Massivdecken so befestigt, daß sie sicher und unverschiebbar lagern. Der Abstand darf bei einer Kraglänge von 1,8 m höchstens 1 m betragen. Der Gerüstbelag muß mindestens 3 cm dick sein. Abgestrebte Auslegergerüste erhalten eine zusätzliche Abstützung durch Druck- oder Zugstreben aus Kanthölzern. Die Streben geben dabei ihre Kräfte an das Bauwerk ab (Bild 99). Bei allen Auslegergerüsten ist an auffallender Stelle ein Schild anzubringen mit der Aufschrift: Zulässige Verkehrslast 60 kg/m² oder höchstens zwei nebeneinanderstehende Personen. Das Abwerfen von Lasten ist verboten!

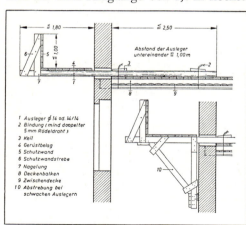

Bild 99. Auslegergerüst für Abbrucharbeiten

Arbeitsgerüste für Hausschornsteine. Zum Hochmauern freistehender Schornsteine im Dach benützt man über 2 m Höhe Bockgerüste, die auf dem abgedielten Dachgebälk bzw. Kehlgebälk aufgestellt und gegen

Kippen gesichert sind. Über die Reichweite der Bockgerüste hinaus und für Arbeiten außerhalb der Dachfläche ist ein auf dem Dach- bzw. Kehlgebälk mit Schwellenhölzern abgestütztes und nach allen Seiten verschwertetes Stangengerüst erforderlich (siehe Bild 100).

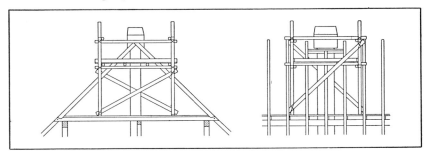

Bild 100. Schornsteingerüst

Die 0,8 bis 1,2 m breite Arbeitsfläche muß fehlerfreien Belag mit Bordbrett und Schutzgeländer haben. Bei hohen Dachräumen ohne Zwischengebälk sind stockwerkweise Arbeitsflächen durch Streichstangen, Netzriegel, Rüstbretter, Schutzgeländer mit allseitiger Verstrebung und einer Leiter zu schaffen. Dieses Gerüst wird auch mit den Dachsparren verbunden.

Schutzbestimmungen

Alle Gerüstteile (Stangen, Klammern, Seile, Leitern, Gerüsthalter, Bohlen, Ketten, Drahtseile usw.) sind regelmäßig, mindestens einmal jährlich, durch Fachleute auf ihre Güte, Haltbarkeit und Festigkeit zu prüfen, schadhafte Teile an Leitern und Seilen zu beseitigen, rissige Klammern durch neue zu ersetzen, anbrüchige Stangen auszumerzen (zersägen), damit ihre unzulässige Verwendung verhütet wird.

Ketten, Hanf- und Drahtseile werden geprüft durch Anbinden eines Endes an einem festen Haken oder Balken und durch Anhängen einer der Stärke entsprechenden Last, z. B. darf ein Hanfseil von 1,5 cm ⌀ mit 200 kg belastet werden.

Bauzäune und Baugerüste an Straßen unterliegen der baupolizeilichen Genehmigung. Sie sind so aufzustellen, daß durch sie öffentliche Einrichtungen (Gas- und Wasserleitung, Fernsprech- und andere elektrische Leitungen, Laternen usw.) in ihrer Wirksamkeit nicht beeinträchtigt werden.

Beschädigungen an Straßen und Bürgersteigen hat der Unternehmer oder Eigentümer auf eigene Kosten instandsetzen zu lassen. Auf steinbefestigten Fahr- und Gehbahnen dürfen Pfosten und Stangen nicht eingelassen werden. Sie müssen in anderer Weise auf Schwellen, Schuhe oder Eisenpfähle gestellt und gegen Ausweichen gesichert werden (Bild 84).

An Straßenfluchten sind Bauzäune zu errichten, die bei belebten Straßen in 4,5 m Höhe ein etwa 1,50 m vorkragendes Schutzdach haben müssen. Bauzäune und Gerüste an Straßen sind bei Nacht zu beleuchten. Die ganze äußere Gerüstfläche wird meist verschalt. Bäume auf Bürgersteigen sind gegen Beschädigung zu schützen. Für schmale Bürgersteige (unter 1 m) müssen sicher überdeckte Durchgänge oder Nebengänge nach besonderer Anordnung hergestellt werden.

Baugerüste sind so abzustützen und zu versteifen, daß gefährliche Verschiebungen durch Lasten, Stöße oder Wind nicht vorkommen können. Die Aufstellung von Bauwinden ist nur auf Gerüsten zulässig, deren Tragfähigkeit in ganzer Höhe durch fachmännische Holzverbindungen gesichert ist (abgebundene Gerüste).

Die Unfallverhütungsvorschriften der Bauberufsgenossenschaft sind zu beachten. Selbstschutz, Aufmerksamkeit auf Gefahren, rechtzeitiges Warnen der Arbeitskameraden sind Haupterfordernisse zur Verhütung von Unfällen.

Angrenzende Gebäude sind während des Baues genügend gegen Schaden durch herabfallende Baustoffe zu sichern.

Nach Verlegen der Balkenlagen eines jeden Geschosses sind diese sofort sicher abzudecken.

Offen bleibende durchgehende Räume (Schächte und Treppenhäuser) sind in Brüstungshöhe abzuschließen.

Öffnungen und Gruben außerhalb des Bauwerks auf dem Grundstück sind genügend stark zu überdecken oder einzufriedigen.

Seilknoten

Jeder Maurergeselle muß die in seinem Beruf vorkommenden wichtigen Stiche, Bunde und Knoten kennen und anwenden können. Niemals bietet die Dicke des Stiches, des Bundes oder der Knoten die größte Gewähr für die Sicherheit, sondern allein die richtige, fachmännische Art der Ausführung. Insbesondere ist auch zu beachten, daß oftmals die Stiche nur für kurze Zeit zu knüpfen sind und leicht durch einen Zug oder Handgriff gelöst werden sollen. Alle Leinen sind nach Gebrauch zusammenzunehmen und trocken aufzuhängen (Bild 101).

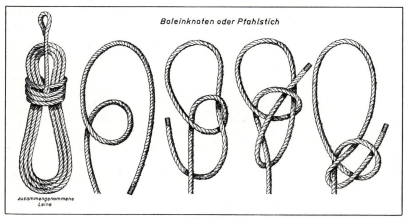

Bild 101

Die wichtigsten Knoten sind:

1. der einfache Pfahlstich oder Boleinknoten (Bild 101). Man benutzt ihn vielfach zum Befestigen von Flößen und Wasserfahrzeugen und beim Aufstellen hoher Standgerüste;

2. der Pfahl- oder Plankenstich. Er dient zum Anhängen von Bauteilen an Aufzugseilen (Bild 102);

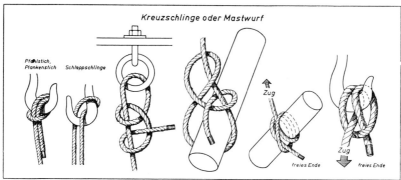

Bild 102

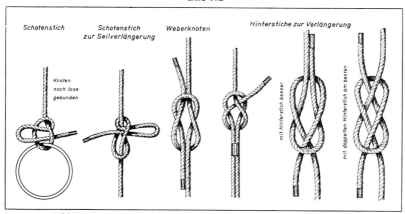

Bild 103

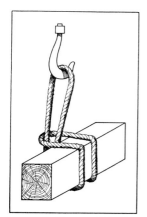

Bild 104. Packknoten od. Packlatz

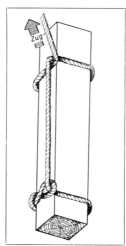

Bild 105.
Maurergesellenstich

Bild 106. Latz am
Maurergesellenstich

3. die Schleppschlinge (Bild 102), ebenfalls zum Anhängen;
4. Die Kreuzschlinge oder der Mastwurf (Bild 102) dient zum Festmachen und Hochziehen von Hölzern, auch zum Spannen von Absperrseilen von Pfahl zu Pfahl;
5. der Schotenstich. Er dient zur Seilverlängerung und zum Hochziehen von Lasten (Bild 103);
6. der Weberknoten (Bild 103). Man verwendet ihn zum Verlängern einzelner Seile. Die Seilenden ziehen sich fest zusammen, lassen sich aber wieder leicht lösen; ähnlich sind die Hinterstiche (Bild 103);
7. der Packknoten (Bild 104). Er besteht aus einem kurzen Seil ohne Ende, das sich beim Hochziehen fest an das Holz legt;
8. der Maurergesellenstich (Bild 105). Er wird zum Hochziehen von längeren Kant- und Rundhölzern in Schräglage verwendet. Der Latz am Maurergesellenstich ist aus Bild 106 ersichtlich.

Baugipse

Herstellung. Gips wird aus dem schwefelsauren Kalkstein (Gipsstein) hergestellt. Er wird in Steinbrüchen in der Rheinpfalz, am Neckar, in Mittelfranken, im Wesergebiet und im Harz gewonnen. Am häufigsten kommt der rohe Gipsstein als weißlicher Stein vor, der oft verschiedenartige, durch Beimengungen von Ton oder Eisenverbindungen bewirkte Verfärbungen aufweist. Seltener sind das plattenförmig glatte und durchsichtige Marienglas und der körnige, marmorähnliche Alabastergips. Als Grundstoff enthält der schwefelsaure Kalkstein wie auch der kohlensaure Kalkstein Kalzium. Es ist jedoch bei den in der Natur vorkommenden Gipsen zu unterscheiden zwischen dem kristallwasserhaltigen schwefelsauren Kalk, dem eigentlichen Gipsstein ($CaSO_4 + 2H_2O$), aus dem die Baugipse gewonnen werden, und dem kristallwasserfreien schwefelsauren Kalk, dem natürlichen Anhydrit ($CaSO_4$), aus dem der Anhydritbinder hergestellt wird. Während die Bindkraft der Baukalke darauf beruht, daß beim Brennen Kohlensäure ausgetrieben und diese nach der Mörtelverarbeitung beim Abbinden wieder aus der Luft aufgenommen wird, wird beim Brennen oder Kochen des Gipssteines nur das Kristallwasser ganz oder teilweise ausgetrieben (Rest = Anhydrit). Dieses Wasser wird beim Abbinden wieder aufgenommen. Nach DIN 1168 ist jeder für Bauzwecke geeignete, gebrannte Gipsstein als Baugips zu bezeichnen. Den teilweise entwässerten Gips nennt man Halbhydrat, weil in diesem Zustand je ein Teilchen schwefelsaurer Kalk nur noch mit $\frac{1}{2}$ Teilchen Kristallwasser verbunden ist ($2 CaSO_4 + H_2O$). Die Brenntemperatur bewirkt zwischen 120 und 1050° C sehr unterschiedliche Eigenschaften des gebrannten Erzeugnisses. Je höher die Brenntemperatur, desto langsamer bindet der Gips ab, um so größer wird aber seine Festigkeit und Härte. Bei einer Temperatur von 240 bis 320° C erhalten wir totgebrannten Gips, der keine Bindkraft besitzt. Abhängig von der Höhe der Brenntemperaturen und der Mahlfeinheit unterscheiden wir nach DIN 1168 folgende Baugipse: Stuckgips, Putzgips, Hartputzgips, Estrichgips, Marmorgips.

Stuckgips kann in Kochern oder im Drehrohrofen gebrannt werden. Gipskocher sind eiserne Kessel von ca. 2 m Durchmesser mit Rührwerk (Bild 107), in denen der in Brechern zerkleinerte und dann gemahlene Rohstoff bei 120 bis 180 °C gebrannt wird. Bei ständigem Durchrühren „kocht" das erhitzte Gipsmehl unter Dampfentwicklung auf und gibt etwa $3/4$ des chemisch gebundenen Kristallwassers ab. Es entsteht ein weißes Pulver mit leicht bläulichem Schimmer, das für bessere Sorten zur Erzielung eines besonders feinen Kornes noch gemahlen wird. Drehrohröfen haben zur Aufnahme des auf etwa 30 mm Korngröße zerkleinerten Gesteins ähnlich wie Zementdrehrohröfen eine lange, sich drehende Heiztrommel (Bild 108). Die Heizgase umstreichen zunächst die Trommelwandungen von außen und gelangen dann durch ein im Innern der Trommel liegendes Heizrohr im Gegenstrom zum Kamin. Dabei werden die beim Drehen allmählich nach unten rutschenden Gipskörner bis zu 180 °C erhitzt. Die fertig gebrannten Gipskörner fallen am unteren Ende der Trommel heraus und werden anschließend gemahlen.

Putzgips wird bei beschränkter Luftzufuhr und höheren Temperaturen bis 700 °C gebrannt; hierbei wird dem Gipsstein mehr Kristallwasser als beim Stuckgips entzogen. Dadurch erhärtet er langsamer als Stuckgips, wird aber härter.

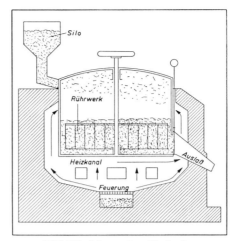

Bild 107. Schema eines Gipskochers

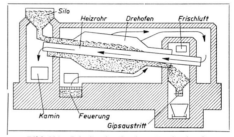

Bild 108. Schnitt durch einen Drehrohrofen

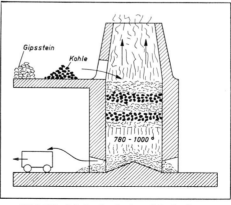

Bild 109. Schnitt durch einen Schachtofen.

Hartputzgips wird durch besondere Verfahren erzeugt.

Estrichgips wird hergestellt durch Erhitzen auf hohe Temperaturen bis zur völligen Entwässerung oder durch besondere Herstellungsverfahren und Zusätze zum Halbhydrat. Zum Brennen dienen Schachtöfen mit ununterbrochenem Betrieb (Bild 109). Gipsstein wird in Stücken von 10 bis 15 cm Ausdehnung bei Schachtöfen älterer Ausführung, ähnlich wie das Erz im Hochofen, schichtweise mit Kohlenlagen eingebracht. Im Luftstrom entzündet sich eine Kohlenschicht nach der anderen. Das Gipsgestein verliert bei einer Brenntemperatur bis zu 1000 °C das chemisch gebundene Wasser vollkommen. Dabei sackt es nach unten ab und wird nach der Seite abgezogen. Neuere Schachtöfen haben seitlich Rostfeuerung, so daß eine Verschmutzung mit Kohlerückständen vermieden wird. Die gebrannten Gipsstücke werden zerkleinert und fein gemahlen. Er versteift langsam und erreicht 160 bis 240 kp/cm² Druckfestigkeit.

Marmorgips (früher Marmorzement genannt) ist ein doppelt gebrannter Gips. Er wird zunächst vorgebrannt (wie Stuckgips), dann in ein Alaunbad gebracht und hierauf bis zur Rotglut gebrannt. Er versteift sich langsamer und erreicht größere Härte als Stuckgips. Er ist schleif- und polierfähig sowie technisch weiß.

Bild 110.

Anhydrit (DIN 4208) ist ein wasserfreier Gipsstein. In seiner chemischen Zusammensetzung gleicht er dem Estrichgips, dem beim Brennen das chemisch gebundene Wasser völlig entzogen wurde. Das im Steinbruch gewonnene Gestein wird ohne Brennen gemahlen. Im Gegensatz zum Estrichgips bindet er jedoch nur ab, wenn er zusammen mit geringen Mengen sogenannter Anreger (Zement, Kalk) feinstens gemahlen wird und dadurch Bindekraft erhält.

Kennzeichnung der Baugipse. Die Verpackung muß in deutlicher Schrift folgende Angaben tragen: Gipssorte, Name und Ort des liefernden Werks, Inhalt in kg, Marke des Gipses, wenn das liefernde Werk mehrere Marken herstellt. Erwünscht sind Angaben für die Verarbeitung (Bild 110). Gips ist so zu lagern, daß er gegen Regen, Schnee und Luftfeuchtigkeit geschützt ist. Unsachgemäß gelagerter Gips verliert seine Bindekraft.

Tafel 11
Übersicht über die Herstellungsweise, Eigenschaften und Verwendungszweck der Baugipse und Anhydritbinder

Eigenschaften	Stuckgips	Putzgips	Hartputzgips	Estrichgips	Marmorgips	Anhydritbinder
Durch Brennhöhe bedingte Eigenschaften	Bei niedrigen Temperaturen nur teilweise entwässert (Halbhydrat)	Bei höheren Temperaturen als Stuckgips erbrannt	Durch besondere Verfahren erzeugt; gegenüber Putzgips größere Härte mit größerem Sandanteil	Durch Erhitzen auf hohe Temperaturen bis zur völligen Wasserfreiheit	Doppelt gebrannter, zwischen den beiden Brennvorgängen mit Alaun getränkter Gips	Ohne Brennen mit einem beigemischten Anreger (Zement oder Kalk) gemahlen
Höhe der Brenntemperatur	120°—180°	bis 700°	300°—700°	bis 1000°	1. Mal bis 180° 2. Mal bis 500°	keine Erhitzung
Mahlfeinheit in Gewichts-% auf dem Sieb 1,2 auf dem Sieb 0,20	≤ 4 ≤ 12	≤ 4 ≤ 35	keine Festlegung			Sieb 0,09 15
Versteifungsbeg. Versteifungsende in Minuten	8 bis 25 20 bis 60	≥ 4 ≥ 10	Erhärtungszeit			
			ca. 1—2 Std.	ca. 6—20 Std.	ca. 6—20 Std.	ca. 1—20 Std.
Mindestbiegefestigkeit nach 28 Tagen	25 kp/cm²	25 kp/cm²	keine Festlegung			25 kp/cm²
Mindestdruckfestigkeit nach 28 Tagen	60 kp/cm²	60 kp/cm²				40 kp/cm²
Litergewicht lose eingelaufen	0,9	0,9	0,9	1,1	keine Festlegung	1,2
Verwendungszweck	Zusatz zu Kalkputzmörtel, auch zu Stuck-, Form-, Rabitzarbeiten sowie Herstell. v. Gipsbaukörpern. Einsetzen von Dübeln	Putzarbeiten wie Gipsputz, Gipssandputz, Gipskalkputz, Kalkgipsputz	Herstellung von Putzen mit größerer Härte und größerem Sandanteil	Besonders für schwimmenden Estrich, bisweilen als Mauermörtel. Für besondere Putzarbeiten sowie Herstellung von Baukörpern	Zum Verfugen von Fliesen u. Wandplatten, sowie Herstellung von Kunstmarmor. Er ist schleif- u. polierfähig	Mauer- und Putzmörtel sowie Fußbodenestriche

Wichtige Verarbeitungs-Eigenschaften der Baugipse. Alle Gipse erhärten an der Luft und unter Wasser. Da sie jedoch bei Wasserüberschuß weniger fest werden als bei richtig begrenzter Wassermenge und bei längerem Wassereinfluß nicht beständig sind (besonders Stuckgips), rechnen wir sie zu den Luftmörteln. Die Festigkeit ist bei Stuck- und

Putzgips am geringsten. Die höchste Festigkeit erlangen jedoch Estrichgips und Marmorgips. Estrichgips ist außerdem noch raumbeständig. Bei niedrigen Temperaturen erbrannte Gipse dehnen sich etwa um 1 bis 2 % aus. Sie füllen deshalb Dübellöcher und Formen besonders gut aus. Nach dem Erhärten sind alle Gipse raumbeständig. Im Gegensatz zum Kalk zeigen sie keine Schwindrißbildung, so daß sie ohne Sandzusatz verarbeitet werden können. Gips wirkt jedoch auf Zement treibend, d. h. er verbindet sich mit Kalk und Ton zu einem Salz, das der Chemiker wegen seiner Bestandteile Kalziumaluminiumsulfat nennt. Beim Kristallisieren des Salzes tritt mit großer Kraft eine Raumvergrößerung ein, wodurch der Mörtel oder Beton zerstört wird. Diese Erscheinung wird in der Fachsprache als „Zementbazillus" bezeichnet. Deshalb ist ein Vermischen von Gipsen mit hydraulischen Kalken und Zementen nicht zulässig, wohl aber mit Luftkalken. Auf abgebundenen Zement- oder Betonflächen kann man dagegen Gipsputz ohne weiteres ausführen.

Versuch: Je zwei blanke Nägel werden in einen frischen Zement- und Gipskuchen gesteckt. Diese Kuchen werden in feuchter Luft oder unter Wasser gelagert (28 Tage). Die Kuchen werden dann gebrochen, die Nägel im Zementkuchen sind blank geblieben; beim Gipskuchen zeigen sich an der Oberfläche Rostflecken, und auch die Nägel sind rostig geworden.

Auch unverzinkte Putzträger und Nägel zeigen bei Wandputz aus Gips, wenn sie dicht unter der Putzoberfläche liegen, Rostflecken. Nach dem Austrocknen des Gipses hört das Rosten auf, vorausgesetzt, daß nicht erneut Feuchtigkeit hinzutritt. Alle Stahlteile, die mit Gips in Berührung kommen, müssen deshalb verzinkt sein. Auch Kellen und Spachteln müssen nach der Arbeit gründlich gesäubert werden. Die Feuerbeständigkeit des Gipses ist erheblich. Als nicht entflammbarer und leichter Baustoff werden Gipsdielen zur Verkleidung von Dachverbandhölzern beim Ausbau von Mansardenzimmern genommen. Wärme- und Schallschutz des Gipses sind wegen seines porigen Gefüges sehr groß. Gipsdielen und Fußbodenestriche speichern die Wärme und schlucken den Schall, so daß sie wärme- und schalldämmend wirken.

Erhärten der Baugipse. Das Erhärten beruht darauf, daß der Gips nach dem Anmachen das beim Brennen ausgetriebene Wasser unter Wärmeentwicklung aufnimmt und chemisch bindet (Kristallisation). Es entsteht wieder eine feste, steinartige Masse. Die Wärmeentwicklung ist auf die Kristallbildung zurückzuführen.

Feststellen der Einstreumenge, Gieß-, Streich- und Abbindezeit

Die Einstreumenge ist die Gipsmenge in Gramm, die beim Einstreuen in 100 cm³ Wasser durchfeuchtet wird.

Zur Bestimmung der Einstreumenge dient ein Becherglas von 66 mm lichter Weite, das 16 und 32 mm über der inneren Bodenfläche Höhenmarken trägt. Die Einstreuzeit soll 2 Minuten betragen (Bild 111). In das Becherglas werden 100 cm³ Wasser gefüllt; dann wird der Gips mit den Fingern gleichmäßig so eingestreut, daß die Gipsbreioberfläche nach ½ Minute die erste, nach 1 Minute die zweite Höhenmarke erreicht und nach 1 ½ Minuten etwa 2 mm unter dem Wasserspiegel steht. In der letzten ½ Minute wird so viel Gips auf die Wasserfläche gestreut, bis der ganze Wasserspiegel verschwunden ist. Die mittlere Einstreumenge wird aus 3 Einzelwerten errechnet. Bei Stuckgips benötigen wir etwa 130 bis 180 g, bei Estrichgips 250 bis 360 g. Für die Praxis können wir daraus ableiten, daß auf 1 Liter Wasser 1,5 kg Stuckgips bzw. 3 kg Estrichgips als Einstreumenge benötigt werden.

Die Gießzeit ist die Zeit vom Beginn des Einstreuens bis zum Aufhören der Gießfähigkeit. Unter Beachtung der Einstreumenge stellen wir einen Gipsbrei her. Diesen läßt man 15 Sekunden durchweichen und rührt ihn dann während 1 Minute mit einem Löffel langsam durch. Dann wird der Gipsbrei auf eine ebene glatte Glasplatte ausgegossen, so daß 3 Kuchen von 10 bis 12 cm ⌀ und etwa 5 mm Dicke entstehen. Die Beendigung der Gießzeit (oder Versteifungsbeginn) wird durch Probeschnitte in Abständen von ½ Minute ermittelt (Bild 112). Die Gießzeit ist beendet, wenn die Schnittränder auch am Kuchenrand nicht mehr zusammenfließen (Bild 113). Sie beträgt ca. 8 Minuten. Dieser Ablauf wird nach DIN 1168 als „Versteifungsbeginn" bezeichnet.

Die Streichzeit ist die Zeit vom Beginn des Einstreuens bis zum Aufhören der Streich- und Glättfähigkeit des Gipses. Diese Zeit wird ermittelt, wenn man in weiteren Abständen von 1 Minute Streifen von 2 cm schneidet. Wird die Schnittfläche bröckelig, ist Streichzeit beendet (Bild 114). Sie beträgt ca. 25 Minuten.

Die Abbindezeit ist die Zeit vom Beginn des Einstreuens bis zum Abschluß des Erstarrens, bis die Masse festgeworden ist. Die Abbindezeit ist beendet, wenn sich die Gipskuchen mit einer Messerspitze von der Glasplatte lösen lassen, ohne zu zerbrechen (Bild 115). Dieser Zeitpunkt wird nach DIN 1168 als „Versteifungsende" bezeichnet. Diese Zeit kann bis zu 60 Minuten betragen. Estrichgipse erstarren dagegen erst nach ca. 6 Stunden. Abhängig von der Abbindezeit

Bild 111. Einstreuen des Gipses

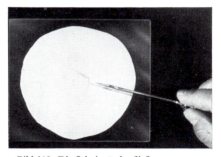

Bild 112. Die Schnittränder fließen zusammen

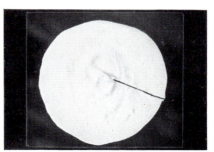

Bild 113. Schnittränder fließen nicht mehr zusammen, die Gießzeit ist beendet

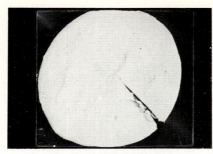

Bild 114. Schnittränder werden bröckelig, die Streichzeit ist beendet

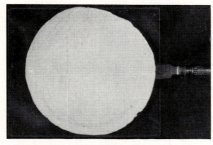

Bild 115. Der Kuchen läßt sich von der Glasplatte lösen, die Abbindezeit ist beendet

bezeichnen wir Stuckgips als „Schnellbinder", Estrichgips dagegen als „Langsambinder".

Beeinflussung der Abbindezeit.

Wird der Gips in ein Anmachegefäß gestreut, in dem abgebundene Gipsreste haften, so stellen wir fest, daß eine beschleunigte Versteifung stattfindet. Dieser Vorgang ist darin begründet, daß die Gipsreste als Kristallkeime die Kristallbildung sehr beschleunigen. Darum nur in sauberen Gefäßen Gips einstreuen! Will man den Versteifungsvorgang beschleunigen, so gibt man dem Gips Soda oder Alaun zu. Angewärmtes Mörtelwasser erreicht den gleichen Zweck. Die Versteifung kann durch Zusatz von Leim, Dextrin oder Kalk verlangsamt werden. Die Festigkeit wird dadurch jedoch herabgesetzt.

Wiederholungsfragen und Hausaufgaben

1. Was ist Gipsstein?
2. Wie wird teilweise entwässerter Gips bezeichnet?
3. Welchen Einfluß hat Brenntemperatur auf die Gipseigenschaften?
4. Welche Gipsarten unterscheiden wir nach DIN 1168?
5. Bei welchen Temperaturen werden die Gipse gebrannt?
6. Nenne die Eigenschaften und den Verwendungszweck der Gipse!
7. Welchen Einfluß hat ein längerer Wassereinfluß auf den Stuckgips?
8. Zu welcher Mörtelgruppe gehören die Gipse?
9. Warum darf Gips nicht mit hydraulischen Kalken oder Zement verarbeitet werden?
10. Wie verhalten sich in Gips eingebettete Stahlteile?
11. Worauf ist die gute Schall- und Wärmedämmung des Gipses zurückzuführen?
12. Worauf beruht das Erhärten des Gipses?
13. Was versteht man unter „Einstreumenge"?
14. Wie groß ist die Einstreumenge für Stuck- und Estrichgips?
15. Wie wird der Stuck- und Estrichgips auf Grund seiner Abbindezeit bezeichnet?
16. Welchen Einfluß hat abgebundener Gips auf die Versteifung?
17. Durch welche Zusätze kann die Versteifung beschleunigt werden?
18. Wodurch kann die Versteifung verlangsamt werden?

Rechenaufgaben

1. Wieviel Liter Stuckgips enthält ein Sack, wenn er 50 kg enthält und das Litergewicht im Mittel 0,7 kg beträgt?
2. Wieviel kg sind a) 25 Liter; b) 120 Liter; c) 165 Liter Stuckgips?

3. Wieviel Liter Estrichgips sind in einem Sack mit 50 kg Inhalt enthalten, wenn das Litergewicht im Mittel 1,1 kg beträgt?
4. Ein Mörtelkasten (80 Liter) ist bis zur Hälfte mit Wasser gefüllt.
   a) Wieviel Stuckgips muß eingestreut werden, um einen gießfähigen Gipsbrei zu erhalten (1 Liter Wasser: 1,5 kg Gips)?
   b) Wieviel Estrichgips ist einzustreuen, wenn ein gießfähiger Gipsbrei entstehen soll (auf 1 Liter 3 kg)?
5. Wieviel Liter Wasser sind zum Einstreuen von 1 Sack Stuckgips notwendig?

Putzarbeiten

Herstellen von glattem Wandputz

Zweck des Innen- und Außenputzes. Um eine ebene und glatte Wandfläche zu schaffen, die für die Arbeiten des Malers und Tapezierers notwendig ist, werden Innenwände geputzt. Soll gleichzeitig eine gute Wärmedämmung erreicht werden, muß der Putz porig sein. Diese Porigkeit hat außerdem den Vorteil, daß z. B. größere Wasserdampfmengen, die besonders in Kleinküchen frei werden, aufgenommen und dann bei trockenen Luftverhältnissen wieder zur Verdunstung gebracht werden. Der Außenputz soll Mauerwerk, das dem Witterungswechsel ausgesetzt ist, besonders gegen Durchfeuchtung schützen. Unverputzte und durchfeuchtete Außenwände veranlassen bei Frosteintritt ein Zerfrieren des Steinmaterials und setzen die Wärmedämmung herab. Die Wirkungsweise des Außenputzes besteht darin, daß er die Porigkeit der Mauersteine, insbesondere der Stoß- und Lagerfugen, mit einer weniger porigen Schicht überdeckt. Die Putzhaut soll porig, zum Teil sogar wasserabweisend sein; sie läßt wohl kleine Mengen von Feuchtigkeit eindringen, aber nie so tief, daß die Mauersteine die Feuchtigkeit in das Innere des Gebäudes weiterleiten können. Die Atmungstätigkeit, die eine Schwitzwasserbildung verhindert, bleibt im Gegensatz zu dichten Zementputzen, Ölanstrichen und keramischen und Glasplatten-Verkleidungen erhalten. Der Außenputz soll nicht nur dichtend und dämmend, sondern auch schmückend wirken.

Anforderungen an den Putz. Die Lebensdauer des Putzes ist abhängig von der richtigen Zusammensetzung des Putzmörtels, von dem Putzuntergrund sowie der sachgemäßen Verarbeitung und Nachbehandlung. Die Wetterbeständigkeit ist bei Außenputzen eine weitere Forderung. Wetterbeständiger Außenputz muß nicht nur dem Feuchtigkeitswechsel (Regen) und der Sonnenbestrahlung standhalten, sondern auch dem Wechsel zwischen Frost- und Tauwetter. Er muß auch bei einer gewissen Durchfeuchtung frostbeständig sein. Weiter muß der Putz die Fähigkeit besitzen, die ihm eine Dehnung erlaubt, ohne daß er reißt oder abplatzt. Wassersperrende Putze werden besonders für die Außenflächen sowie für die Innenseite von Kellerwänden verwendet. Bei diesen Putzen müssen dem Mörtel Dichtungsmittel zugesetzt werden. Alle Außenputze müssen in der Lage sein, einen Feuchtigkeitsgehalt der Wand durch Wasserbewegung in den Poren und durch Dampfdurchlässigkeit an die Oberfläche zu leiten, damit er dort verdunsten kann. Der porige Putz läßt die Atmung immer zu. Bei wasserabweisenden Putzen ist sie, abhängig von dem verwendeten Dichtungsmittel, in der Regel ebenfalls möglich. Da der Außenputz nur 2 cm und der Innenputz 1,5 cm dick ist, spielt die Wärmedämmung unmittelbar nur eine untergeordnete Rolle. Weil aber der Putz eine Feuchtigkeitsabwanderung aus der Wand nach außen zuläßt und das Eindringen von Feuchtigkeit von außen verhindert, beeinflußt er die Wärmedämmfähigkeit erheblich. Denn mit zunehmendem Feuchtigkeitsgehalt der Wand fällt die Wärmedämmfähigkeit stark ab.

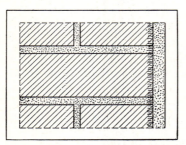

Bild 116. Putzhaftung durch Verdübelung

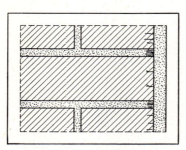

Bild 117. Geringe Verdübelung und somit schlechte Putzhaftung

Außerdem hat der Putz einen großen Einfluß auf den Schallschutz von Bauteilen. Bei einfachen Wänden aus porigen Steinen hat die ungeputzte Wand eine geringe Schalldämmung. Durch das Aufbringen einer Putzschicht und der damit verbundenen Gewichtserhöhung der Wand wird der Schallschutz erheblich gesteigert. Dies wird schon bei einem einseitigen Putz von 1,5 cm Dicke erreicht. Plattenwände aus Holzwolle-Leichtbauplatten werden erst durch die Putzhaut feuerhemmend gemacht.

Arbeitswichtige Eigenschaften des Putzgrundes. Eine gute Putzhaftung kann nur dann erreicht werden, wenn der Putzgrund saugfähig ist und eine rauhe Oberfläche hat. Die feste Verbindung der Mörtelschicht mit dem Putzgrund wird auch durch die Arbeitsweise, Mörtelart und -steife und letztlich durch die Witterungsverhältnisse bestimmt. Frische Mörtel sind eine luftundurchlässige Masse. Durch das Anwerfen des Mörtels an die Wand wird die Luft seitlich verdrängt. Diese versucht wieder an die verdrängte Stelle zu gelangen. Dabei drückt sie den Mörtel so an die Wandfläche, daß er nicht abfallen kann. Diese Erscheinung nennt man Anhangskraft oder Adhäsion. Der Ziegel und der Fugenmörtel saugen danach einen Teil der Kalkmilch auf, der Mörtel zieht an. Es entsteht so eine Verdübelung zwischen Putzgrund und Mörtelschicht (Bild 116). Ein Putzgrund mit einer geringen Saugfähigkeit (Klinker und Vormauerziegel) kann auch nur eine geringe Verdübelung und somit schlechte Putzhaftung zur Folge haben (Bild 117). Ziegel mit großer Saugfähigkeit entziehen dem Mörtel besonders bei warmer, trockener Witterung zu viel Anmachewasser. Dem Mörtel fehlt dann die notwendige Wassermenge, die er zum Erhärten benötigt; es kann also keine feste Verbindung erreicht werden. Ähnlich beeinflußt auch die Oberflächenbeschaffenheit die Haftung. Bedingt durch Steinart und Formung, ist die Saugfähigkeit und Oberflächenbeschaffenheit sehr unterschiedlich. Mauerziegel Mz 100, in Handformung hergestellt, sind bessere Putzträger als Maschinen- und Kalksandsteine oder gar Vormauerziegel. Reicht die Saugfähigkeit oder Rauhigkeit der Oberfläche für eine gute Haftung nicht aus, muß der Putzgrund aufgerauht oder mit einem Spritzbewurf versehen werden (Bild 118). Dieser Spritzbewurf ist in Zementmörtel 1 : 3 auszuführen. Er ist nicht mit der Kelle aufzuziehen, sondern gut zu spritzen, um eine warzenförmige Oberflächenvergrößerung zu erhalten. Dieser Bewurf ist bis zur Erhärtung feucht zu halten, um eine Schwindrißbildung zu vermeiden. Vor dem Anwerfen des Putzes muß der Spritzbewurf jedoch ausreichend erstarrt sein. Trotzdem reicht auch diese Oberflächenvergrößerung nicht immer aus. Dann kann man durch Auskratzen der Lagerfugen mit einem Nagelbrett eine weitere Verbesserung der Haftung erreichen, denn der

Bild 118. Verbesserung der Putzhaftung durch Spritzbewurf

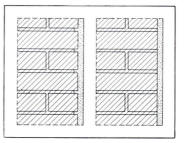

Bild 119. Verbesserung der Putzhaftung durch Auskratzen der Fugen

Mörtel hat nun die Möglichkeit, sich von Schicht zu Schicht gut zu verankern (Bild 119). Die Ansicht, bei Putzflächen am besten gleich hohlfugig zu mauern, ist falsch. Einmal ist diese Forderung arbeitstechnisch nicht möglich, zum anderen besteht die Gefahr, daß bei zu tiefen Fugen und schlecht saugenden Baustoffen Frostschäden entstehen können. Das zwischen Lagerfuge und Putz etwa vorhandene Wasser kann beim Gefrieren den Putz abpressen. Von großer Wichtigkeit ist, daß der Putzgrund staubfrei und sauber ist. Alle losen Mörtelteilchen, die besonders beim Auskratzen der Fugen zurückbleiben, sind durch Abkehren zu entfernen.

Versuch: An einem Ziegel wird je eine Putzprobe auf staubfreiem und staubigem Putzgrund angesetzt und die Haftfähigkeit des Putzes geprüft.
Ergebnis: Durch Baustaub verschlossene Poren sind gar nicht oder nur teilweise in der Lage, die Kalkmilch aufzusaugen. Es kann also nur eine unvollständige Haftung eintreten. Deshalb muß der Putzgrund staubfrei und sauber sein. Stark saugender Putzgrund muß vorgenäßt werden.

Ausführung des glatten Wandputzes

Um eine einwandfreie Haftung des Putzes am Untergrund zu erzielen, muß der Mörtel angeworfen werden (Bild 120). Denn nur durch das Anwerfen wird die Luft seitlich verdrängt, so daß keine Hohlräume zwischen Putzgrund und Mörtelschicht verbleiben können. Nur bei dieser Voraussetzung ist eine gute Putzhaftung möglich. Wird dagegen der Mörtel mit dem Aufzieher aufgetragen (Bild 121), ist besonders bei unebenem Mauerwerk die Erfüllung dieser Forderung nicht möglich. Durch die Flächengröße des Aufziehers (Kardätsche) kann der Mörtel nur

Bild 120. Anwerfen des Putzmörtels

Bild 121. Antragen des Putzmörtels mit dem Aufzieher

mit einem geringen Druck an die Wand gepreßt werden, und es können nicht alle Unebenheiten ausgefüllt werden. Hinzu kommt, daß beim Anwerfen der Mörtel wesentlich schlanker (plastischer) sein kann als beim Auftragen. Wird der Mörtel aufgetragen, muß er so steif sein, daß er vom Aufzieher nicht herunterläuft. Die größere Mörtelsteife wirkt sich weiter nachteilig beim Schließen der Hohlräume aus.

Um die richtige Putzdicke und Putzflucht zu ermitteln, prüft man mittels Lotes und Latte oder an einzelnen Punkten durch eingeschlagene Nägel die Wandfläche. Der Putzgrund soll nach der Norm so maßgerecht sein, daß der Putz in gleichmäßiger Dicke aufgetragen werden kann. Anderenfalls muß der Putzgrund abgeglichen werden. Nachdem in Abständen von 1,0 bis 1,5 m (Kardätschenlänge) sowohl lot- als auch waagerecht mit Hilfe von Lot und Richtscheit kleine Flächen mit Mörtel auf richtige Fluchthöhe gebracht wurden, wirft man danach genau ausgelotete Putzstreifen (Lehren) von 10 bis 15 cm Breite an und zieht sie mit Kardätsche oder Richtscheit ab. Wo es erforderlich ist, wird nochmals

Bild 122. Putzlehren im Kardätschenabstand

Mörtel aufgetragen, abgezogen und grob durchgerieben (Bild 122). Voraussetzung ist, daß die Putzlehren aus dem gleichen Mörtel bestehen wie der Putz. Putzlehren werden bei ausspringenden Ecken ganz an die Ecke gesetzt, bei einspringenden Ecken etwa 15 bis 20 cm von dieser entfernt. Darauf werden die Felder mit Mörtel ausgeworfen und hochkardätscht, wobei die Kardätsche hin- und hergezogen wird (Bild 123). Der Putz ist in gleichmäßig dicken Lagen in ein, zwei oder drei Schichten aufzutragen. Die Dicke jeder Lage wird durch das Größtkorn des Sandes bestimmt. Sie darf beim Unterputz den dreifachen Wert des größten Korndurchmessers nicht überschreiten. Die folgende Lage darf erst aufgebracht werden, wenn die vorhergehende so weit erstarrt ist, daß sie die neue Lage tragen kann. Glatter Unterputz muß aufgerauht werden, ehe der Oberputz aufgetragen wird. Dieser wird meist mit schlankerem Mörtel angeworfen, mit Kardätsche gleich dick verteilt und unter stetem Annässen mit dem Reibebrett in kreisförmigen Bewegungen abgerieben.

Bild 123. Der angeworfene Mörtel wird hochkardätscht

Einspringende Ecken. Bei diesen wird die Wand bis an die Putzlehre der Ecke verputzt. Später wird die Ecke mit Mörtel ausgetragen, mit der Kardätsche bis zur Ecke durchgestoßen (von beiden Seiten her), manchmal mit rechtwinkliger Brettschablone scharf hochgezogen und abgerieben.

Ausspringende Ecken (Mauerecken, vorspringende Schornsteine, Fensterleibungen usw.). Hier wird an einer Seite eine gerade Latte mit Putzhaken im Lot so befestigt, daß ihre Kante in der Flucht der übrigen Putzlehren sitzt, also etwa 1,5 cm über die Mauerflucht vorsteht. Danach wird eine senkrechte Putzleiste ausgeführt. Nach

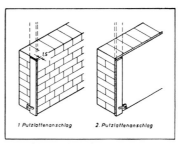

Bild 124. Anschlag der Putzlatte

dem Abbinden wird die Latte entfernt und auf der Putzlehre so befestigt, daß sie in der Flucht der Lehren an der anderen Mauerseite etwa 1,5 cm über den Mauergrund vorsteht. Ist danach die Eckenlehre fertig geputzt, so kann die Fläche bis zur nächsten Putzlehre angetragen und abgezogen werden (Bild 124). Da ausspringende Ecken in Verkehrshöhe sehr dem Bestoßen ausgesetzt sind, schützt man sie zweckmäßig mit Metallschutzschienen verschiedener Bauart.

Bei rundgebogenen Wänden (Erkern, Treppenhäusern) werden in Höhenabständen gleich der Kardätschenlänge mehrere waagerechte Lehrstreifen ausgeführt. Sie werden bei nach außen gebauchten Innenflächen mit Brett und Radiuslatte nach dem im Kreismittelpunkt auf einem Gerüst befestigten Nagel gezogen. Danach werden die Flächen ebenso angetragen und behandelt wie bei geraden Flächen, die Kardätsche wird jedoch senkrecht stehend nach der Seite gezogen. Bei gebuckelten Flächen werden senkrechte Putzlehren angetragen und die Flächen dazwischen mit Lehrbrett abgezogen, dessen Krümmung nach dem Radius angerissen und zugeschnitten ist. Zum Abreiben verwendet man ein schmales Reibebrett.

Mörtelbeschaffenheit und Haftung des Oberputzes auf dem Unterputz. Ober- und Unterputz müssen möglichst gleiche Spannungen haben, um aufeinander haften zu können. Kalkmörtel hat andere Spannungen als Gips- und Zementmörtel. Es darf deshalb auf einen Kalkunterputz niemals ein Gips- oder Zementoberputz aufgetragen werden. Die ungleichen Spannungen führen zum Abblättern des Oberputzes.

Regeln für Innen- und Außenputz

Hinweise für den zweckmäßigen Aufbau des Innen-Wandputzes gibt Tafel 7. Wird der Oberputz unter Verwendung von Gips ausgeführt, so muß auch im Unterputz Gips verwendet werden. Die Putzdicke richtet sich nach der Ebenheit des Putzgrundes und soll mindestens 1,5 cm betragen. Der Außenputz muß zweilagig und mindestens 2,0 cm dick ausgeführt werden. Hinweise über den zweckmäßigen Aufbau des Putzes gibt Tafel 14. Bei Außenwänden, die starker Witterungsbeanspruchung ausgesetzt sind, ist ein Unterputz aus Mörtel der Mörtelgruppe I b und II besonders geeignet. Wenn porige Außenputze nicht ausreichen und wasserabweisende Putze gefordert werden, so sollen dem Unterputz Dichtungsmittel zugesetzt oder Anstriche auf dem Oberputz aufgebracht werden, die den Feuchtigkeitsaustausch der Wand nicht behindern. Durch Gestaltung und Ausbildung der Oberfläche wird der Erhärtungsfortschritt des Mörtels und dessen schützende Wirkung gegen Witterungseinflüsse bestimmt. Übermäßig rauhe Oberflächen führen zu einer mangelhaften Ableitung des Niederschlagwassers und verursachen bei schlechter technischer Ausführung Verschmutzungen durch Staubablagerungen. Entsteht beim Anwurf des Mörtels oder durch Glätten auf der Oberfläche ein Bindemittelfilm, so ist mit langsamer Erhärtung des Mörtels und mit Schwindrissen zu rechnen.

Anforderungen und Aufbau des Putzmörtels

Als Zuschlagstoffe für Putzmörtel werden Natur- oder Brechsande verwendet. Die Wärmedämmung des Putzes kann verbessert werden, wenn die gröberen Kornanteile mit Leichtfüllstoffen, wie Blähglimmer, Schlackenwolle, Ziegelsplitt und Zuschläge aus glasigen Schmelzen, vermischt werden. Zur Erhöhung der Rißsicherheit können auch Faserstoffe beigemischt werden.

Reinheit der Zuschläge. Der Gehalt an aufschlämmbaren tonigen und lehmigen Bestandteilen soll bei einer Körnung von 0 bis 7 mm 3 Gewichts-%, bei Körnung 0 bis 3 mm 4 Gewichts-% nicht überschreiten. Auch bei Wasseraufnahme starkquellende Körner, z. B. aus Braunkohle oder Mergel, dürfen nicht enthalten sein. Sie können Buckel, Beulen oder Aussprengungen im Putz verursachen. Der Gehalt an schädlichen organischen Stoffen ist unbedenklich, wenn bei Zugabe einer 3%igen Natronlauge die Flüssigkeit nach 24 Stunden farblos bis hochgelb bleibt. Sande für Zement- oder Kalkzementmörtel dürfen einen Gehalt an Schwefelverbindungen von höchstens 1 Gewichts-% enthalten.

Kornzusammensetzung und Kornform. Ein guter Putzmörtelsand soll gemischtkörnig sein; Hohlräume, die sich durch die größeren Körner bilden, sollen durch kleinere Sandkörnchen ausgefüllt werden. Dadurch ist eine Mindestmenge an Bindemitteln erforderlich und es wird eine ausreichende Festigkeit erreicht. Der Putzmörtelsand ist am besten, der die geringsten Hohlräume aufweist! (Siehe Tafel 12).

Tafel 12   Sandkörnungen für Putzmörtel nach DIN 18 550

Spalte	a	b	c
Zeile	Putzanwendung	Putzaufbau	Sandkörnung in mm
1	Außen-Wandputz	Spritzbewurf	0—7
2	Außen-Wandputz	Unterputz	0—5
3	Außen-Wandputz	Oberputz	0—3 bis 0—7
4	Innen-Wandputz	Spritzbewurf	0—3 bis 0—7
5	Innen-Wandputz	Unterputz	0—3
6	Innen-Wandputz	Oberputz	0—1 bis 0—2
7	Innen-Deckenputz	Spritzbewurf	0—5
8	Innen-Deckenputz	Unterputz	0—3
9	Innen-Deckenputz	Oberputz	0—1 bis 0—2

Tafel 13   Aufbau von Innen-Wandputzen nach DIN 18 550

Zeile	Putz-Anwendung	Putzgrund	Mörtelgruppen nach Tafel 15 für die Putzlagen[1]		
			Spritz-bewurf	Unter-putz	Ober-putz
1		Mauerwerk aus saugfähigen und rauhflächigen Steinen. Wände aus Schüttbeton (Leichtbeton) nur Zeile 1 und 2	—	I	I
2				II	I, II
3			IV	IV	IV
4	Innenwände in Räumen üblicher Luftfeuchte	Mauerwerk aus wenig saugenden, glatten Steinen	II, III	I	I
5				II	I, II
6			IV	IV	IV
7		Wände aus Schwerbeton sowie Anwurfwände	wie Zeile 4 bis 6, außerdem:		
8			III	III	III
9		Wände aus Holzwolle — Leichtbauplatten	II	II	I, II
10			IV	IV	IV
11		Gipsplattenwände	IV	IV	IV
12		Rabitzwände		II[2])	I, II
13			—	IV[2])	IV
14	Innenwandputz in Räumen mit höherer Luftfeuchte		Mörtelgruppen wie für Zeile 1 bis 13 mit Ausnahme der Gruppe IV		
15	Stoßfester Innenwandputz		Hydraul. Kalkmörtel, Kalkzementmörtel oder Mörtel aus Hartputzgips		

[1]) Die angegebenen Mörtel sind nur zeilenweise zu verwenden. Dabei ist die Grundregel zu beachten, daß der Unterputz mindestens so fest sein muß wie der Oberputz.
[2]) Unter Zusatz von Kälberhaaren.

Korndurchmesser von 0 bis 0,2 mm ist in den Grenzen zwischen 10 und 25 Gewichts-% als besonders geeignet anzusehen. Das Größtkorn des Sandes richtet sich nach der Verwendung. Günstig für Putzmörtel ist eine gedrungene Kornform. Plattige und splittige Körner ergeben trotz einer höheren Bindemittelzugabe, die immer eine Gefahr durch Rißbildung darstellt, nur verdichtungsunwillige und daher schlecht verarbeitbare Mörtel. Solche Zuschläge ergeben grobporige und weniger dichte Mörtel.

Tafel 14
Der Aufbau von Außen-Wandputzen nach DIN 18 550

Zeile	Putz-Anwendung	Putzgrund	Mörtelgruppen nach Tafel 15 für die Putzlagen[1]		
			Spritzbewurf	Unterputz	Oberputz
1	Außen-Wandputz	Mauerwerk aus saugfähigen oder rauhflächigen Steinen oder Schüttbeton. Für Schüttbeton nur Zeile 1 und 2	—	I	I
2				I b, II	I, II
3				IV b	IV b
4		Mauerwerk aus wenig saugenden, glatten Steinen	II, III	I	I
5				I b, II	I, II
6		Wände aus Schwerbeton	wie Zeile 4 und 5, außerdem:		
			III	III	III
7		Leichtbauplatten	II	II	I, II
8	Außenwandputz f. Sockel u. Wände unter Erdoberfläche	Alle Wandbauarten	III	III[2]	III[2]
9	Außen-Deckenputz	Betondecken	II, III	I	I
10				I b, II	I, II
11				IV	IV

[1]) Die angegebenen Mörtel sind nur zeilenweise zu verwenden. Dabei ist die Grundregel zu beachten, daß der Unterputz mindestens so fest sein muß, wie der Oberputz.
[2]) Gegebenenfalls Zusätze von Dichtungsmitteln oder Sperranstriche erforderlich.

Mischungsverhältnisse für Putzmörtel. Alle Bindemittel müssen zur Vermeidung von Schwindrissen durch Zuschlagstoffe gemagert werden. Eine Ausnahme bildet Baugips und Anhydrit. Das Mischungsverhältnis des Mörtel wird bestimmt durch die Bindemittelzugabe (siehe Tafel 15).

Versuch: Fertige aus Weißkalk und scharfem, reinem Sand je einen Mörtelkuchen von 8 cm Durchmesser und etwa 1 cm Dicke in Kuchenmitte in den Mischungsverhältnissen 1:1, 1:3 und 1:8 und prüfe sie auf Festigkeit, Rißbildung und Sanden!
Stelle die Ergebnisse der Versuche fest!

Ursachen: Der Kalkmörtel 1:1 ist zu fett; bei der Abgabe der Feuchtigkeit entstehen Schwindrisse. Die zum Erhärten notwendige Kohlensäure kann wegen der Dichte nicht in den Kuchen eindringen.

Tafel 15
Mischungsverhältnisse von Putzmörteln in Raumteilen nach DIN 18 550

Mörtel-Gruppe		Mörtelarten	Baukalke: Luftkalke Wasserkalk: Kalkteig	Baukalke: Luftkalke Wasserkalk: Kalkhydrat	Baukalke: Hydraul. Kalk	Baukalke: Hochhydr. Kalk Romankalk	Zement	Baugipse: Stuckgips	Baugipse: Putzgips	Baugipse: Hartputzgips	Baugipse: Estrichgips	Baugipse: Anhydritbinder	Sand [4])
		Litergew. d. Ausgangsstoffe[1]) in kg/dm³	1,3	0,5	0,8	1,0	1,2	0,9	0,9	0,9	1,1	1,2	1,3
I	a	Luftkalkmörtel	1 oder	1									3,5 3
I	b	Hydraulischer Kalkmörtel			1								3
II		Hochhydraulischer Kalkmörtel				1							3
II		Kalkzementmörtel	1,5 oder 2				1						9
III		Zementmörtel[2])					1						3
IV	a	Gipsmörtel[2]), [3])						1 oder	1 oder	1			0
IV	a	Gipssandmörtel							1 oder	1 oder	1		2 3 3
IV	a	Gipskalkmörtel	1 oder	1				0,5–1 oder	1–2				3
IV	a	Kalkgipsmörtel	1 oder	1				0,1–0,2 oder	0,1–0,2				3
IV	b	Anhydritbindermörtel										1	2,5

Anmerkung: [1]) Litergewichte, die bei der Umrechnung von Raumteilen in Gewichtsteile zugrunde gelegt sind, wenn die vorliegenden Litergewichte nicht bekannt sind.

[2]) Zur Erhöhung der Geschmeidigkeit kann Weißkalk in geringen Mengen zugesetzt werden.

[3]) Zur Regelung der Versteifungszeiten können Leim oder sonstige Verzögerer zugesetzt werden.

[4]) Gibt Richtwerte an, die bis zu 20 % nach oben überschritten werden dürfen.

Der Kalkmörtel 1:3 ist durch den Sand genügend gemagert, Kohlensäure wird in das Innere geleitet. Der Kuchen besitzt die notwendige Festigkeit.

Der Kalkmörtel 1:8 enthält zuviel Sand. Die wenigen Kalkteilchen sind nicht in der Lage, die vielen Sandkörner zu verkitten und festzuhalten.

Welche weiteren Nachteile hat zu magerer Putzmörtel?

Der Kornaufbau soll, wie schon erwähnt, ein dichtes Gemenge darstellen, so daß das Bindemittel die Sandkörner mit einer dünnen Bindemittelhülle umgibt und verkittet. Schlechte Kornzusammensetzungen sind Bindemittelfresser; weil sie sich schlecht verarbeiten lassen, führen sie oft zu einer übermäßigen Bindemittelzugabe. Der Erfolg ist eine Schwindrißbildung, weil das Bindemittel hier nicht nur die Sandkörnchen umhüllt, sondern teilweise die Hohlräume füllt. Auch die Anforderungen an den Putz, der Putzuntergrund und die Art der Verarbeitung unter Berücksichtigung der örtlichen Verhältnisse haben Einfluß auf das Mischungsverhältnis.

Entstehen von Aus- und Absprengungen und Ausblühungen. Für Putzzwecke darf nur gut durchgelöschter Kalk verwendet werden. Ungelöscht gelieferte Baukalke müssen bis zum Löschen trocken gelagert und möglichst bald auf der Baustelle abgelöscht werden. Da die Herstellerfirmen die Eigenschaften ihrer Kalkerzeugnisse am besten kennen, sind die Verarbeitungsvorschriften der Werke genau zu beachten. Befinden sich noch ungelöschte Kalkteilchen im aufgetragenen Putz, so können sie bei Feuchtigkeitsaufnahme nachlöschen. Dabei dehnen sie sich aus und sprengen den Putz ab (Bild 125).

Reichen Sperrschichten aus Bitumen bis in den Außenputz, so kann durch hervorquellende Bitumenmasse der Putz abgesprengt werden.

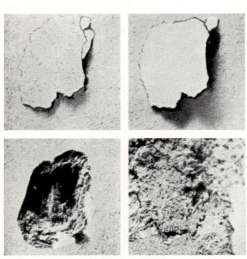

Bild 125. Sprengkornwirkung im Putz

Zeigen sich beim Wandputz weiße, reifartige Ausschläge, dann sind diese Ausblühungen hauptsächlich durch Salze im Mörtelwasser oder im Mauerwerk hervorgerufen. Deshalb darf nur reines Mörtelwasser verwendet werden. Putzschädigende Ausscheidungen am Putzgrund sind zu beseitigen oder unschädlich zu machen (siehe Teil I).

Vorgänge beim Abfrieren und Zerfrieren. Ist ein Bauwerk fehlerhaft gegen aufsteigende und seitlich eindringende Feuchtigkeit gesperrt, so kann die Feuchtigkeit ungehindert in Mauerwerk und Putz eindringen. Tritt Frost ein, so wird durch die Sprengwirkung der Eiskristalle der Putz zerstört und fällt scheibchenweise ab (Bild 127).

Putz kann im allgemeinen bei jeder Witterung ausgeführt werden, ausgenommen bei Schlagregen, bei Temperaturen unter dem Gefrierpunkt oder wenn Nachtfröste zu erwarten sind. Wird bei wenigen Wärmegraden geputzt, bindet der Putz nur sehr langsam oder gar nicht ab; tritt Frost ein, so zerfriert der Putz und fällt ab.

Bild 126. Schwindrißbildung durch zu schnelles Austrocknen

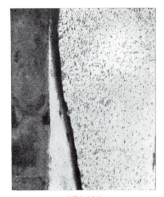

Bild 127
Durch Frost zerstörter Putz

Putz auf gefrorenen Wänden haftet nicht und rutscht ab, da Steinporen durch Eiskristalle verstopft sind. Etwa haftender Putz löst sich bei Tauwetter.

Einfluß des zu schnellen Austrocknens. Wird dem Putzmörtel durch Sonnenbestrahlung oder künstliche Trocknung das Wasser zu schnell entzogen, brennt der Mörtel auf. Es entstehen breite, netzartig verlaufende Risse (Bild 126). Auch zu schneller Wasserentzug durch zu stark saugenden Putzgrund, durch Zugluft in Innenräumen und Wind ruft Risse hervor. Jeder Mörtel kann nur bei Feuchtigkeit erhärten und rißfrei bleiben. Deshalb ist jeder Wasserentzug durch äußere Einflüsse zu vermeiden, da sonst der Mörtel nicht vollständig erhärten kann und Mörtelfestigkeit und Haftfestigkeit darunter leiden.

Wirkung des Reibens. Durch das Abreiben werden Unebenheiten der Putzfläche ausgeglichen und die Mörtelteilchen ineinander verrieben. Zu langes und trockenes Reiben führt zum „Totreiben" des Putzes, d. h. er erhält keine genügende Festigkeit mehr und sandet ab.

Putzgeräte.

Zu einer guten Putzarbeit sind auch zweckentsprechende Putzgeräte erforderlich (Bild 128). Zum Aussieben des Sandes dient das rechteckige Wurfsieb. Zum Putzen sind folgende Putzwerkzeuge erforderlich:

Das Richtscheit. Es besteht aus Kiefernholz, ist 2 bis 3 m lang und 22 mm dick bei 8 bis 12 cm Breite. Vor Nässe ist es zu schützen, damit es sich nicht verzieht, hohl oder buckelig wird. Es dient zum Anreißen und Nachprüfen gerader

Mauer- und Putzfluchten, sowie zum Abziehen des zwischen Putzleisten angeworfenen Mörtels. Es ist von anhaftendem Mörtel sofort zu säubern und trocken aufzubewahren.

Die Lehrlatte. Sie hat etwa 2,5 bis 3,5 m Länge, ist 23 mm dick, 12 bis 15 cm breit und wird an Mauerecken mit Putzhaken befestigt, damit nach ihrer Vorderkante die Putzlehre (Putzleiste) hergestellt werden kann. Nach dem Entfernen von der Wand ist sie sofort gründlich von anhaftendem Mörtel zu befreien und trocken aufzubewahren.

Bild 128. Zweckmäßige Putzwerkzeuge

Das Holz zum Richtscheit und zur Lehrlatte muß gerade gewachsenes Kernholz sein, darf durch Feuchtigkeit nicht pelzig werden und keine Äste oder Astlöcher haben.

Die Wurfkelle dient zum Fassen und Anwerfen des Putzmörtels an die Wand. Bezüglich Stahl und Griff gilt das bei der Maurerkelle Gesagte. Es gibt kleine, mittlere und große Wurfkellen.

Die Glättkelle (Glätter). Sie hat einen zum Blatt gleichlaufenden Griff und dient zum Glätten dünn aufgetragener Mörtel.

Der Glättspan. Das leicht federnd gebogene Blatt hat festen Wulstgriff und wird quer zur Griffrichtung geführt, um dünne Mörtelaufträge zu glätten.

Weitere Kellen, die für den Innen- und Außenwandputz notwendig sind, sind die Reibkelle, die Zementglättkelle, die Zuputzkelle, die Simskelle, die Eckenkelle und die Glättscheibe.

Die Kardätsche (Aufzieher). Sie besteht aus astreinem, schlichtfaserigem Kiefernholz. Splintholz würde durch die Feuchtigkeit stark quellen, sich werfen und pelzig werden, wodurch schlechte Arbeit entstehen würde. Sie ist 1,20–1,50 m lang und dient zum Abziehen und Glattreiben des angetragenen Mörtels zwischen Putzleisten.

Das Reibebrett. Es dient zum Glattreiben des angenäßten Oberputzes (Feinputzes), wobei gröbere Sandkörner abgerieben werden und die Fläche feinkörnig wird. Auch dieses Brett soll aus astreinem, feinfaserigem Kiefernholz bestehen, da es sonst beim Reiben im nassen Putz auffasert und unsaubere Flächen erzeugt.

Die Filzscheibe. Sie ist ein mit Filz bespanntes Reibebrett, das bei Feinputz im Innern zum Glattreiben dient.

Kardätsche, Reibebrett und Filzscheibe sind nach Gebrauch stets zu reinigen, trocken zu reiben und trocken aufzubewahren.

Die Dünnscheibe (auch Tünchscheibe) dient zum Auflegen des Mörtelvorrats, der von da mit Kelle weggenommen und angeworfen wird.

Das Fummelbrett verwendet man beim Zuputzen einspringender Wandecken, den Ausstecher bei Gesimsen.

Arbeitsregeln für die Ausführung einwandfreier Putze

1. Der Putz kann bei jeder Witterung ausgeführt werden, ausgenommen bei Schlagregen, bei Temperaturen unter dem Gefrierpunkt oder wenn Nachtfröste zu erwarten sind, oder auf noch **gefrorenes Mauerwerk**. Putzflächen

unter starker Sonnenbestrahlung sind gegen eine zu schnelle Austrocknung des Mörtels zu schützen. Wirksame Maßnahmen sind: Annässen des Putzgrundes, Feuchthalten des aufgebrachten Putzes, Aufstellen von Sonnenblenden.

2. Die pulverförmig gelieferten Bindemittel sind in geschlossenem Raum trocken zu lagern und gegen jede Feuchtigkeitsaufnahme zu schützen. Zuschlagstoffe sind so zu lagern, daß eine Verunreinigung ausgeschlossen ist.

3. Der Aufbau des Putzes richtet sich nach dem Zweck, der Saugfähigkeit und Oberflächenrauhigkeit des Putzgrundes; bei Außenputz auch nach den Witterungsverhältnissen. Glatter Putzgrund ist mit einem Spritzbewurf (Mörtelgruppe II oder III) zu versehen. Als Regel gilt, daß der Unterputz mindestens so fest sein muß wie der Oberputz.

4. Der Mörtel wird entweder von Hand oder mit der Maschine gemischt. Die Maschinenmischung ist vorzuziehen. Bei Bindemitteln mit begrenzter Verarbeitungszeit, insbesondere gipshaltigen Mörteln, ist nur soviel Mörtel anzumachen, wie in der entsprechenden Zeit verarbeitet werden kann. Die vorgeschriebenen Mischungsverhältnisse müssen eingehalten werden.

5. Erstarrende oder bereits erhärtende Mörtel dürfen nicht durch erneute Wasserzugabe wieder verarbeitbar gemacht werden.

6. Um eine einwandfreie Putzhaftung zu erzielen, ist der Putz anzuwerfen. Der Putz ist in gleichmäßig dicken Lagen aufzutragen. Die Dicke jeder Lage wird durch das Größtkorn des Sandes bestimmt. Sie darf beim Unterputz den dreifachen Wert des größten Korndurchmessers nicht überschreiten. Die folgende Lage darf erst aufgebracht werden, wenn die vorhergehende so weit erstarrt ist, daß sie die neue Lage tragen kann. Der Unterputz muß aufgerauht werden, ehe der Oberputz aufgetragen wird. Putzlehren müssen aus dem gleichen Mörtel bestehen wie der Putz. Beim Putzen an Fenster- und Türanschlüssen sowie bei Ausbesserungsarbeiten ist ein dem vorhandenen Putz entsprechender Mörtel zu verwenden.

Wiederholungsfragen und Hausaufgaben

1. Nenne den Zweck des Innen- und Außenputzes!
2. Wovon ist die Lebensdauer des Putzes abhängig?
3. Warum muß der Putz bei einer gewissen Durchfeuchtung frostbeständig sein?
4. Welchen Vorteil hat atmungsfähiger Putz?
5. Welchen Einfluß hat die Putzhaut auf die Schalldämmung?
6. Wann kann nur eine gute Putzhaftung erreicht werden?
7. Was versteht man unter Verdübelung?
8. Wie muß der Putzgrund behandelt werden, wenn er nur eine geringe Saugfähigkeit oder Oberflächenrauhigkeit besitzt?
9. Aus welchen Gründen ist das Mauerwerk nicht hohlfugig zu mauern?
10. Warum muß der Putzgrund staubfrei und sauber sein?
11. Warum muß stark saugender Putzgrund vorgenäßt werden?
12. Warum muß der Mörtel beim Putzen angeworfen werden?
13. Welche Nachteile hat das Auftragen des Putzmörtels mit dem Aufzieher (Kardätsche)?
14. Wie wird die Putzdicke und Putzflucht ermittelt?
15. Wie wird die Putzflucht festgelegt?
16. Wodurch wird die Dicke der Putzlagen bestimmt?
17. Wann darf der Oberputz aufgebracht werden?

18. Warum muß der Ober- und Unterputz gleiche Spannungen haben?
19. Weshalb sollen übermäßig rauhe Putzoberflächen vermieden werden?
20. Warum soll an der Putzoberfläche kein Bindemittelfilm entstehen?
21. Welche Anforderungen stellt man an die Zuschläge für die Putzmörtelherstellung?
22. Welche Nachteile haben zu fette oder zu magere Mörtelmischungen?
23. Warum dürfen nur gut durchgelöschte Baukalke für die Mörtelherstellung verwendet werden?
24. Wodurch können Ausblühungen am Putz entstehen?
25. Durch welche Einwirkungen kann der Putz abfrieren bzw. zerfrieren?
26. Warum muß der aufgebrachte Putz vor zu schnellem Wasserentzug geschützt werden?
27. Welchen Zweck hat das Reiben des Putzes?
28. Nenne die in Deiner Heimat üblichen Putzgeräte!
29. Nenne die Regeln für die Ausführung einwandfreier Putze!

Rechenaufgaben

Man rechnet auf 1 m² Putz soviel Liter Mörtel als der Putz in mm dick ist; demnach bei 15 mm Dicke = 15 *l* Mörtel. Für teilweise herabfallenden Mörtel und Fugenfüllung sind 20% Verlust zuzurechnen. Also für 15 mm Putzdicke = 15 + 20% = 15 + 3 *l* = 18 *l* Mörtel.

Wir benötigen für 1 m² Innenwandputz 15 mm dick = 18 *l* Mörtel
für 1 m² Außenputz 20 mm dick = 24 *l* Mörtel.

Öffnungen mit unverputzten Leibungen sind abzuziehen; solche mit geputzten Leibungen unter 4 m² Einzelfläche werden dagegen nicht abgezogen. Öffnungen von mehr als 4 m² Einzelgröße werden abgezogen, die geputzten Leibungen aber hinzugerechnet.

1. Es sind 46,5 m² (104,8 m²) Innenwandputz 1,5 cm dick aus Kalkmörtel 1:3 herzustellen. a) Wieviel *l* Mörtel sind erforderlich? b) Wieviel kg Kalkhydrat (0,5 kg/*l*) sind hierzu notwendig?
2. Es sollen 86,7 m² (50,6 m²) Innenwandputz aus Mörtel der Mörtelgruppe I b (hydr. Kalkmörtel 1:3) hergestellt werden. a) Wieviel *l* Mörtel sind erforderlich? b) Wieviel kg hydraulisches Kalkhydrat (0,8 kg/*l*) sind erforderlich? c) Wieviel *l* Sand werden benötigt?
3. Für einen Neubau wird ein Außenputzmörtel aus Kalkzementmörtel 1,5:1:9 hergestellt. Wieviel *l* Kalk, *l* Zement und *l* Sand sind für 3,5 m³ Mörtel erforderlich?

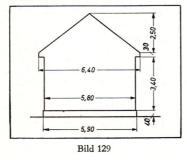

Bild 129

4. Die in Bild 129 dargestellte Giebelwand ist zu putzen. a) Wieviel m² Putz sind herzustellen? b) Wieviel *l* Mörtel sind bei einer Putzdicke von 2 cm erforderlich?
5. Der Shetdachgiebel (Bild 130) ist mit 2 cm dickem Putz zu versehen.
   a) Wie groß ist die zu putzende Fläche?
   b) Wieviel *l* Mörtel sind hierzu erforderlich?
   c) Wieviel *l* hochhydraulischer Kalk und *l* Sand sind in Mischung 1:3 notwendig?

6. Der Giebel des Hauses in Bild 131 ist zu putzen. a) Wieviel m³ Mörtel sind bei 2 cm Putzdicke erforderlich? b) Wieviel *l* Kalk, Zement und Sand sind in Mischung 2 : 1 : 9 notwendig?
7. Die Treppenhauswände in Bild 132 sind mit 1,5 cm dickem Putz zu versehen. a) Wieviel m² Putz müssen aufgebracht werden, ohne Berücksichtigung der Türen und Treppenläufe. b) Wieviel kg Kalkhydrat und *l* Sand sind in Mischung 1 : 3 notwendig?

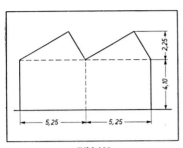

Bild 130

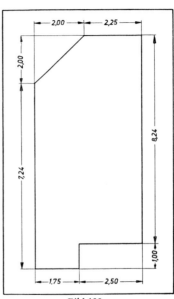

Bild 132

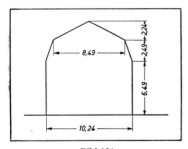

Bild 131

8. In einem Einfamilienhaus sind folgende Raumwände 1,5 cm dick zu verputzen:

Erdgeschoß

2 Wände je 3,87 × 2,90 m
2 Wände je 4,64 × 2,90 m
1 Wand   4,23 × 2,90 m
1 Wand   5,64 × 2,90 m
1 Wand   1,22 × 2,90 m
1 Wand   2,10 × 2,90 m
1 Wand   3,14 × 2,90 m
1 Wand   4,36 × 2,90 m

Abzug
1 Tür   1,76 × 2,00 m
7 Türen je 1,01 × 2,00 m
1 Tür   0,76 × 1,88 m

Obergeschoß

2 Wände je 3,60 × 2,60 m
2 Wände je 3,10 × 2,60 m
1 Wand   4,36 × 2,60 m

Berechne:
a) die Gesamt-Putzfläche in m²,
b) den Verbrauch an Mörtel!

Putz auf Holzwerk, Beton und Metall

Zweck des Putzträgers. Der Putz am und im Bau ist einer der wichtigsten Bestandteile des Baues, und doch werden trotz der Handbücher über Putzen und trotz aller Gründlichkeit, mit der das Putzen gelehrt wird, nirgends so viele Fehler gemacht, wie gerade hier. Alle Unregelmäßigkeiten, seien es schwache Stellen, lockeres Gefüge oder Risse, setzen den Wert und die Wirkung des Putzes herab. Wichtig bleibt daher, den Putz in vorgeschriebener Dicke und geforderter Mörtelart auf einen tragfähigen Putzträger aufzubringen.

Risse im Putz entstehen vornehmlich durch den Wechsel von Putzträgern in der Fläche. Bei glatten Wänden aus Ziegeln oder anderen Steinen, also aus einheitlichen Baustoffen, ist ein Reißen des Putzes kaum zu erwarten. Anders ist es bei Mischwänden, wo also Stahl-, Holz- oder Betongerippe die tragenden Bauteile sind, die im Mauerwerk abwechseln. Die Ziegelwand ist im allgemeinen ein guter Putzträger, während Stahl und Holz keine Putzträger sind. Auch Beton ist bei bester Vorbereitung ein schlechter

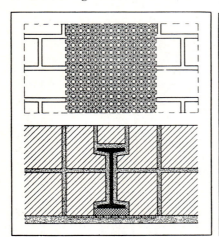 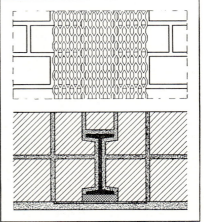

Bild 133. Überspannen mit Drahtziegelgewebe   Bild 134. Überspannen mit Streckmetall

Putzträger. Für solche Mischwände sind daher für die tragenden Bauteile besondere Putzträger anzubringen. Vor Stahl und Beton ist außer dem Putzträger auch noch eine Dämmplatte vorzusetzen (Bild 133 und 134). Diese Dämmplatte vermeidet die Kälte- und Feuchtigkeitsbrücke, die sonst durch die schwache Putzkleidung entsteht. Bei Holzteilen genügt auch ein Aufnageln von Sperrpappe auf die Holzkonstruktion (Bild 135 und 136). Aufgabe des Putzträgers ist es, den Putz genau so zu tragen, wie ihn die Wand trägt. Dazu gehört, daß die Putzträger nicht auf den Gerippeteilen, sondern in guter Überdeckung (mindestens 50 mm) auf dem Mauerwerk befestigt werden. Das richtige Befestigen ist ebenso wichtig wie die richtige Beschaffenheit des Putzträgers. Er muß so befestigt sein, daß das Gewicht des Putzes die Nägel, Haken oder Hespen nicht herauszieht. Ein zu großer Abstand der Nägel und Haken hat außerdem eine Verzerrung zur Folge. Wird also die Befestigung vernachlässigt oder der Putzträger falsch gewählt, so entstehen Risse im Putz, die wesentlich

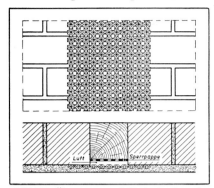 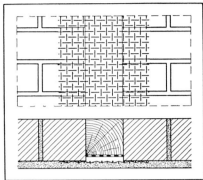

Bild 135. Überspannen mit Drahtziegelgewebe an Holzbalken   Bild 136. Überspannen mit Rabitzgewebe

mehr bedeuten als ein Schönheitsfehler. Jeder Riß im Putz läßt Feuchtigkeit eindringen, und Feuchtigkeit innen und außen zerstört nicht nur den Putz, sondern stellt den Wärmedurchgangs-(k)-Wert der Wand, die Wärmehaltung und somit die Wirtschaftlichkeit im Kohlenverbrauch in Frage.

Empfehlenswerte Putzträger sind für außen: Drahtgewebe und Geflechte, Streckmetall, Drahtziegelgewebe, Betondrahtgewebe.

Für innen: einfaches und doppeltes Rohrgewebe, Holzstabgewebe aller Art, Drahtziegelgewebe, Streckmetall, Betondrahtgewebe. Drahtgewebe aus Stahldraht hergestellt. Drahtgewebe als Putzträger wird häufig auch „Rabitzgewebe" genannt. Es besteht aus 0,6 bis 1,1 mm dicken Drähten mit 8, 10, 15 und 20 mm weiten rechteckigen (meist quadratischen) Maschen. Diese Geflechte sind roh oder verzinkt. Die Rabitzgewebe werden in 1 m Breite und 50 m Länge in Rollen geliefert. Schmalere Gewebe werden als Rabitzstreifengewebe bezeichnet. Drahtgeflechte als Putzträger werden auch „Putzdrahtgeflecht" genannt. Die Drahtdicken sind bei Geflechten mit rechteckigen Maschen meist 0,7 bis 0,9 mm, die Maschenweite 37,5 bis 200 mm. Die Geflechtbreiten sind 120 bis 300 mm bei 25 oder 50 m Länge. Geflechte mit dreieckigen oder sechseckigen Maschen haben meist eine Drahtdicke von 0,6 bis 0,8 mm und Maschenweiten von 15 bis 20 mm. Die Breiten sind 120, 160, 200, 240, 300, 400, 500 und 1000 mm, die Längen 50 m. Während beim Rabitzgewebe und auch beim Drahtgeflecht sich die Drähte in gewissen Grenzen verschieben können, ist dies bei geschweißtem Gewebe nicht möglich. Als Putzträger für Rabitzarbeiten, Trägerummantelung und zum Fugenüberspannen von Leichtbauplatten dient als „Metallnetz" ein geschweißtes Drahtnetz mit rechteckig länglichen Maschen, das blank oder verzinkt in beliebigen Breiten bei einer Länge von 50 m in Rollen geliefert wird. Als Fugenschutz für Holzwolle-Leichtbauplatten ist ein besonderer Putzdrahtgewebestreifen mit dem Namen „Baudraht" entwickelt worden, der aus geschweißtem, feuerverzinktem, dünnem Drahtgewebe von hoher Zerreißfestigkeit bei großer Maschenweite besteht. Die Drahtführung in drei Richtungen (Kettendrähte mit im Zickzack geführten Schlußdraht) führt alle etwa auftretenden Spannungen über die Fugen hinweg. Die umschlungenen Kanten des Schlußdrahtes schonen die Hände bei der Verarbeitung und erhöhen die Putzbewehrung (Bild 137).

Baudraht ist 80 mm breit und die Rollen 25 m lang. Eine Sonderform der Baustahlgewebe sind die **Baustahl-Rabitzmatten**, die aus Baustahlgewebe als Traggewebe und einem engmaschigen verzinkten Rabitzgebe als eigentlichem Putzträger gebildet werden. Sie werden vorwiegend zur Verkleidung von Decken oder Dachuntersichten verwendet. Die Baustahl-Rabitzmatten werden in einer Breite von 1 m und Längen von 3 m geliefert bei einem Gewicht von 1,7 kg/m² (Bild 138).

Eine Weiterentwicklung der Drahtgeflechte ist das Rillenputzgeflecht Dona. Es besteht aus einem Drahtgewebe, in das in Abständen von 250 bis 300 mm Rillen eingepreßt sind, so daß das Geflecht mit diesen

Bild 138. Baustahl-Rabitzmatte   Bild 137. Baudraht

Rillen an der Wand befestigt werden kann (Bild 139). Maschenweite 19 oder 25 mm, Rollenbreite 120 bis 1000 mm und 48 m lang. Eigengewicht 0,5 kg/m².

Streckmetall wird aus Bandstahl durch Einschlitzen und Auseinanderbiegen der aufgeschlitzten Bandstahlstreifen hergestellt. Rippenstreckmetall wird in ähnlicher Weise wie Streckmetall hergestellt, jedoch ist jeweils

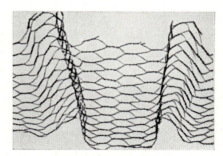

Bild 140. Rippen-Streckmetall   Bild 139. Rillenputz-Geflecht

zwischen 4 Maschenreihen eine etwa 10 mm hohe V-förmige Rippe eingewalzt, die dem Rippenstreckmetall eine größere Steifigkeit gibt. Es wird entweder mit Asphalt-Überzug oder verzinkt geliefert. Durch seine Eigenfestigkeit kann es als Putzträger bis 1,20 m frei tragen (Bild 140).

Drahtziegelgewebe besteht aus einem Drahtgewebe von 0,9 mm Drahtdicke und 20 mm Maschenweite, auf dessen Kreuzungsstellen mit Formlingswalzen Ziegelton aufgepreßt ist. Die Matten werden dann im Ofen ziegelhart gebrannt. Drahtziegelgewebe ist feuerbeständig und unvergänglich. Es ist formbar und läßt sich mit jeder Art Putzmörtel verputzen (Bild 141). Es gibt Matten in Rollen von 5 m Länge und 1 m Breite und Streifen in Rollen von 5 m Länge und 120, 140, 160, 180, 200, 240, 300, 340 und 500 mm Breite. Das Gerüst vom Betondrahtgewebe bildet, wie beim Drahtziegelgewebe, der Stahldraht. An Stelle des gebrannten Ziegeltons wird ein feinsandiger Beton aufgepreßt.

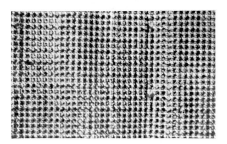

Bild 141. Drahtziegelgewebe

Rohrgewebe sind Putzträger aus ungeschältem oder geschältem Schilfrohr (Pliesterrohr), das mit Zinkdraht oder verzinktem Stahldraht zu Matten verbunden ist. Es sind zu unterscheiden:

Einfache Rohrmatten 1,00 bis 2,80 m breit. Rolle 20 m².

Halbdichte Rohrmatten in süddeutscher und norddeutscher Bindung. 1,20 bis 2,80 m breit. Rolle 10 m².

Dichte Rohrmatten in süddeutscher und norddeutscher Bindung. 1,20 bis 2,80 m breit. Rolle 10 m²,

Doppel-Rohrmatten in süddeutscher und norddeutscher Bindung. 1,40 bis 2,40 m breit. Rolle 10 m².

Rabitz-Rohrmatten 0,80 bis 3,00 m breit. Rolle 10 m².

Monieta-Rabitz-Rohrmatten 0,80 bis 3,00 m breit. Rolle 10 m².

Goliath-Rabitz-Rohrmatten 0,80 bis 3,00 m breit. Rolle 10 m².

Balkenmatten (Pliestergewebe) 12 bis 24 cm breit. Rolle 20 m (Bild 142).

Holzstabgewebe. Im Rheinland und Saargebiet werden als Putzträger unter Holzbalkendecken „Spalierlatten" von 12 × 24 und 18 × 18 mm und halber und ganzer Zimmerlänge in engen Abständen unmittelbar unter die Balken genagelt. In Süddeutschland verwendet man dafür die Gipserlättchen. Eine Weiterentwicklung der Spalierlatten sind die Holzstabgewebe, bei denen Matten aus dünnen Fichtenholzstäbchen mit verzinktem Draht gebunden sind. Die Holzstabgewebe werden in Stablängen von 0,50 bis 5,00 m und in Breiten von 1,00 m gerollt geliefert.

Das gewöhnliche Holzstabgewebe ist ein Gewebe mit rechteckigen, etwa 7/12 mm starken Holzstäbchen, die in Abständen von 9 mm flach nebeneinander liegen. Gewicht etwa 1,8 kg/m². Bei jedem einzelnen Stab müssen alle vier Kanten durch den umklammernden dünnen Draht berührt werden. Durch kräftiges Anziehen dieses Drahtes und Gegenspulung wird jede Bewegung auf dem dicken Streckdraht unmöglich gemacht (Bild 143). Ähnlichen Querschnitt hat auch das Bacula-Flachkantgewebe.

Das Bacula-Dreikantgewebe besteht aus 18/18 mm starken Dreikantstäben, deren Querschnitt ein gleichseitiges Dreieck ist. Beim Verlegen ist darauf zu achten, daß die spitzen Kanten nach oben verlegt werden (Bild 143). So verklammert sich der Mörtel schwalbenschwanzförmig, also besser als beim Flachkantgewebe. Beim Bacula-Dreikantgewebe sind — wie bei allen Bacula-Geweben — die Stabenden schräg geschnitten, so daß eine gute Überdeckung am Bahnenstoß erzielt wird (siehe Bild 143). Dadurch bildet der Putzträger eine ununterbrochene Fläche, wodurch Risse unter den Stößen vermieden werden.

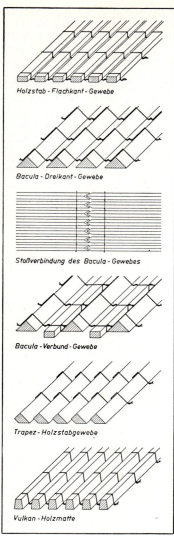

Bild 143.
Verschiedene Holzstabgewebe-Arten

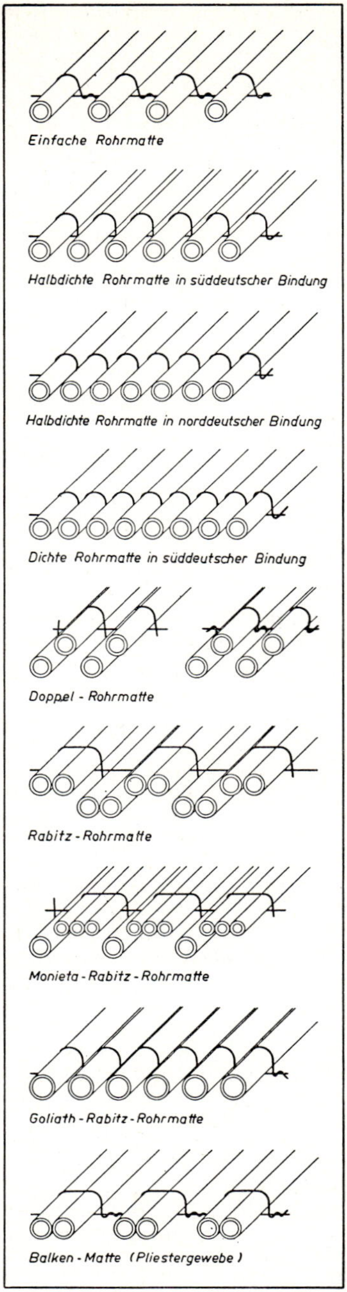

Bild 142. Die verschiedenen Rohrmatten-Arten

Bacula-Verbundgewebe. Hier wechseln Flachkantstäbe mit Dreikantstäben ab, wobei die Flachkantstäbe sowohl oberhalb wie unterhalb der Streckdrähte angeordnet sein können. Die Dreikantstäbe liegen dagegen immer oben (Bild 143).

Diagonal-Holzstabgewebe ist ein Gewebe aus quadratischen 8/8 mm starken, auf die Kante gestellten Holzstäben. Auch hier wird eine gute Mörtelverklammerung erreicht.

Trapez-Holzstabgewebe unterscheiden sich von dem Dreikantgewebe nur durch die trapezförmige Gestalt der 9 × 16 mm starken Holzstäbe (Bild 143).

Vulkan-Holzmatten sind aus trapezförmigen 7 bzw. 10 × 12 mm starken Holzstäben angefertigt (Bild 143). Gewicht etwa 2 kg/m².

Putzträger vor Beton- und Stahlbetonstützen dürfen keinesfalls, wie das vor Stahl- und Holzstützen geschieht, am gegenstoßenden Mauerwerk angeheftet oder angenagelt werden. Sie sind bereits beim Betonieren in die Betonstützen einzubringen. Die Industrie hat hierfür Tonspaltplatten in verschiedenen Abmessungen hergestellt, die sich gut verarbeiten lassen. Außerdem haben sie an der Haftseite für den Beton den Rippenvorsprung (die Innenseite der Spaltplatten). Keinesfalls dürfen die Tonspaltplatten, wie in der Praxis beobachtet, mit den Rippen nach außen gesetzt werden. Die Rippenvorsprünge sind da, um eine feste Verbindung mit dem Beton herzustellen. Außer den Tonspaltplatten eignen sich auch Holzwolle-Leichtbauplatten sowie Ziegelsplittbeton-Wandplatten und Platten aus Gas- oder Schaumbeton.

Ob der Putz ein- oder zweilagig aufgebracht wird, muß auf jeden Fall der Putzträger vor dem Bewerfen mit Mörtel, also vor dem Herstellen des Putzes ausgedrückt werden. Diese Vorarbeit ist notwendig, damit beim Bewerfen der Wandflächen der feuchte Mörtel nicht bis auf das Holzwerk oder die Stahlteile dringt. Es würde sonst die Feuchtigkeits- und Kältebrücke geschaffen, die gerade durch den Putzträger vermieden werden soll.

Beim Außenputz darf keinesfalls Gips oder Gipsmörtel zum Ausdrücken der Putzträger verwendet werden.

1. Der Unterputz muß immer so fest sein wie der Oberputz (der Mörtel, der zum Ausdrücken des Putzträgers verwendet wird, stellt den Unterputz dar; deshalb darf Gipsmörtel nicht verwendet werden);
2. Gipsmörtel ist nicht feuchtigkeits- und wetterbeständig. Gips ist ein „Treiber", der bei zunehmendem Feuchtigkeitsgehalt den Oberputz abpreßt.

Außenputz wird mit Mörtel nach der Tafel 14 hergestellt.

Deckenputz

Zweck des Deckenputzes. Um die Räume wohnlicher zu gestalten, werden die Decken mit einer ebenen, glatten Putzschicht versehen. Die Putzdicke von 15 mm, die nach DIN 4102 für feuerhemmende und feuerbeständige Deckenbauteile gefordert ist, darf nicht unterschritten werden und soll 20 mm nicht überschreiten. Als Putzdicke gilt die Mörtelschicht von der Putzoberfläche bis zum Putzträger. Da der Deckenputz zum Innenputz gehört, werden an ihn die gleichen Anforderungen gestellt wie an Innenwandputz (siehe Seite 83).

Die Mörtelwahl ist von der Beschaffenheit des Putzgrundes abhängig. So werden nach Tafel 16 Massivdecken, die überwiegend angewendet werden, auf Grund der geringen Saugfähigkeit mit einem Spritzbewurf der Mörtelgruppe II bzw. III und IV versehen. Bei Decken mit Putzträgern kann dagegen auf einen Spritzbewurf verzichtet werden.

Tafel 16

Innen-Deckenputze nach DIN 18 550

Zeile	Putzanwendung	Putzgrund	Mörtelgruppen für die Putzlagen[1]		
			Spritz-bewurf	Unter-putz	Ober-putz
1	Innen-Deckenputz üblicher Luftfeuchte (einschließlich von Küchen und Bädern in Wohnungen)	Stein- und Betondecken	II, III	II	I, II
2			IV	IV	IV
3		Rabitzdecken, Deckenuntersichten mit Putzträgern	Wie Betondecken, aber ohne Spritzbewurf. Unterputz auch unter Zusatz von Faserstoffen		
4		Deckenuntersichten aus Holzwolle-Leichtbauplatten	II	II	I, II
5			IV	IV	IV
6		Deckenuntersichten aus Gipsbaustoffen	IV	IV	IV
7	Innen-Deckenputze in Räumen hoher Luftfeuchte		Mörtelgruppen wie für Zeile 1 bis 6 mit Ausnahme der Gruppe IV		

[1]) Die angegebenen Mörtel sind nur zeilenweise zu verwenden. Dabei ist die Grundregel zu beachten, daß der Unterputz mindestens so fest sein muß wie der Oberputz!

Natürliche und künstliche Putzträger. Bei Decken aus Ziegeln, Beton, Leichtbauplatten oder Gipsdielen, also aus einheitlichen Baustoffen, ist bei richtiger Mörtelwahl ein Reißen des Putzes kaum zu erwarten, da Putzgrund und Putzmörtel fast die gleiche Wärmeausdehnung haben. Weicht dagegen die Wärmeausdehnung des Putzmörtels stark von der des Putzgrundes ab, entstehen Spannungen, die ein Reißen des Putzes zur Folge haben. Kann ein Putzgrund ohne besondere Vorbehandlung geputzt werden, bezeichnen wir ihn als natürlichen Putzträger.

Da Holz ein schlechter Putzträger ist und die Balkenfache höher als Balkenunterseite liegen, bedürfen Holzbalkendecken eines künstlichen Putzträgers. Solche sind: einfaches und doppeltes Rohrgewebe, Holzstabgewebe aller Art, Drahtziegelgewebe und Betondrahtgewebe u. a. (siehe Seite 99).

Putzen der Decken. Sollen Holzbalkendecken auf Schalung geputzt werden, müssen zuerst auf die Balkenunterseiten 20 mm dicke und höchstens 12 cm breite Bretter oder 24×48 mm dicke Latten in fingerbreitem Abstand genagelt werden. Quer zur Schalung werden mit 10 cm überdeckten Stößen die Rohrmatten gespannt und alle 10 cm befestigt (Bild 144). Der

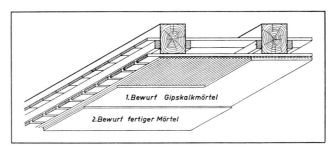

Bild 144
Rohrmattenputz
auf Schalung

dicke Draht muß unten liegen. Es wird abwechselnd von rechts und links genagelt. Der Mattenstoß wird durch einen im Zickzack geführten und angenagelten Spanndraht an der Schalung befestigt. Die Rohrmatten müssen so befestigt sein, daß das Gewicht des Putzes die Nägel nicht herausziehen kann. Ein zu großer Abstand hat außerdem eine Verzerrung des Putzträgers zur Folge. Das Rohrgewebe wird mit Kalkgipsmörtel (siehe Tafel 15) z. B. in Mischung 1 : 0,1 bis 0,2 : 3 ausgeworfen. Beim Kalkgipsmörtel wird zunächst das Kalksandgemisch im Kasten zu einer dickflüssigen, breiigen Masse angemacht. Erst kurz vor der Verarbeitung wird in eine freigemachte Ecke des Kalkkastens Wasser eingegossen und der Gips eingestreut. Die Einstreumenge beträgt bei Stuck- und Putzgips 1,5 kg auf 1 Liter Wasser. Ist der Gips mit Wasser gesättigt, wird er mit dem Kalkmörtel verrührt. Angeworfen wird der Putzmörtel in mehreren Lagen. Es muß bei jeder Putzlage zügig, d. h. ohne Unterbrechung gearbeitet werden, damit der angemachte Gipskalkmörtel nicht vorher abbindet. Ist ein Kasten Mörtel verarbeitet, muß die Fläche etwas anziehen.

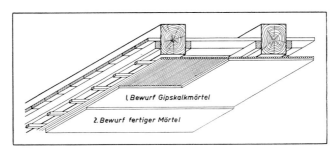

Bild 145
Rohrmattenputz
auf Lattung;
„Puffdecke"

Anschließend wird die Fläche mit angenäßter Kardätsche abgezogen. Verbleibende Löcher werden mit dem gleichen Mörtel ausgedrückt. Auf den angezogenen Unterputz wird schlanker Mörtel angeworfen. Es wird dann quer zur ersten Zugrichtung abgezogen. Mit dem Reiben darf nicht zu früh begonnen werden, da sonst der Abbindeprozeß des Gipskalkmörtels gestört wird. Da Wasserzusatz die Mörtelzusammensetzung verändert, soll der Putz möglichst in der Eigenfeuchtigkeit abgerieben werden. Eine ähnliche Ausführungsart ist die Puffdecke (Bild 145). Um Schalungsmaterial einzusparen, werden an Stelle der Schalbretter im Abstand von 20 cm (Abstand der Rohrbindedrähte) Latten von 2,4/4,8 oder 3/5cm an die Balken genagelt. Als Putzträger muß doppeltes Rohrgewebe, dessen Steifigkeit und Tragfähigkeit größer ist als beim einfachen Rohrgewebe, verwendet werden. Die Mitte des Rohrmattenstoßes muß unter einer Latte liegen und wird mit gerade geführtem Spanndraht befestigt.

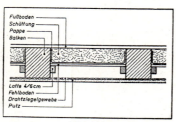

Bild 146
Deckenputz auf Drahtziegelgewebe

Drahtziegelgewebe ist ein feuersicherer Putzträger (siehe Seite 99); er dient als Putzträger für Holzbalkendecken und zum Ummanteln von Stahlträgern. Nachdem in 30 cm Abstand starke Latten an der Balkenunterseite angenagelt sind, werden auf diesen die Matten befestigt. Drahtziegelgewebe kann bei Deckenuntersichten mit jeder Art Putzmörtel verputzt werden (Bild 146).

Das Holzstabgewebe wird mit Haken am Bindedraht zwischen den Stäben befestigt (Bild 147). Die Stäbe müssen dabei quer zu den Balken liegen. Bei mehr als 3 m weit gespannten Decken entstehen infolge Durchbiegung Risse. Deshalb ist es besser, auf die Balken quer zuerst Latten zu befestigen und darauf das Holzstabgewebe mit den Stäben in Balkenrichtung. Als Unterputz wird für Holzstabgewebe, wie beim Rohrgewebe, Kalkgipsmörtel verwendet.

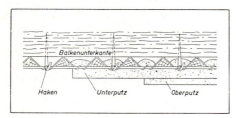

Bild 147. Holzstabgewebe, am Balken befestigt

Im Rheinland üblich ist die Spalierlattendecke, bei der 24/48 mm starke Latten in 2 cm Abstand mit versetzten Stößen quer zu den Balken angenagelt und mit Haar- oder Hedekalkmörtel ausgedrückt werden, auf den Unter- und Oberputz kommen.

In Südwestdeutschland verwendet man Gipserlättchen 12/24 mm stark, die in 1-1,5 cm Abstand quer zu den Balken angenagelt werden. Bei besserer Ausführung werden zuerst 24/48 mm starke Latten (Konterlatten) quer zu den Balken befestigt und daran die Gipserlättchen in Balkenrichtung. Sie werden mit reinem Gipsmörtel ausgeworfen oder ausgedrückt. Dann folgen 2 Lagen in reinem Gipsmörtel oder Gipskalkmörtel. Zuletzt wird geglättet.

Deckenputz auf Leichtbauplatten. Holzwolle-Leichtbauplatten sind auf Grund ihrer rauhen Oberflächenbeschaffenheit ein vorzüglicher Putzträger. Sie sind jedoch anders als Mauerwerk zu behandeln. Es ist zu berücksichtigen, daß bei derartig großen Bauelementen die im Bauwerk auftretenden Bewegungen, vor allem an den Plattenstößen, Anschlüssen, Ecken und Kanten, sich auswirken. Da die Plattenlänge 2,00 m beträgt und die Balkeneinteilung darauf nicht paßt, werden quer zu den Balken 10 cm breite und 2,5 cm dicke Bretter alle 50 cm so befestigt, daß ein Plattenstoß auf Brettmitte kommt und die Stöße der einzelnen Plattenreihen gegenseitig versetzt sind. Der an diesen Stellen hochbeanspruchte Putz wird zweckmäßig bewehrt. Zur Bewehrung von Fugen, Ecken, Anschlüssen und Kanten werden weitmaschige Drahtnetzstreifen von 80 mm Breite verwendet (Bild 148). Die Bewehrung soll so ausgebildet sein, daß sich der Putz ausreichend verankern kann. Daher ist bei der Befestigung der Drahtnetzstreifen darauf zu achten, daß diese nicht zu straff gezogen werden, weil sonst leicht Spannungen auftreten, die den Putz abtreiben. Um in der Putzfläche Rostflecken zu vermeiden, sollen die Drahtnetzstreifen aus verzinktem oder anderweitig rostgeschütztem Material bestehen (siehe Seite 98). Besonders sorgfältig sind die Platten an der Deckenunterseite zu befestigen, da sonst die verhältnismäßig elastischen Platten unter dem Eigengewicht und dem Gewicht der Putzschale durchhängen. Die dabei im Putz auftretenden Spannungen können so groß werden, daß Risse entstehen und schließlich die Haftung des Putzes völlig verloren geht. Putze auf Holzwolle-Leichtbauplatten sind stets mehrlagig aus-

Bild 148. Bewehrung der Plattenstöße

Bild 149. Rissebildung durch vergessene Sicherung der Plattenstöße

zuführen (siehe Tafel 16). Es ist zunächst ein Spritzbewurf, darauf der Unterputz und schließlich der Oberputz aufzubringen. Vor jedem neuen Auftrag muß das Anziehen der unteren Lage abgewartet werden. Die Putzdicke muß, wie schon erwähnt, mindestens 15 mm betragen. Zu dicke Putze führen zu Schwindrissen und fallen leicht ab. Besonders bei Deckenputzen wird die angegebene Putzdicke vielfach überschritten; darauf ist es u. a. auch zurückzuführen, daß sich die Plattenstöße oftmals durch Risse im Putz abzeichnen. Eine zu dünne Putzschale kann vor allem bei Holzbalkendecken die durch Verkehrserschütterungen ausgelösten Spannungen nicht aufnehmen. Sie würde schließlich reißen (Bild 149).

Ein Putz, der auf Holzwolle-Leichtbauplatten aufgetragen ist, trocknet verhältnismäßig schnell aus, da im Gegensatz zum Mauerwerk aus dem Putzgrund keine Feuchtigkeit wieder nach außen abgegeben wird. Vor allem in der warmen Jahreszeit ist besonders darauf zu achten, daß Kalkmörtel die zur Erhärtung erforderliche Feuchtigkeit nicht zu früh verlieren. Im Sommer muß stets für eine ausreichend lange feuchte Nachbehandlung der Putzfläche gesorgt werden.

In manchen Gegenden sind Gipsdielen als Deckenschalung gebräuchlich. Fugen werden mit Leinwandsteifen in Gipsbrei überdeckt. Die ganze Fläche erhält eine dünne Gipsmörtelschicht.

Deckenputz auf Massivdecken. Betondecken und Decken aus Ziegelhohlkörpern stellen einen glatten Putzgrund mit einer geringen Saugfähigkeit dar. Um eine gute Putzhaftung zu gewährleisten, kann bei solchen Decken auf einen Spritzbewurf nicht verzichtet werden (siehe Tafel 16), sonst bleiben Putzschäden nicht aus. Auch bei Massivdecken kann eine zu dünne Putzschale die durch Verkehrserschütterungen ausgelösten Spannungen nicht aufnehmen und reißt, weil die Tragfähigkeit der Decken heute in größerem Maße ausgenutzt wird, als dies früher der Fall war. Die auftretenden Spannungen können nur von einer ausreichenden Putzdicke von 15 mm aufgenommen werden. Wird also der Spritzbewurf verabsäumt oder der Putz zu dünn aufgetragen, entstehen Risse im Putz. Die Tragfähigkeit der Massivdecken wird hauptsächlich durch die Bewehrung bestimmt. Die Widerstandsfähigkeit von solchen Decken im Feuer ist vom Verhalten der Bewehrung abhängig. Die Tragfähigkeit geht verloren, wenn der Stahl zu fließen beginnt, denn mit zunehmender Erwärmung nimmt die Streckgrenze ab und führt bei Temperaturen zwischen 400 bis 500° zum Einsturz der Decken. Um den Feuerschutz zu gewährleisten, muß ein zweilagiger Putz mit einer Dicke von mindestens 15 mm gefordert werden.

Wiederholungsfragen und Hausaufgaben

1. Warum muß die Putzdicke beim Deckenputz mindestens 15 mm betragen?
2. Wovon ist die Mörtelwahl abhängig?
3. Wann ist eine Decke mit einem Spritzbewurf zu versehen?
4. Was versteht man unter natürlichen und künstlichen Putzträgern?
5. Warum ist Holz ein schlechter Putzträger?
6. Für welche Decken verwendet man einfaches bzw. doppeltes Rohrgewebe?
7. Warum müssen bei Schaldecken die Schalbretter schmal sein und in fingerbreitem Abstand genagelt werden?
8. Warum müssen die Rohrmatten mit überdeckten Stößen befestigt werden?
9. Warum wird das Rohrgewebe mit Kalkgipsmörtel ausgeworfen?

10. Wie wird Kalkgipsmörtel angemacht?
11. Warum wird beim 2. Anwurf quer zur ersten Zugrichtung abgezogen?
12. Warum muß der Lattenabstand bei einer Puffdecke 20 cm betragen?
13. Warum kann Drahtziegelgewebe mit jeder Art Putzmörtel geputzt werden?
14. Warum müssen die Plattenstöße aus Holzwolle-Leichtbauplatten bewehrt werden?
15. Warum dürfen die Drahtnetzstreifen nicht zu straff gezogen werden?
16. Warum müssen bei der Verwendung von Leichtbauplatten im Abstand von 50 cm quer zu den Balken Bretter angenagelt werden?
17. Welche Fehler entstehen durch eine zu dünne bzw. zu dicke Putzschale auf Leichtbauplatten?
18. Warum muß im Sommer für eine ausreichend lange Nachbehandlung der Kalkputzfläche gesorgt werden?
19. Warum sind Massivdecken nur feuerbeständig, wenn der Deckenputz mindestens 15 mm beträgt?

Bewehren und Betonieren von Betonstürzen

Zusammenwirken von Beton und Stahleinlagen im Betonsturz.

Beton ist ein Baustoff mit einer großen Druckfestigkeit, er wird aus diesem Grunde nur für solche Bauteile benutzt, die auf Druck beansprucht werden. Sollen Maueröffnungen wie Fenster und Türen mit einem Betonsturz überdeckt werden, so ist der Beton allein nicht in der Lage, die an der Unterseite auftretenden Zugspannungen aufzunehmen (Bild 150). Soll der Betonsturz nicht durchbrechen, so muß er eine Bewehrung erhalten (Einbetten von Stahleinlagen in den Beton), die zur Aufnahme der Zugspannungen dient. Diese

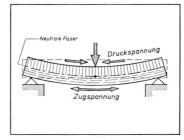

Bild 150. Druck- und Zugspannungen an einem freiaufliegenden Balken

Bewehrung ist notwendig, weil die erreichbare Zugfestigkeit des Betons nur $1/10$ bis $1/30$ der Druckfestigkeit beträgt.

Da der Beton wohl einen sehr hohen Druck, aber nur einen geringen Zug (Biegung) aushalten kann, Stahl wiederum eine sehr hohe Zugfestigkeit besitzt, ergänzen sich, wenn beide Stoffe vereinigt sind, die Druck- und Zugfestigkeiten auf das beste; doch muß man die Stahlstäbe immer nur dorthin legen, wo Zugspannungen im Beton auftreten können.

Folgende Ursachen ermöglichen das gute Zusammenwirken von Beton und Stahl zu einem Baustoff, dem „Stahlbeton":
1. die nahezu gleiche Wärmeausdehnungszahl beider Baustoffe (Beton = 0,000011; Stahl = 0,000012),
2. das gute Haften von Beton am Stahl,
3. daß gut eingebettete Stahleinlagen im Beton nicht rosten.

Kleine Maueröffnungen überdeckt man oft mit fertigen Betonstürzen, größere Öffnungsweiten schalt man an Ort und Stelle ein, bewehrt und betoniert sie. Dabei können die Stürze mit und ohne Anschlag hergestellt werden.

Die Balkenschalung

Zur Ausführung von Stahlbetonbauteilen sind Schalungen aus Holz erforderlich, die die genaue Form des Bauteils umhüllen. Sie müssen so hergestellt sein, daß sie sich während und nach dem Betonieren nicht verändern oder verschieben und genügend tragfähig sein. Sie werden entweder von Schalungszimmerern oder von Betonbauern (Betonwerkern) ausgeführt. Aber auch der Maurer muß in der Lage sein, an Ort und Stelle einen Betonsturz einzuschalen. Die Einschalung eines Betonsturzes besteht aus der Bodenplatte und den beiden Seitenplatten, wobei die Bodenplatte stets zwischen den Seitenwänden liegen muß, damit sie nach Ausschalen der Seitenwände noch länger den Beton tragenden Balken stützt (siehe Tafel 18 Schalungsfristen). Die Bodenplatte wird mit normalen Schalbrettern geschalt, deren Laschenabstand 0,8 bis 1,00 m beträgt. Dieser Abstand ist zulässig im Gegensatz zu den Seitenplatten, wo der Laschenabstand 60 cm beträgt, weil der Balkenboden von den Kopfstützen getragen wird. Diese sind in Abständen von 60 cm so zu setzen, daß ein Durchbiegen der Bodenbretter nicht möglich ist. Der Seitendruck des Betons wird durch die Laschen bzw. Drängbretter aufgenommen (Bild 151).

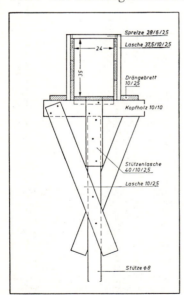

Bild 151. Einschalung für einen Türsturz; die entsprechende Bewehrung siehe Bild 173

Bei größeren Balkenquerschnitten ist die Herstellung der Platten dieselbe wie bei den leichten Balken. Die Lasche soll die Durchbiegung der Seitenbretter verhindern; diese Aussteifung ist aber in den üblichen Abständen begrenzt. Um der Durchbiegung zu begegnen, könnte man den Abstand der Laschen geringer machen, um eine bessere Aussteifung zu erzielen. Für kleine Balken vermag diese Art genügen; wirksamer ist in jedem Falle die Gurtung und Rödelung. Bild 152 zeigt einen mittigen mittelschweren Balken mit Deckenanschluß. Der Laschenabstand beträgt

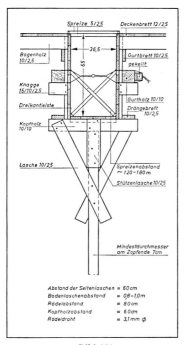
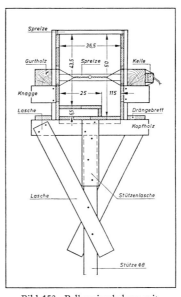

Bild 152
Balkeneinschalung mit Deckenanschluß

Bild 153. Balkeneinschalung mit Aussparung für den Fensteranschlag; entsprechende Bewehrung siehe Bild 178

wie üblich 60 cm. Zur Verhinderung des seitlichen Ausbauchens werden in halber Laschenhöhe beiderseits je ein Gurtholz mit Rödelung und Keilung angebracht. Zur Kantenschonung wird der Schalungskasten mit Dreikantleisten ausgestattet. Durch Doppelspreizen wird der lotrechte Balkenquerschnitt gesichert. Die Deckenschalung stößt gegen die Balkenschalung. Die Höhe der Balkenseitenplatte reicht also von der Unterkante des Balkenbodens bis zur Oberkante der Deckenschalung. Stürze über Öffnungen mit seitlichem Anschlag erhalten ebenfalls einen Anschlag. Zum Aussparen der Anschlaghöhe wird in den Schalkasten ein kleiner Kasten eingebaut (Bild 153).

Betonstähle für die Bewehrung

Für Stahlbeton verwendet man Rundstähle, deren Güteeinteilung in den Bestimmungen für die Ausführung von Bauwerken aus Stahlbeton, DIN 1045 § 5, Ziffer 6, festgelegt ist.

Tafel 17

Betonstähle nach den Bestimmungen des Deutschen Ausschusses für Stahlbeton DIN 1045

Gruppe	Benennung nach der Gruppe	Form	Kennzeichnung	Durchmesser mm	Zugfestigkeit kp/cm²	Mindeststreckgrenze kp/cm²
I	Betonstahl I	Rundstahl für Stahlbeton nach DIN 488	Runder Querschnitt aus St. 00.12 / aus St. 37	5—30 / 5—50		
I	Betonrippenstahl I (naturhart)	Quergerippt. Betonformstahl. Die Stäbe müssen Querrippen haben, die über die ganze Länge des Stabes verteilt sind und über den ganzen Umfang des Stabes reichen. Die von der Ober- und Unterseite erzeugten Querrippen dürfen gegeneinander versetzt sein.	Auf einer Seite jedes Stabes sind im Abstand v. höchstens 2 m Stahlgruppe u. Herstellerwerk zu kennzeichnen. Die Betonstahlgruppe ist durch kurze Längsrippen zu kennzeichnen, die bei der Betonstahlgruppe I über einem Querrippenfeld liegt.	8—26	3400–5000	2200
IIa	Betonstahl II (naturhart)	Rundstahl	Solcher Stahl muß durch ein aufgewalztes Werkzeichen in Abständen bis 1 m gekennzeichnet sein, z. B. Hüttenwerk Hörde AG	8—30 / bis 18 / bis 30	5000–6200 / 5000–6400	3600 / 3400
IIa	Betonrippenstahl II (naturhart)	Quergerippter Betonformstahl	Bei der Betonstahlgruppe II gehen zwei Längsrippen über zwei Querrippenfelder	8—26 / bis 18 / bis 26	5000–6200 / 5000–6400	3600 / 3400

Tafel 17 (Fortsetzung)
Betonstähle nach den Bestimmungen des Deutschen Ausschusses für Stahlbeton DIN 1045

Gruppe	Benennung nach der Gruppe	Form	Kennzeichnung	Durchmesser mm	Zugfestigkeit kp/cm²	Mindeststreckgrenze kp/cm²
III a	Betonstahl III (naturhart) über 26 mm ⌀ nur als Betonformstahl	Drillwulststahl	Kreuzförmiger Querschnitt und in ganzer Länge verwunden	7—36 bis 18 ⎫ bis 36 ⎭	≧ 5000	4200 4000
	Betonrippenstahl III (naturhart)	Quergerippter Betonformstahl. Bei Durchm. 22–26 mm sind nur schräge Rippen zulässig	Bei der Betonstahlgruppe III gehen drei Längsrippen über drei Querrippenfelder	8—26 bis 18 ⎫ bis 26 ⎭	≧ 5000	4200 4000
III b	Sonderbetonstahl III (kalt gereckt)	Rippen-Tor-Stahl	Verwundener Rundstahl, durch einen schraubenförmig verlaufenden zweifachen Wulst mit dazwischenliegenden Querrippen gekennzeichnet	5—32 bis 18 ⎫ bis 32 ⎭	≧ 5000	4200 4000
IV a	Betonstahl IV (naturhart) über 26 mm ⌀ nur als Betonformstahl	Nockenstahl	Rundstahl, der durch kleine aufgewalzte Nocken in etwa 33 cm Abstand gekennzeichnet ist.	5—26	—	5000
	Betonrippenstahl IV (naturhart)	Quergerippter Betonformstahl. Bei Durchmessern 22–26 mm sind nur schräge Rippen zulässig	Bei der Betonstahlgruppe IV gehen vier Längsrippen über vier Querrippenfelder.	8—26	—	5000
IV b	Sonderbetonstahl IV (kalt gereckt)	Baustahlgewebe, Betonstahl-Matten, geschweißte Bewehrungsmatten — Baustahlgewebe „Q 131"	Besteht aus Rechtecken oder Quadraten verschiedener Größe. Die Knotenpunkte der Matten sind durch Punktschweißung unverschiebbar verbunden. Regellänge der Matten 5 m, Breite 2,15 m. Längs- und Querstäbe bei Baustahlgewebe bei Betonstahlmatten	4—12 4— 8	—	5000

Zuschneiden und Biegen der Stahleinlagen

Zu den Stahlarbeiten gehört das Schneiden, Biegen, Verlegen und Flechten der Betonstähle. Soll beim Messen der Querschnitte eine Genauigkeit von 0,1 mm erreicht werden, so bedient man sich der Schublehre.

Zuschneiden der Stahleinlagen. Alle Stahleinlagen werden nach ausgezogenen Längen (nach Zeichnung) zugeschnitten. Rundstähle von 5 bis 10 mm (höchstens 14 mm) Durchmesser schneidet man mit dem Bolzenschneider (Bild 154); dieser wird oft als Drahtschere bezeichnet. Beim Schneiden mit einer Schere bewegen sich aber die Innenseiten der Schneidbacken aneinander vorbei, beim Bolzenschneider treffen die Backen mit ihren Schneiden aufeinander (Bild 155). Dickere Rundstähle werden mit der Handschneidemaschine (auch Stahlschneider oder Betonstahlschere genannt) geschnitten (Bild 156). Die Handschneidemaschine schneidet

Bild 154. Bolzenschneider

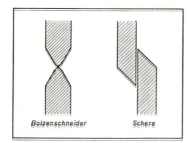

Bild 155. Wirkungsweise des Bolzenschneiders und der Schere

Bild 157. Elektrische Schneidemaschine

Bild 156. Handschneidemaschine

im Gegensatz zum Bolzenschneider scherenartig. Außerdem gibt es für alle Betonstahldurchmesser elektrische Schneidemaschinen (Bild 157).

Einfluß des Biegens auf das Gefüge des Betonstahles. Dehnbare Werkstoffe wie Stahl können durch Einwirkung äußerer Kräfte kalt verformt werden. So kann auch der Betonstahl durch Biegen eine ganz bestimmte Form erhalten. Bei dem Biegen werden die Werkstoffasern am äußeren Bogen gestreckt, während sie am inneren gestaucht oder zusammengepreßt werden. Unter Strecken versteht man eine Verlängerung des Werkstoffes auf Kosten der Dicke; beim Stauchen wird die Länge zugunsten der Dicke verringert (Bild 158). Die in der Mitte liegende neutrale Faser wird

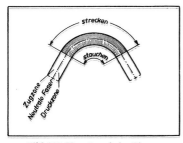

Bild 158. Vorgänge beim Biegen

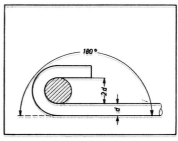

Bild 159. Faltversuch

weder gestreckt noch gestaucht; sie ist also in ihrer Länge unveränderlich. Werden Rundstähle gebogen, dann werden die äußeren Fasern um so stärker gedehnt und die inneren gestaucht, je weiter sie von der neutralen Faser entfernt sind. Mit zunehmendem Abstand wächst die Formveränderung und die erforderliche Biegekraft. Bei sehr dicken Rundstählen und kleinem Biegehalbmesser kann es daher vorkommen, daß die Werkstofffasern an der Zugseite reißen. Der durch Risse geschwächte Haken bietet keine Gewähr für eine gute Verankerung im Beton. Deshalb ist nach

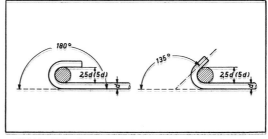

Bild 160. Hakenformen und Biegedorndurchmesser bei Betonstahl I, eingeklammerte Zahlen f. Betonstahlgruppe II, III u. IV

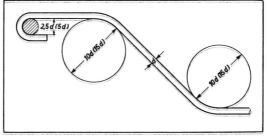

Bild 161. Abgebogene Stahleinlage mit Biegedorndurchmessern für Betonstahl I, eingeklammerte Zahlen für Betonstahlgruppe II, III und IV

DIN 1045 auf der Baustelle bei Betonstählen der Gruppe II, III und IV der Faltversuch durchzuführen; auch bei Betonstahl I soll er in der Regel durchgeführt werden. Beim Faltversuch (Kaltbiegeversuch) muß die lichte Weite der Schleife bei 180° Biegewinkel gleich dem doppelten Durchmesser des zu prüfenden Rundstahles (Bild 159) sein. Auf der Zugseite dürfen dabei keine Risse entstehen.

Bei Betonrippenstählen gelten für den Krümmungsdurchmesser folgende Vorschriften:

Gruppe des Betonstahls	Krümmungsdurchmesser für den Faltversuch
I	2 d
II a	3 d
III a, III b	3,5 d
IV a	4 d

Der lichte Durchmesser halbkreisförmiger Haken muß bei Betonstahl I mind. 2,5 d, bei Gruppe II und III mind. 5 d sein (Bild 160). Der lichte Krümmungsdurchmesser an Abbiegestellen muß mind. 10 d, bei Stäben mit mehr als 40 mm ⌀ mind. 15 d sein (Bild 161). Betonrippenstähle dürfen nur über drehbare Rollen und Gegenhalter gebogen werden.

Das Biegen der Stahleinlagen kann bei geringem Stahldurchmesser mit der Zwinge um den Dorn vorgenommen werden. Für starke Durchmesser verwendet man Handbiegemaschinen, die auf dem Biegetisch aufgebaut und befestigt werden. Durch ein Aufsteckrohr kann man den Hebelarm vergrößern. Mit elektrischen Biegemaschinen können alle Rundstahldurchmesser gebogen werden bzw. mehrere dünne Rundstähle in einem Arbeitsgang (Bild 162). Alle Stähle müssen entsprechend ihrem Durchmesser und Stahlgruppe nach den vorgeschriebenen Mindestdurchmessern gebogen werden (siehe Bild 160 und 161). Bei der Berechnung der Zuschnittlängen bei geraden Stahleinlagen mit Endhaken (Hakenlänge = 8 d) errechnet sich die Schnittlänge als abgewickelte Stablänge: $a = l + 2 \times 8 d$ (Bild 163).

Bild 162. Elektrische Biegemaschine

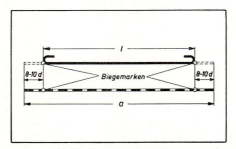

Bild 163. Tragstahl mit Endhaken

Bei beiderseits unter 45° abgebogenen Stahleinlagen mit Endhaken errechnet sich die Zuschnittlänge als abgewickelte

Stablänge: $a = l + 2 \times 8d + 0{,}83 h$ (Bild 164). Bei einseitig unter 45° abgebogenen Stahleinlagen mit Endhaken errechnet sich die Schnittlänge als abgewickelte Stablänge: $a = l + 2 \times 8d + 0{,}42 h$ (Bild 165). Die schräge Länge der Aufbiegung ist: $l = h \times 1{,}414$ (Bild 166). Bei offenen Bügeln mit Endhaken errechnet sich die Zuschnittlänge als abgewickelte Stablänge: $a = b + 2h + 2 \times 8d$ (Bild 167).

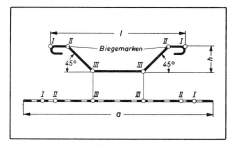

Bild 164
Abgebogener Tragstahl mit Endhaken

Beim geschlossenen Bügel mit Endhaken errechnet sich die Zuschnittlänge als abgewickelte Stablänge: $a = (b + h) \times 2 + 2 \times 8d$ (Bild 168).

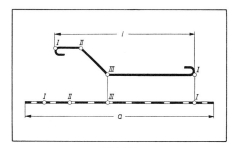

Bild 165
Einseitig abgebogener Tragstahl

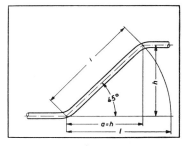

Bild 166
Schräge Länge der Aufbiegung

Die Bewehrung in Abhängigkeit von den auftretenden Kräften

Nicht nur der Stahl macht den Stahlbeton tragbar, sondern auch die richtig verlegten Stahleinlagen. Die Haftfestigkeit des Betons am Stahl gibt dem Stahlbeton die notwendige Festigkeit und verhindert die Gefahr der Rissebildung. Beim freiaufliegenden Balken auf 2 Stützen treten auf der Belastungsseite Druckspannungen auf, wodurch der Balken an der Oberseite verkürzt wird. Die Unterseite wird dabei verlängert, also auf Zug beansprucht. Da der Beton eine sehr hohe Druckfestigkeit, aber nur eine geringe Zugfestigkeit besitzt, müssen dort, wo im Bauteil diese

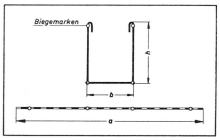

Bild 167
Offener Bügel mit Endhaken

Spannungen auftreten, Zug- oder Tragstähle eingelegt werden (Bild 169). Infolge starker Belastung kann der Balken etwa in halber Höhe der Länge nach aufspalten, wobei eine Trennung der verkürzten Druckzone von der verlängerten Zugzone erfolgen kann. Es entstehen demnach Schubspannungen, die in Mitte der Balkenlänge am geringsten, am Auflager dagegen am größten sind (siehe Bild 170). In der Nähe der Auflager eingespannter Balken treten schiefe Zugspannungen auf und verlaufen unter 45° nach unten (Bild 171). Diese schiefen Zugspannungen müssen durch entsprechend abgebogene Tragstähle aufgenommen werden.

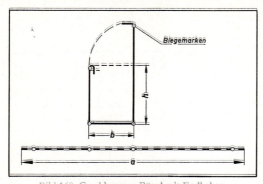

Bild 168. Geschlossener Bügel mit Endhaken

Eingespannte Balken können außerdem in der Nähe der Auflager abreißen (abscheren).

Diese Scherkräfte werden durch die geraden und abgebogenen Tragstähle aufgenommen. Die nach oben abgebogenen Tragstähle verbinden dabei gleichzeitig die Zugzone mit der Druckzone. (Siehe Bild 172.) Die Dicke der Tragstähle richtet sich nach der Art des Bauteils, Länge, Höhe und Belastung. Abgebogen wird jeder 2. Stab, so daß abwechselnd ein gerader und abgebogener Tragstahl verlegt wird.

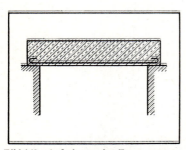

Bild 169. Aufnehmen der Zugspannungen durch Tragstähle

Die B ü g e l sollen vor allem die in den Balken auftretenden Schubspannungen aufnehmen. Durch sie werden die Tragstähle auch in ihrer Lage gehalten. Man gibt ihnen eine Dicke von

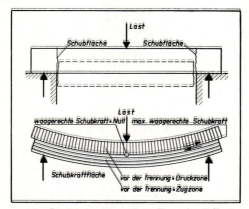

Bild 170. Schubkräfte am freiaufliegenden Balken

6 bis 10 mm. Die Abstände der Bügel richten sich nach der Größe der Balken; sie betragen ca. $^2/_3$ der Balkenhöhe. Gebräuchliche Bügelabstände sind: 30, 25, 20 und 15 cm. In der Balkenmitte sind die Abstände größer, nach den Auflagern zu immer kleiner, entsprechend der dort zunehmenden Schubspannungen. Die offenen Bügel, die mit Haken versehen sind, gebraucht man für freiaufliegende Balken oder Balken ohne Druckstäbe. Die geschlossenen Bügel werden in allen Balken mit oberen Druckstäben und ohne, aber auch in Säulen verwendet. Bei oberen Montagestählen werden offene Bügel verwendet. Werden kleine Stürze außerhalb des Baues in Formen hergestellt, so müssen sie an der nichtbewehrten oberen Seite mit Montagestählen (8 bis 12 mm) versehen und die Oberseite am Beton gekennzeichnet werden, damit die Bauteile beim Befördern nicht brechen. Sie halten außerdem die Bügel in unverschiebbarer Richtung und Lage. Der Querschnitt und die Entfernung der Stahleinlagen voneinander werden berechnet und hängen von der Belastung des Bauteiles sowie von der Festigkeit des verwendeten Betons und Stahls ab. Die Anordnung der Stäbe muß für jeden Betonkörper besonders angegeben werden. Dies geschieht in Bewehrungsplänen. Mit Rücksicht auf die Vermehrung der Betonhaftfestigkeit am Stahl zu einem Verbundkörper werden besser mehr Rundstähle mit kleinem Durchmesser angeordnet als wenige mit größerem Durchmesser.

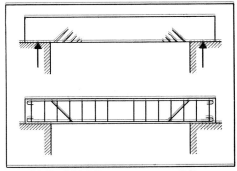

Bild 171. Schiefe Zugspannungen am Balken

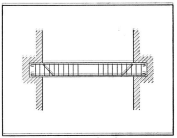

Bild 172. Bewehrung des eingespannten Betonsturzes

Beispiel: Erforderlich sind 9,42 cm² Stahlquerschnitt.
Bei 12 Stäben 10 mm ⌀ ist $F = 12 \times 0{,}785 = $ **9,42** cm²
$U = 12 \times 3{,}142 = $ **37,70** cm
Bei 3 Stäben 20 mm ⌀ ist $F = 3 \times 3{,}142 = $ **9,42** cm²
$U = 3 \times 6{,}284 = $ **18,75** cm

Demnach ist bei 12 Stäben mit 10 mm ⌀ die Haftfläche doppelt so groß wie bei 3 Stäben mit 20 mm ⌀.

Biegeplan und Baustahlliste. Die Breite des Stahlbetonbalkens richtet sich nach der Mauerdicke. Da Beton ein schlechter Putzträger ist, ist zu empfehlen, vor dem Betonieren einen Putzträger anzubringen.

Dieser muß in seiner Putzhaftung und Porigkeit dem Putzgrund des anschließenden Mauerwerks gleichen. Die Dicke des Putzträgers ist also zu berücksichtigen! Die Höhe des Balkens wird ebenso wie Anzahl der Tragstäbe, Bügel und Aufbiegungen durch Berechnung bestimmt.

Maßgebend für die Berechnung ist die Stützweite (Bild 173 u. 175) und die Belastung sowie die Festigkeit des zu verwendenden Betons und die Stahlgüte. Die errechneten Maße werden in eine Zeichnung (Bewehrungsplan Bild 173) eingetragen, danach der Biegeplan gefertigt und die Stahlliste aufgestellt (Bild 174). Nach der Zeichnung (Bild 173) werden die

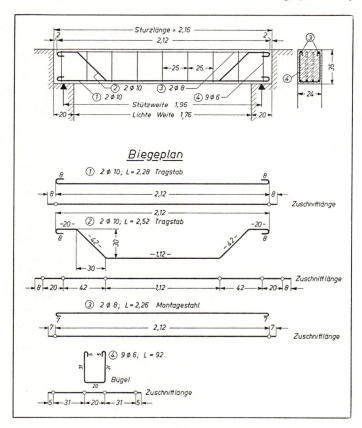

Bild 173. Bewehrungsplan zu einem Türsturz

Stäbe einzeln mit ihren Abbiegeformen und ihrer gestreckten Länge (Schnittlänge) bemaßt und mit Biegemarken versehen. Jede Form erhält eine Positionsnummer, die mit der Baustahlliste übereinstimmen muß; zum Beispiel

$$① \ 2 \ \varnothing \ 10; \ L = 2{,}28$$

Die Zeichen haben folgende Bedeutung:
① = fortlaufende Positionsnummer bei Betonstahl I;
    bei Betonstahl II ① (besonderes Zeichen)
3 = Gesamtstückzahl,
∅ = Durchmesserzeichen,
10 = Stahldurchmesser in mm,
L = 2,28 Schnittlänge in m,
8 = Hakenlänge in cm vor dem Biegen.

Die gebogenen Stäbe werden positionsweise gebündelt und mit Blech- oder Holzschildern, die die Positionsnummer tragen, versehen. Diese Bündel werden dann baukörperweise oder biegeplanweise gelagert.

Berechnung der Schnittlängen von Position 1—4

1   $a = l + 2 \times 8d$ $a = 2{,}12 + 2 \times 0{,}08 = $ **2,28 m**
2   $a = l + 2 \times 8d + 0{,}83 h$ $a = 2{,}12 + 2 \times 0{,}08 + 0{,}26 = $ **2,54 m**
3   $a = l + 2 \times 8d$ $a = 2{,}12 + 2 \times 0{,}07 = $ **2,26 m**
4   $a = b + 2h + 2 \times 8d$ $a = 20 + 2 \times 31 + 2 \times 5 = $ **92 cm**

Baustahlliste

Pos.-Nr.	Bezeichnung	Form	∅ mm	Anzahl	Schnittlänge m	Gesamtlänge m	Gewicht kg/1 m	Gewicht zus. kg
①	Gerade Tragstäbe	⌒____⌒	10	3	2,28	6,84	0,617	4,22
②	Abgebogene Tragstäbe	⌒_⌒	10	2	2,54	5,08	0,617	3,13
③	Montagestäbe	⌒___⌒	8	2	2,26	4,52	0,395	1,79
④	Bügel	⊓	6	9	0,92	8,28	0,222	1,84
							zus.	10,98

Bild 174

Stelle für den Biegeplan (Bild 175) die entsprechende Baustahlliste auf!

Verlegen und Flechten der Stäbe

Sind die Stäbe zugeschnitten und abgebogen, dann werden sie nach Zeichnung im Schalkasten verlegt. Die Bewehrung kleiner Balken kann außerhalb der Schalung zu einem unverschiebbaren Bewehrungskorb geflochten werden. Vorher müssen jedoch alle Stäbe von losem Rost, Öl und sonstigen Verunreinigungen gesäubert werden.

Arbeitsgänge für das Flechten des Bewehrungskorbes

1. Aufstellen von 2 Montageböcken, überlegen und befestigen von je einem überstehenden Rundstahl.
2. Tragstähle auf diese Querstäbe legen; Abbiegungen nach unten und nach den Mitten winkelrecht ausrichten.
3. Die Bügelabstände laut Zeichnung an den beiden Eckstählen mit Fettstift anzeichnen.

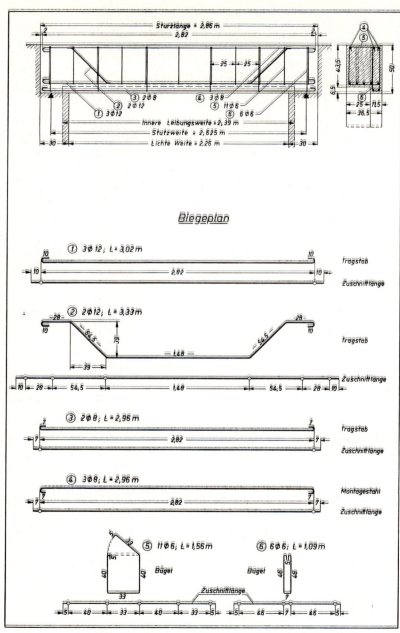

Bild 175. Bewehrungsplan zu einem Fenstersturz mit Anschlag

4. Die erforderlichen Bügel über die Tragstähle ziehen.
5. Die Bügel nach den festgelegten Abständen verteilen und mit den gleichmäßig verteilten Tragstählen verknüpfen.
6. Montagestähle in die unteren Ecken der Bügel einlegen und mit diesen verknüpfen.

Zum Verflechten der Stäbe wird geglühter, d. h. weicher und biegsamer Bindedraht in den üblichen Dicken von 0,8; 1,0; 1,2 und 1,4 mm verwendet. Der Draht wird mit der Flechterzange nach dem Knotenschlag zusammengedreht und abgekniffen (Bild 176). Der so zu einem unverschiebbaren Ganzen hergestellte Bewehrungskorb wird an den Bügeln mit Betonabstandsklötzchen versehen. Diese Klötzchen sind erforderlich, um die notwendige Betondeckung zu erhalten, die im Freien 2 cm, im Innern 1,5 cm beträgt. Den Korb läßt man dann von oben langsam in die Schalung rutschen. Statt der Abstandsklötzchen legt man quer über die Schalungsränder Rundstähle, hebt den Korb in richtige Höhe an und befestigt ihn an den Querstäben.

Arbeitsregeln für den Einbau der Bewehrung in die Schalung

1. Bügelabstände an die Schalung anzeichnen. (Die Zeichnungsmaße sind maßgebend. Oftmals werden die Abstände an den Balkenauflagern enger angeordnet, da hier die Schubkräfte am stärksten sind).
2. Bügel verteilen.

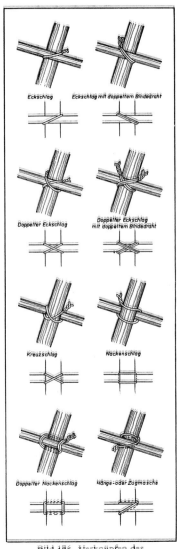

Bild 176. Verknüpfen der Bewehrungsstäbe durch Knoten

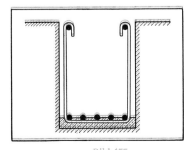

Bild 177

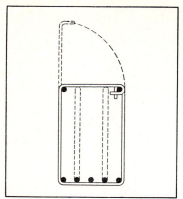

Bild 178. Umbiegen der Schenkel, wobei lange Schenkel wechselseitig eingebaut werden

3. Einbau der Montagestähle in die oberen Ecken der Bügel (Bild 177).
4. Verlegen der unteren Abstandsklötzchen aus Betonstreifen.
5. Einbau und Verknüpfen der geraden Tragstäbe (zuerst die Eckstäbe) mit den Bügeln.
6. Einbau der aufgebogenen Tragstäbe ebenso.
7. Einbau der seitlichen Abstandsklötzchen.
8. Bei geschlossenen Bügeln Abbiegen der langen, offenen Bügelschenkel (Bild 178).
9. Umbiegen der rechtwinkligen Haken der abgebogenen langen Schenkel um den Montagestahl nach innen.
10. Verknüpfen der geschlossenen Bügel mit Montage- und eventuell vorhandenen Tragstäben.

Grundregeln für die Betonherstellung

Die Grundstoffe zur Betonherstellung wurden eingehend in Teil I besprochen; deshalb soll hier nur das Grundsätzliche wiederholt werden. Für den Stahlbeton ist ein guter und gleichmäßiger Zement die erste Voraussetzung.

Deshalb: Bei jeder Zementlieferung die tatsächliche Zementgüte durch den Erstarrungsbeginn und Raumbeständigkeitsversuch (Koch- bzw. Kaltwasserversuch) prüfen! Die Kenntnis der Zementart und Güteklasse genügt nicht. Für den Stahlbeton dürfen nach DIN 1045 nur Normenzemente verwendet werden. Außerdem dürfen Tonerdezemente zugelassen werden, wenn sie den Anforderungen nach DIN 1164 entsprechen. Die Verwendung von Zement 375 und 475 ermöglicht früheres Ausschalen und erleichtert es, höhere Betonfestigkeiten zu erreichen.

Gute Verarbeitungsfähigkeit und sparsamer Zementverbrauch werden nur erreicht durch eine günstige, gleichbleibende Kornzusammensetzung der Zuschlagstoffe, d. h. durch eine Körnung, die sich leicht verdichten läßt, wenig Hohlräume hinterläßt, einen geringen Wasseranspruch hat und keine schädlichen Beimengungen enthält.

Deshalb: Kornzusammensetzung festlegen und gleichmäßig überwachen! Bei Beton der Güteklasse B 120, der für einfache Stahlbetonarbeiten zulässig ist, dürfen die Zuschläge ungetrennt in einer gemischten Körnung angeliefert werden. Bei den Güteklassen B 160 und B 225 müssen die Zuschläge unter 7 mm und über 7 mm getrennt angeliefert werden. Die Gesamt-Kornzusammensetzung muß mindestens im brauchbaren Bereich liegen (Bild 179).

Bei der Güteklasse B 225 darf das Gewichtsverhältnis zwischen Feinem (0 bis 7) und Grobem (über 7 mm) im Gesamtzuschlag nicht größer als 60 : 40 sein. Daraus geht hervor, daß von der Güteklasse B 225 bis B 600 Siebproben durchgeführt werden müssen. Bei der Güteklasse B 300 müssen die Gesamtzuschläge im besonders guten Bereich liegen (siehe Bild 179).

Außer dem Siebversuch muß der Schlämmversuch durchgeführt werden, um festzustellen, ob nicht mehr als 3 % abschlämmbare Bestandteile im Zuschlagstoff enthalten sind. Organische Verunreinigungen werden durch Zugabe einer 3 %igen Natronlauge geprüft.

Mischungsverhältnisse nach Raumteilen sind für Stahlbetonarbeiten abzulehnen, weil sie unterschiedliche Betonfestigkeiten ergeben. Mischungen nach Gewichtsteilen sind immer eindeutig und weisen eine gleichmäßige Betongüte auf.

Das Mischgut für Stahlbetonarbeiten muß so viel Zement enthalten, daß ein dichter Beton entsteht, der eine rostsichere Umhüllung der Stahleinlagen gewährleistet. Nach DIN 1045 müssen für Hochbauten mindestens 300 kg Zement in 1 m³ fertigem Beton enthalten sein. Der Zementgehalt darf für Bauteile, die dem Einfluß von Feuchtigkeit und Witterung nicht ausgesetzt sind, bei B 160 und B 225 auf 270 kg/m³ herabgesetzt werden. Liegen die Zuschläge im besonders guten Bereich, also zwischen der Sieblinie „D" und „E" (Bild 179), dann darf

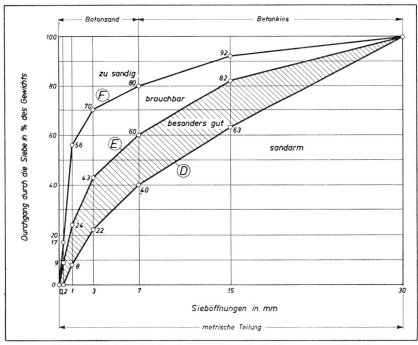

Bild 179. Sieblinienbereich für Gesamtzuschläge für Stahlbeton nach DIN 1045

der Zementgehalt für Hochbauten, die dem Witterungswechsel und der Feuchtigkeit ausgesetzt sind, auf 270 kg/m³, für die übrigen Bauteile auf 240 kg/m³ ermäßigt werden. Die ermittelten Mengen für eine Mischung sollen also nach Gewicht zugemessen werden. Für Zement ist dies, wenn er in Säcken angeliefert wird, einfach, da sie mit einer Genauigkeit von ± 2 % angefüllt werden. Wird der Zement lose angeliefert, ist eine gewichtsmäßige Abmessung durch Abmeßvorrichtungen an Silos, die sich mehr und mehr auf Großbaustellen durchsetzen, möglich. Das Zumessen der Zuschlagstoffe erfolgt bei Silolagerung gewichtsmäßig durch automatische Ablaufvorrichtungen; bei Lagerung im Freien mit fahrbaren Rundkipperwaagen (s. Teil 1).

Nicht die Zementmenge ist wichtiger Maßstab für die Betongüte, sondern das Verhältnis von Wasser zu Zement, d. h. die Güte des Zementleims, die ausgedrückt wird im Wasser-Zement-Verhältnis. Bei Stahlbetonbauten muß der Beton auf jeden Fall so weich sein, daß er die Bewehrung vollständig und dicht umhüllt. Der Wasserzusatz darf aber niemals größer sein, als es die gewählte Verarbeitungsweise verlangt, da jeder Wasserüberschuß die Festigkeit stark herabsetzt.

Deshalb: Den Wasserzementwert richtig festlegen (wobei die Eigenfeuchtigkeit der Zuschläge zu berücksichtigen ist) und laufend überwachen!
Für Stahlbetonarbeiten eignet sich besonders plastischer Beton mit einem Wassergehalt 7,5 bis 10 %, Wasserzementwert etwa 0,5 bis 0,8. Er enthält soviel Wasser, daß die Masse teigartig wird. Ausbreitmaß höchstens 50 cm, siehe Teil 1, Seite 198.

Der in Maschinenmischung hergestellte Beton ist solchem von Handmischung an Druckfestigkeit überlegen, und zwar beträgt der Unterschied mindestens 5 bis 10 %. Deshalb Beton für Stahlbetonarbeiten in Maschinenmischung herstellen!

Je steifer der Beton, um so höher die Festigkeit (bei gleichem Zementgehalt); aber nur dann, wenn gut und gleichmäßig verdichtet wird.

Deshalb: Gut und gleichmäßig verdichten!

Der zu verwendende Beton wird nach guter Durchmischung lagenweise in Schichten von 15 cm in die vorher eingeölte Schalung eingebracht. Für Stahlbetonteile eignet sich am besten weicher Beton. Der Beton muß bei der Verarbeitung sorgfältig gestochert oder gerüttelt werden, damit er alle Stäbe ringsum dicht umschließt. Denn nur dann erhalten die Stahlbetonquerschnitte ihre volle, gewünschte Tragfähigkeit. Wie schon erwähnt, muß das Betongemenge soviel Zement enthalten, daß ein dichter Beton entsteht; denn nur dieses gewährleistet eine rostsichere Betonumhüllung. Ein zu geringer Zementgehalt bzw. schlechte Kornzusammensetzung machen den Beton undicht. Durch die Einwirkung von Luft und Feuchtigkeit auf den Stahl würde dieser rosten. Da Rost am Stahl sich ausdehnt, würde die Betonschale abgesprengt und die Haftfähigkeit zerstört.

Betongüteklassen. Für Stahlbeton dürfen nur folgende Güteklassen angewandt werden:

B 120 mit $W_{28} \geq 120$ kp/cm² für kleine, statisch bestimmte Ausführungen bei ungetrennten Zuschlägen; es genügt Feststellung des Anteils an Fein- und Grobsand sowie der Mindestfestigkeit. Zementgehalt mindestens 300 kg/m³ Beton (σ_d zulässig = 40 bis 50 kp/cm²).

B 160 mit $W_{28} \geq 160$ kp/cm² für übliche Stahlbetonbauten; es genügt Feststellung des Anteils an Fein- und Grobsand; dieser muß im Bereich der Sieblinie A und D bzw. D und F liegen. Zementgehalt mindestens 300 bzw. 270 kg/m³ Beton; dazu schärfere Bestimmungen betr. Bauüberwachung (σ_d zulässig = 50 bis 80 kp/cm²).

B 225 mit $W_{28} \geq 225$ kp/cm² für übliche Stahlbetonbauten, schärfere Überwachungsbestimmungen, Würfelversuche vor Baubeginn, bei Sand und Kies, Splitt oder Steinschlag höchstens 60 % Sand; Zementgehalt mindestens 300 bzw. 270 kg/m³ Beton (σ_d zulässig = 70 bis 100 kp/cm²).

B 300 mit $W_{28} \geq 300$ kp/cm² nur für besondere Fälle (besondere bauamtliche Genehmigung, erfahrene Ingenieure). Zuschläge zwischen Sieblinie A und B bzw. D und E; Zementgehalt mindestens 300 kg/m³ Beton (σ_d zulässig = 90 bis 120 kp/cm²).

Über Mindestzementmenge siehe Seite 125.

Güteprüfung. Bei B 160 sind nach DIN 1045 § 5 während der Ausführung, bei B 225 und B 300 auch vor der Ausführung Güteprüfungen vorzunehmen und das Ergebnis dem Bauaufsichtsamt schriftlich mitzuteilen. Man unterscheidet Prüfungen auf der Baustelle und solche durch amtliche Prüfstellen. Hierzu werden in der Regel auf je 200 m³ Beton 3 Würfel von 20 cm Kantenlänge bei Körnungen bis 40 mm und 30 cm Kantenlänge bei größeren Körnungen angefertigt, nach 24 Stunden entformt und bis zum 7. Tage naß (unter Wasser oder in nassem Sand oder Sägemehl) gelagert, dann bis zum 28. Tage feucht und zugluftfrei. Druckfestigkeiten W_{28} siehe oben. Die Druckfestigkeit nach 7 Tagen (W_7) muß bei Z 275 mindestens 70 %, bei Z 375 und Z 475 mindestens 80 % der Mindestwürfelfestigkeit nach 28 Tagen (W_{28}) sein.

Verdichten. Steifer Beton eignet sich nur für Stahlbeton mit weitmaschiger Bewehrung. In jedem Falle ist für Stahlbetonarbeiten plastischem Beton der Vorzug zu geben. Die Vorteile des plastischen Betons sind:
1. gute Umhüllung bzw. Einbettung der Stahleinlagen,
2. guter und luftdichter Abschluß (keine Rostgefahr),
3. er ist geschmeidiger und läßt sich besser verarbeiten als steifer Beton,
4. keine so leichte Entmischungsgefahr wie beim flüssigen Beton.

Plastischer Beton darf zur Verdichtung nur mäßig gestampft werden. Durch ein übermäßiges Stampfen würde der Beton infolge seiner Beweglichkeit dem Stampfgerät ausweichen und sogar entmischt werden. Außerdem können die Stahleinlagen verbogen und verschoben werden, so daß insbesondere die Tragstäbe ohne Zwischenbeton auf der Schalung aufliegen. Der eingebrachte Beton muß die Stahlstäbe aber unterhalb noch etwa 2 cm dick ganz umhüllen. Damit dies geschehen kann, hebt man mit dem Hebeeisen die Stäbe etwas an und stochert sorgfältig.

Die groben Zuschläge sind so zu verteilen, daß keine Hohlräume (Sand- oder Kiesnester) entstehen. Diese vermindern ebenfalls Dichte und Festigkeit des Betons. Durch das Stampfen mit leichten, breitflächigen Stampfern wird der Beton so verdichtet, daß der Beton am Stahl fest haftet und nach dem Erhärten die Stahlstäbe sich nicht mehr selbständig bewegen können.

Nach den neuen amtlichen Bestimmungen soll **steifer** Beton möglichst durch **Rütteln** in dichter Schalung verdichtet werden. Verwendet werden sollen Innenrüttler für Säulen, Balken und dicke Platten (Höhe der eingebrachten Schicht bis 70 cm), Oberflächenrüttler für dünne Platten (nach dem Verdichten nicht höher als 20 cm). Bei steifem Beton muß länger gerüttelt werden als bei weichem. Das übliche Einschlämmen der Stahleinlagen mit Zementmilch ist bei Verwendung von Innenrüttlern überflüssig. Der auszuführende Bauteil ist möglichst ohne Unterbrechung durchzubetonieren (s. Teil 1).

Muß auf erhärtetem Beton weitergearbeitet werden, so sind die Unterbrechungen nach Angabe der Bauleitung nur an weniger wichtigen Stellen vorzunehmen, diese vor der Weiterarbeit mit der Stahlbürste aufzurauhen, zu reinigen, anzunässen und kurz vor dem Betoneinbringen mit Zementmörtelbrei oder Beton in fetterer Mischung und feiner Körnung anzuschlämmen.

Alle Außenseiten von durchgehendem Beton in Außenwänden müssen eine Schicht aus porigen Ziegeln oder Leichtbauplatten zur Wärmedämmung und Verhinderung von Schwitzwasserbildung an der Innenseite erhalten (siehe Bild 180). Diese Schicht dient auch zur besseren Putzhaftung.

Für die Schalungsfristen ist Zement, Art und Größe des Bauteils, sowie die Witterung ausschlaggebend (siehe Tafel 18). Keine Schalung darf früher entfernt werden, als bis der Beton ausreichend erhärtet ist und die

Anordnung zum Ausschalen vom verantwortlichen Bauleiter gegeben wurde. Die Nachbehandlung des Betons ist in gleicher Weise wie beim unbewehrten Beton durchzuführen (siehe Teil 1).

Tafel 18 Schalungsfristen

Verwendete Zementart	Für die seitliche Schalung der Balken und die Einschalung der Wände von Säulen od. Pfeilern	Für die Schalung der Deckenplatte	Für die Stützung der Balken und weitgespannten Deckenplatten
Zement 275 und Traßzement	3 Tage	8 Tage	3 Wochen
Zement 375	2 Tage	4 Tage	8 Tage
Zement 475	1 Tag	3 Tage	6 Tage

Verlegen von fertigen Stahl-Betonstürzen

Zweck des Sturzes. Der stahlbewehrte Sturz hat den Zweck, eine Tür- oder Fensteröffnung waagerecht zu überdecken, die Last des darüberliegenden Mauerwerks aufzunehmen und auf die seitlichen Auflager zu übertragen. Bei der Belastung entstehen Zugspannungen, deshalb sind Balken mit der bewehrten Seite so zu verlegen, daß auch die Spannungen aufgenommen werden können. Deshalb sind nach DIN 4225 vorgefertigte Betonstürze für die Beförderung und richtige Verlegung entsprechend zu kennzeichnen. Stürze über Öffnungen mit seitlichem Anschlag erhalten ebenfalls einen Anschlag. Der Anschlag kann aber auch durch Verlegen von 2 Stürzen gebildet werden, indem der hintere Sturz eine Schicht höhergelegt wird als der vordere (Bild 182). Bei 36,5 cm dicken und dickeren Wänden kommen zwei und mehr Stürze zur Verwendung.

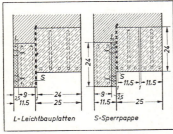

Bild 180. Fensterüberdeckung, außen und innen Stahlbetonstürze als Fertigbalken

Auflagerlänge, Auflagerdruck. Die Auflagerlänge soll der Höhe des Balkens entsprechen; sie darf jedoch nicht unter 20 cm sein. Die Balkenlänge berechnet sich aus der lichten Weite, d. h. der Öffnungsbreite zwischen den äußeren Leibungen und den beiderseitigen Auflagerlängen. Die Stützweite ist die Entfernung zwischen den Auflagermitten (siehe Bild 175). Bei Stürzen über Öffnungen mit Anschlag gilt als Stützweite die größte lichte Weite zwischen den inneren Leibungen. Der Sturz überträgt je die Hälfte seines Eigengewichts und der über ihm ruhenden Last auf die beiden Auflager. Den Druck, den die Belastung auf das Auflager ausübt, bezeichnet man als Auflagerdruck. Die Fläche, mit der der Sturz auf dem Mauerwerk sich auflegt, ist die Auflagerfläche. Diese muß so groß sein, daß sie dem auf sie wirkenden Druck einen größeren Widerstand entgegensetzen kann, wenn der darunterliegende Bauteil nicht zerdrückt werden soll. Stahlbetonbalken (-stürze) benötigen keine Entlastungsbogen.

Druckfestigkeit. Jeder Werkstoff kann nur bis zu einer gewissen Grenze beansprucht werden (siehe Seite 124). Diese Grenze, die man zulässige Beanspruchung nennt, beträgt z. B. für gewöhnliches Mauerwerk (mit MZ 100) 6 kp/cm², für Stampfbeton 12 kp/cm².

Beispiel: Welche Belastung kann eine Auflagerfläche von 20 × 25 cm aufnehmen, wenn die zulässige Beanspruchung des Mauerwerks 6 kp/cm² beträgt? (Maßgebend ist der Bauteil mit der geringeren Festigkeit).

Lösung: Die Querschnittfläche beträgt 20 × 24 cm = 480 cm². Die Belastung des Auflagers kann demnach sein: 480 cm² × 6 kp/cm² = 2880 kp.

Reicht gewöhnliches Mauerwerk mit Mz 100 und Kalkmörtel für die Belastung nicht aus, dann mauert man mit Mörtel der Mörtelgruppe II oder III oder mit Steinen größerer Festigkeit.

Die zulässigen Druckbeanspruchungen sind

bei Mauersteinen mit Druckfestigkeit =	100	150	250	350	kp/cm²
gemauert mit Mörtel der Gruppe I =	6	8	10	—	kp/cm²
II =	9	12	16	22	kp/cm²
III =	12	16	22	30	kp/cm²

Fenster- und Türstürze bei Hohlblockmauerwerk

Fensterstürze müssen nicht nur in statischer, sondern auch in wärmetechnischer Hinsicht richtig ausgebildet werden. Da die Fensterstürze bei Hohlblockmauerwerk in der Regel aus Stahlbeton ausgeführt werden, und Stahlbeton eine geringe Wärmedämmung hat, müssen besondere wärmetechnische Maßnahmen getroffen werden. Der Stahlbetonsturz muß aus diesem Grunde eine zusätzliche Wärmedämmschicht erhalten. Hat man diese Wärmedämmschicht vergessen, wird durch die hohe Leitfähigkeit des Betons die kalte Außenluft nach innen geleitet (Kältebrücke) und es kommt in den Innenräumen zu Tauwasserniederschlägen, die zur Bildung von feuchten Stellen und Schimmelpilzen führen.

Bei der Ausführung soll ein Auflager von mindestens 24 cm gewählt werden, damit die Pressung in den Hohlblocksteinen nicht zu groß wird. Die Außen- und Unterseite des Sturzes erhalten die zusätzliche Wärmedämmung durch den Einbau von Holzwolle-Leichtbauplatten (2,5 cm), die auch Risse im Außenputz vermeiden. Die Stöße und Stellen, wo die Platten an das Mauerwerk angrenzen, sind entsprechend DIN 1102 mit Drahtgewebe zu überspannen. Als zweckmäßige Ausführungen haben sich auch Fenster- und Türsturzausbildungen mit aufgehängten Hohlblocksteinen oder Trogsteinen aus Leichtbeton erwiesen (Bild 181/182).

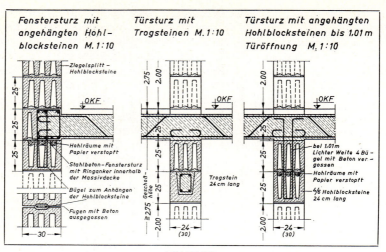

Bild 181/182

Wiederholungsfragen und Hausaufgaben

1. Was versteht man unter Stahlbeton?
2. Wie werden Beton und Stahl im Stahlbeton beansprucht?
3. Worauf ist das gute Zusammenwirken von Beton und Stahl zurückzuführen?
4. Wie muß die Schalung beschaffen sein?
5. Welche Betonstähle kommen für die Bewehrung in Frage?
6. Was versteht man unter Bewehrung?
7. Welche Aufgabe haben a) Tragstäbe, b) abgebogene Tragstäbe, c) Bügel, d) Montagestäbe?
8. Wodurch kann eine große Betonhaftung am Stahl erreicht werden?
9. Wie mißt man die Dicke des Rundstahls?
10. Womit schneidet man die Rundstähle?
11. Welchen Einfluß hat das Biegen auf den Betonstahl?
12. Warum müssen die Tragstäbe einen Endhaken erhalten?
13. Was versteht man unter Faltversuch?
14. Unter welchem Abbiegedorndurchmesser werden Endhaken bei Betonstahl I bzw. II abgebogen?
15. Bei welchem Betonstahl sind keine Endhaken erforderlich?
16. Wie werden die Betonstähle gebogen?
17. Was versteht man unter Zuschnittlänge?
18. Was versteht man unter Biegeplan bzw. Stahlliste?
19. Nenne die Arbeitsgänge für das Flechten des Bewehrungskorbes außerhalb der Schalung!
20. Welche Zemente sind nach DIN 1045 für Stahlbetonarbeiten zugelassen?
21. Welchen Einfluß hat die Kornzusammensetzung auf die Betongüte?
22. Welche Betongüteklassen sind für Stahlbeton zugelassen?
23. Welche Versuche sind notwendig, um eine 100 %ige Betongüte zu erreichen?
24. Welche Betonsteife eignet sich besonders für Stahlbetonarbeiten?
25. Nenne die Vorteile des weichen Betons!
26. Wovon sind die Schalungsfristen abhängig?
27. Was versteht man unter Nachbehandlung des Betons?
28. Welche Aufgaben hat der Sturz zu erfüllen?
29. Wovon ist die Größe der Auflagerfläche abhängig?

Rechenaufgaben

1. Bei einem Siebversuch mit 5000 g Kiessand ergaben die Rückstandsgewichte:

Siebweiten in mm	0	0,2	1,0	3	7	15	30
Rückstandsgewicht in g	380	640	810	1020	1010	1140	—
Durchgangsgewicht in g							
Durchgang in %							

Stelle die Durchgangsgewichte durch die einzelnen Siebe in g und % fest. Trage die ermittelten Werte in die Tafel ein und zeichne die errechnete Sieblinie (s. Teil I, Tafel 31).

2. Berechne den Bedarf an Zement in kg und Zuschlagstoffe in *l* für folgende Mischtrommelgrößen: a) 150 *l*; b) 250 *l*; c) 500 *l*; d) 1000 *l* bei einem Mischungsverhältnis 1 : 6 nach Raumteilen.

3. Ermittle den Zement- und Kiessandbedarf für a) 1,28 m³; b) 3,52 m³; c) 4,85 m³ Beton, wenn für 1 m³ 270 kg Zement und 1965 kg Kiessand erforderlich sind.

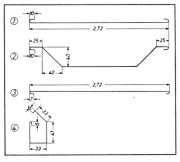

4. Ein Betonsturz hat die Abmessung von 2,86 × 0,50 × 0,365 m.

   a) Wieviel Zement in kg und Kiessand in *l* sind bei einem Mischungsverhältnis 1 : 6 nach Raumteilen erforderlich?

   b) Wieviel kg wiegt der Betonsturz bei einer Wichte von 2,3?

Bild 183.

   c) Wie groß ist der Auflagerdruck, wenn der Sturz 6750 kp aufzunehmen hat und die Auflagerfläche 25 × 36,5 cm beträgt?

5. a) Wie groß muß jede Auflagerfläche für einen Betonsturz sein, wenn er 8200 kp aufzunehmen hat und die zulässige Mauerfestigkeit 6 kp/cm² beträgt?

   b) Wie groß ist die Auflagerlänge, wenn die Sturzbreite 36,5 cm beträgt?

6. Berechne die Schnittlängen der Stahleinlagen in Bild 186 und vervollständige die Stahlliste (wenn Pos. 1 = 3 ⌀ 12, Pos. 2 = 2 ⌀ 12, Pos. 3 = 2 ⌀ 8, Pos. 4 = 12 ⌀ 6 ist).

Hohlmauern

Zweck der Hohlwand. Die Errichtung von Hohlmauern ist an ganz bestimmte Bedingungen geknüpft. Nach DIN 4108 — Wärmeschutz im Hochbau — ist die Anordnung einer durchgehenden Luftschicht in gemauerten Wänden zur Verbesserung der Wärmedämmung unzweckmäßig und zu vermeiden. In den Küstengebieten mit starkem Schlagregen kann die Anordnung einer Luftschicht zur Verhinderung des Durchschlagens der Feuchtigkeit erforderlich sein. Man will durch die Anordnung der Luftschicht 2 Dinge erreichen:

1. das Eindringen der Feuchtigkeit in das innere Mauerwerk verhüten;
2. das Austrocknen der Mauer beschleunigen.

Vor- und Nachteile der Hohlwand. Die 2 Schalen der Hohlwand in Vollsteinen müssen mindestens 11,5 cm, die Luftschicht soll höchstens 7 cm dick sein; also 11,5 + 7 + 11,5 cm = 30 cm. Bei größerer Breite der Luftschicht würde die Luft zirkulieren, d. h. an der Innenschale erwärmen und hochsteigen, wodurch abgekühlte Luft an der Außenschale absinkt, an der Innenschale hochsteigt, an diese die kondensierte Feuchtigkeit als Schwitzwasser abgibt und sie wärmedurchlässiger macht. Diese Ausführungsart ist nur im Bereich des Wärmedämmgebietes I zulässig, im Wärmedämmgebiet II nur, soweit es westlich der Elbe in der Norddeutschen Tiefebene liegt. Außerdem ist diese Wanddicke (30 cm) nur für eingeschossige Gebäude und für Gebäude mit 2 Vollgeschossen zulässig, wenn die Decken nur die Querwände belasten. Sonst muß die innere Wandschale mindestens 17,5 bzw. 24 cm dick sein. Die Verbesserung der Wärmedämmung von Außenwänden erfolgt am zweckmäßigsten durch Verbesserung der wärmetechnischen Eigenschaften der Steine, nämlich durch Loch- oder Leichtsteine. Von der wärmetechnischen Seite betrachtet, ist die Hohlwand eine schlechte Lösung. Die durchgehende Luftschicht ermöglicht Luftumwälzungen und Abkühlung der inneren Schale. Die Aufteilung der Wand in zwei getrennte Schalen bewirkt eine Verschlechterung hinsichtlich der Belastbarkeit. Einzelausbildungen wie Fensteranschläge gestalten sich schwieriger, und andere Nachteile sind mit dieser Bauart verknüpft. Aus diesen Gründen wird die Hohlwand von vielen Fachleuten abgelehnt. Trotz dieser Nachteile ist die Anordnung einer durchgehenden Luftschicht in wind- und regenreichen Gegenden die einzig wirksame Maßnahme zum Schutze gegen Durchfeuchtung von außen. Die Nordseeküste von Flandern bis Kap Skagen, aber auch die regnerischen Gebiete des Sauerlandes oder am Fuße der deutschen Mittelgebirge sind daher die Heimat der Hohlwand.

Ausführung

Die Wirkungsweise der Hohlwand gründet sich nach den neuesten Erkenntnissen im wesentlichen auf ihrem feuchtigkeitstechnischen Verhalten. Hierauf müssen auch die Vorschriften für ihren Aufbau abgestimmt sein. Die Grund- und Kellermauern müssen bis 30 cm über Erdgleiche voll ausgeführt und nach DIN 4117 mit Sperrschichten gesichert sein. Die Luftschicht muß mindestens 20 cm unter

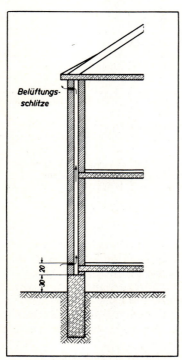

Bild 184. Querschnitt durch eine Außenwand

der Oberkante des Erdgeschoßfußbodens beginnen und ohne Unterbrechung bis zum Dach hochgeführt werden (Bild 184). Die untere Dichtung ist im Gefälle nach außen zu verlegen (Bild 185). Außen- und Innenschale sind höchstens 7 cm zu trennen, und an ihren Berührungspunkten sind Maßnahmen zur Verhinderung des Übertretens der Feuchtigkeit zu treffen.

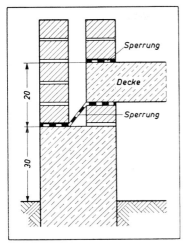

Bild 185. Anordnung der Sperrschicht

Bild 186. Ausbildung von einem Fensteranschlag bei einer Luftschichtwand

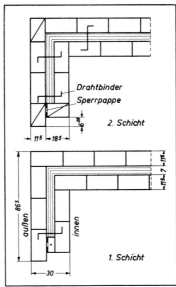

An Fenster- und Türanschlägen darf daher nicht durchgemauert werden, sondern die Mauerschalen sind durch eine Sperrschicht zu trennen (Bild 186). Ebenso sind über Fensterstürzen Sperrschichten mit Gefälle anzuordnen

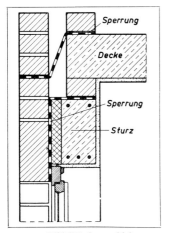

Bild 187. Sperrschicht über und am Betonsturz

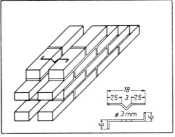

Bild 188. Verbindung der Schalen durch Drahtanker

(Bild 187). Die Verbindung der äußeren und inneren Mauerschale erfolgt nach DIN 1053 durch verzinkte Drahtanker (Bild 188). Der lotrechte Abstand der Drahtanker soll 30 cm, der waagerechte Abstand 75 cm nicht übersteigen; auf 1 m² Wandfläche sollen 5 Drahtanker entfallen (Bild 189). Beim Mauern ist der Fugenmörtel auch an der Hohlraumseite abzustreichen. Die Drahtanker sind dabei von Mörtelbrücken freizuhalten, um das Überleiten der Feuchtigkeit zu verhindern. Die Luftschicht ist beim Hochmauern durch Abdecken gegen herabfallenden Mörtel zu schützen. Bindersteine sind aus verschiedenen Gründen nicht geeignet. Auch die früher übliche Durchmauerung in Deckenebene beeinträchtigt die Wirksamkeit der

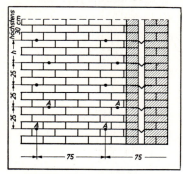

Bild 189. Drahtankerverteilung

Bild 190. Die Innenschale soll mit Rapputz versehen werden

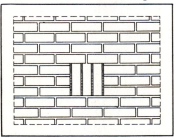

Bild 191. Luftschlitze zur Belüftung in der Außenschale

Hohlschicht. Ebenso darf auf keinen Fall an den Ecken oder den Querwand-Anschlüssen durchgemauert werden. Es empfiehlt sich, die zur Luftschicht zeigende Seite der Innenschale mit einem Rapputz der Mörtelgruppe II zu versehen. Dazu ist beim Aufmauern der Wände abschnittsweise zunächst die innere Schale (3 bis 4 Schichten) aufzumauern, anschließend der Rapputz aufzubringen und dann erst die Außenschale zu errichten (Bild 190). Eingangs ist gesagt worden, daß Ausführungen aus Mauerschalen von je 11,5 cm in Vollsteinen zulässig sind. Dies bedeutet aber nicht, daß Lochsteine unzulässig sind. Die Luftschichten werden vielfach durch Schlitze oder Öffnungen in der Außenschale belüftet (siehe Bild 191). Diese Lüftungsschlitze befinden sich teils unten, teils aber unten und oben. Die Anordnung der Schlitze führt zu einer Senkung der Wärmedämmung, andererseits begünstigen sie sehr die Trockenhaltung des Mauerwerks. Diese Lüftungsschlitze sollen auf 20 m² Wandfläche eine Fläche von etwa 150 cm² haben. Es genügen offene Stoßfugen.

Bei einer $^1/_2$ Stein dicken äußeren Wandschale ist die innere meist dickere Wandschale als tragende Wand anzusehen. Sollen Hohlmauern verblendet werden, so eignen sich hierzu für die äußere Wandschale am besten Vormauerziegel (VMz).

Verbandregeln

1. Bei der Hohlmauer mit gleichdicken Schalen von 11,5 cm ist jede Schale als ½ Stein dicke Wand zu betrachten. Die Schichten binden abwechselnd an der Ecke schichtweise mit einem ganzen Stein über, so daß im halben Verband gemauert wird (Bild 192).
2. Ist die Innenschale 17,5 cm dick, so binden die Schichten wechselseitig mit einem ganzen Stein durch. Hinter dem durchbindenden Stein ist ein ¼ Stein zu vermauern, um auf halben Verband zu kommen. Ohne $^1/_4$ Stein ergibt sich schleppender Verband. Die äußere ½ Stein dicke Schale ist wie in Fall 1 zu behandeln (Bild 192).
3. Ist die Innenschale eine 1 Stein dicke Wand, so wird die Mauerecke wie üblich behandelt. Die Läuferschichten binden durch, die Streckerschicht stößt stumpf dagegen. Die äußere ½ Stein dicke Schale ist wie in Fall 1 zu behandeln (Bild 192).

Wiederholungsfragen und Hausaufgaben

1. Was will man durch die Anordnung der Luftschicht bei den Hohlmauern erreichen?
2. Warum darf bei Hohlmauern die Luftschicht höchstens 7 cm betragen?
3. Unter welcher Voraussetzung darf die 30 cm dicke Hohlwand als Außenwand angewendet werden?
4. Wie kann man bei gleichbleibender Wanddicke die Wärmedämmung bei Hohlmauern verbessern?
5. In welchen Gebieten wird zweckmäßig die Hohlwand angewendet?
6. Wie wird die Luftschicht bei der Hohlwand angeordnet?
7. Wie sind die Mauerschalen an Fenster- und Türanschlägen zu behandeln?
8. Wie erfolgt die Verbindung der äußeren und inneren Mauerschale?
9. Warum wird die innere Mauerschale mit Rapputz versehen?
10. Warum erhält die äußere Wandschale Lüftungsschlitze?
11. Nenne die Grundregeln für das Mauern der Hohlwand!
12. Nenne die Verbandregeln für die Hohlwand!

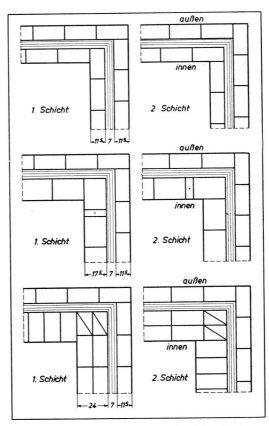

Bild 192. Hohlmauern mit verschieden dicken Schalen

Mauerwerk aus Leichtbetonsteinen
Wände aus Leichtbeton-Vollsteinen

Vollsteine aus Leichtbeton werden aus einem hydraulischen Bindemittel (in der Regel Normenzement), Wasser und leichten, porigen, mineralischen Zuschlagstoffen hergestellt. Diese Zuschlagstoffe sind entweder natürlichen Ursprungs (Naturbims, Tuff, gebrochene porige Lavaschlacke) oder werden künstlich gewonnen (Hüttenbims, Steinkohlenschlacke, Sinterbims, Ziegelsplitt, Blähton). Andere Zuschlagstoffe bedürfen einer besonderen Genehmigung.

Als Vollsteine aus Leichtbeton gelten besonders die bekannten Naturbims-Vollsteine (Schwemmsteine); sie sind auf Grund des verwendeten Naturbimses sehr leicht, grobporig, frost-, wetter- und feuerbeständig und unempfindlich gegen biologische Schädlinge. Ebenso hinzuzurechnen sind die Hüttenschwemmsteine, Schlackensteine und Ziegelsplittsteine. Die obengenannte Bezeichnung darf aber nur dann gebraucht werden, wenn die Zuschlagstoffe im Steingewicht 75%, bei Naturbims 100% betragen. Andere Erzeugnisse müssen den Zusatz erhalten: „aus gemischten Zuschlagstoffen".

Nach DIN 18152 werden Leichtbeton-Vollsteine in vier Güteklassen und fünf Formaten hergestellt, deren Abmessungen der Maßordnung im Hochbau angepaßt sind. Für die Leichtbeton-Vollsteine sind Güteklasse (z. B. V 25), Steinmaße (mm), Druckfestigkeiten (kp/cm²), Betonrohwichte (kg/dm³) und Kennzeichnung nach Tafel 19 festgelegt.

Tafel 19

Genormte Formate der Leichtbeton-Vollsteine nach DIN 18152

Güteklasse	Druckfestigkeit kp/cm²	Kennzeichnung*)	Höchstzul. Betonrohwichte (Raumgew.) bei 105° getrocknet in kg/dm³				
V 25	25	—	0,8[1])	1,0	1,2	1,4	—
V 50	50	1 Nut	—	1,0[1])	1,2	1,4	1,6
V 75	75	2 Nuten	—	—	—	1,4	1,6
V 150	150	3 Nuten	—	—	—	—	1,6
Abmessungen in mm			Steinhöchstgew. in kg bei Rohw. in kg/dm³				
Breite	Länge	Höhe	0,8	1,0	1,2	1,4	1,6
115	240	115	2,5	3,2	3,8	4,4	5,1
115	240	175	3,9	4,8	5,8	6,8	7,7
240	365	115	8,1	10,1	12,1	14,1	16,1
240	490	115	10,8	13,5	16,2	18,9	21,6
300	490	115	13,5	16,9	20,3	23,7	27,0

*) Nuten 10 mm breit, 5 mm tief, lotrecht an Längsseite.
Leichtbeton-Vollsteine müssen Prismen sein. Maße sind mit einer Genauigkeit von ± 3 mm einzuhalten.
Steinbezeichnung: V/ mm / kp/cm² / kg/dm³ DIN. (V 25/115 × 240 × 115 / 25 / 0,8 DIN 18152.)

[1]) Betonrohwichte 0,8 bei V 25 bzw. 1,0 bei V 50 ist in der Regel nur bei Verwendung von Naturbims einzuhalten.

Abhängig vom Steinformat werden die Leichtbeton-Vollsteine als Ein- oder Zweihandsteine vermauert bzw. versetzt. Bei einer Steinabmessung von 11,5×24×11,5 cm sowie flach verlegte Steine mit den Maßen 11,5×24×17,5 cm werden wie Mauerziegel nach den üblichen Mauerverbänden vermauert (Bild 193).

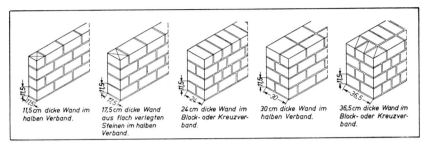

Bild 193. Mauerverbände aus Leichtbeton-Vollsteinen

Im Ziegelrohbau wird aus Gründen des Wärmeschutzes eine Gesamtwanddicke von 30 cm gefordert. Wenn die Verblendschale 11,5 cm dick ist, so eignen sich wegen der guten Wärmedämmung für die Hintermauerung Vollsteine aus Leichtbeton mit der Abmessung 11,5×24×17,5 cm flach vermauert (Bild 194). Die größeren Formate der Vollsteine werden wie Hohlblocksteine aus Leichtbeton im Läuferverband versetzt. Steine der Güteklasse V 25 werden für Außenmauerwerk, Zwischenwände, Hausschornsteine und als Ergänzungssteine für Hohlblocksteine verwendet, solche der Güteklasse V 50 für Kellermauerwerk, höher beanspruchte Bauteile bzw. für zusätzliche Vollgeschosse (siehe Tafel 26).

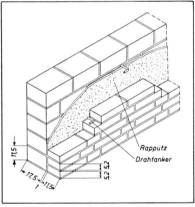

Bild 194. Klinkerschale mit Hintermauerung aus Leichtbeton-Vollsteinen

Wände aus Leichtbeton-Hohlblocksteinen

Vor rund 50 Jahren beherrschte das Vollziegelmauerwerk im Wohnungsbau fast ausschließlich das Feld. In den letzten Jahrzehnten wurden Baustoffe aus Leichtbeton im In- und Ausland in zunehmendem Maße verwendet, weil sie die Rohbaukosten wesentlich senken. Dies gilt insbesondere für Hohlblocksteine aus Leichtbeton. Diese Steine haben in den USA so großen Anklang gefunden, daß sie die Gesamtproduktion an Voll- und Lochziegeln mengenmäßig übersteigt. Es gibt bei uns von altersher zwei

Hauptarten von Wandbaustoffen: die Mauerziegel und zement- bzw. kalkgebundene Steine (z. B. Schwemmsteine bzw. Kalksandsteine). In Fortentwicklung der letztgenannten ist der Hohlblockstein ebenso entstanden, wie aus dem Vollziegel der Hoch- und Langlochziegel entwickelt worden ist.

Steinformate. Die Formate der Hohlblocksteine nach DIN 18151 sind der Maßordnung im Hochbau (DIN 4172) angepaßt worden. Vorzugsweise kommen folgende Abmessungen in Betracht:

    für die Länge: 24; 36,5 und 49 cm,
    für die Breite: 17,5; 24; 30 und 36,5 cm,
    für die Höhe: 17,5 und 23,8 cm.

Diese Abmessungen ergeben einschließlich Fugendicke immer einen Bruchteil oder ein Vielfaches des in der Maßordnung für den Rohbau festgelegten Grundmaßes (Raster) von 12,5 cm, so daß die Möglichkeit besteht, mit allen Steinen jede der Maßordnung angepaßte Abmessung ohne Verhau herzustellen.

Bei den Hohlblocksteinen unterscheiden wir Zwei- und Dreikammersteine. Die Anordnung ihrer Stege und Luftkammern richtet sich nach Bild 195 und 196. Bei den Zweikammersteinen nach Bild 195 k ö n n e n, bei den Dreikammersteinen nach Bild 196 m ü s s e n die inneren Querstege gegeneinander versetzt sein. Neben den ganzen Hohlblocksteinen sind für einen ordentlichen Mauerverband die erforderlichen Ergänzungssteine notwendig. Siehe Bild 197 und 198.

Güteklassen und Beton-Rohwichte. Bei Hohlblocksteinen aus Leichtbeton sind die Güteklassen Hbl 25 und 50 mit 25 bzw. 50 kp/cm² Steinfestigkeit zu unterscheiden. Die Steine der Güteklasse Hbl 50, auch Ergänzungssteine dieser Güteklasse, sind auf beiden Längsseiten mit einer 10 mm breiten, 5 mm tiefen durchgehenden oder 40 mm langen lotrechten Nut gekennzeichnet (siehe Bild 195). Ebenso wichtig, wie die Steinfestigkeit für die Tragfähigkeit des Mauerwerks ist, ist auch die Betonrohwichte der Hohlblocksteine. Denn der Wärme- und Schallschutz der Wände wird wesentlich durch die Betonrohwichte beeinflußt. Bei den Hohlblocksteinen ist demnach außer dem Format und der Güteklasse auch die Betonrohwichte zu unterscheiden (siehe Tafel 20).

Zulässige Mauerfestigkeit siehe Tafel 23.

Ergänzungssteine aus Ziegelsplitt und Bims. Für Mauerverbände aus Hohlblocksteinen wird zweckmäßig ein Versetzplan angefertigt; denn die Vorteile dieser großformatigen Steine kommen nur dann zur Auswirkung, wenn die Steine am Bau nicht behauen werden müssen. Die Zeitschrift „Bauwelt" hat deshalb den sogenannten „Bauwelt-Raster-Vordruck" herausgebracht, der für die Anfertigung der Versetz-Zeichnungen dienen soll. Es ist zu berücksichtigen, daß die Hohlblocksteine 9 bis 15 mal so groß wie ein Ziegel im Normalformat sind, ein Teilen der Steine aber zeit- und kraftraubend ist. Um einen ordnungsgemäßen Mauerverband zu erreichen, sind deshalb Ergänzungssteine notwendig. Diese Ergänzungssteine werden als ein Vielfaches der zum Verbandausgleich kleinsten

Tafel 20

Genormte Formate der Leichtbeton-Hohlblocksteine nach DIN 18151

Wand-dicke	Abmessungen in mm			Steingewicht in kg bei Betonrohwichte in t/m³				Steinform
				Natur-bims-beton	Übrige Leichtbeton-Arten			
cm	Breite	Länge	Höhe	1,0	1,2	1,4	1,6	
Zweikammersteine Hbl 25 und Hbl 50								
17,5 *	175	490	238	16	19	22	25	
24	240	490	238	22	26	—	—	
24	240	490	175	—	—	23	26	
24	240	365	238	—	—	21	24	
30	300	490	238	24	29	—	—	
30	300	490	175	—	—	26	30	
30	300	365	238	—	—	23	26	
Dreikammersteine Hbl 25 und Hbl 50								
24	240	490	175	16	19	22	25	
24	240	365	238	16	19	23	26	
30	300	490	175	18	22	25	29	
30	300	365	238	19	22	26	30	
36,5	365	240	238	16	19	22	25	

Bild 195. Zweikammerhohlblockstein aus Bims

Bild 196. Dreikammerhohlblockstein aus Ziegelsplitt

*) Dieses Format ist nur für Innenwände, alle übrigen für Außen- und Innenwände verwendbar.

erforderlichen Länge (Richtmaß 6,25 cm) ausgedrückt. Es werden also z. B. 49 (50) cm lange Steine als 8/8 Steine (50:6,25 = 1/8 von 50 cm), 36,5 (37,5) cm lange Steine als 6/6 Steine und 24 (25) cm lange Steine als 4/4 Steine bezeichnet. Bild 197 und 198 zeigen ganze Steine und unbedingt erforderliche Ergänzungssteine für die Wanddicke 11,5; 17,5; 24; 30 und 36,5 cm aus Ziegelsplitt und Bims. Wie aus den beiden Bildern hervorgeht, sind auch Vollsteine aus Leichtbeton im Dünnformat und $1^{1}/_{2}$ Normalformat herangezogen, um die Mauerverbände ohne ein Teilen großformatiger Steine zu lösen.

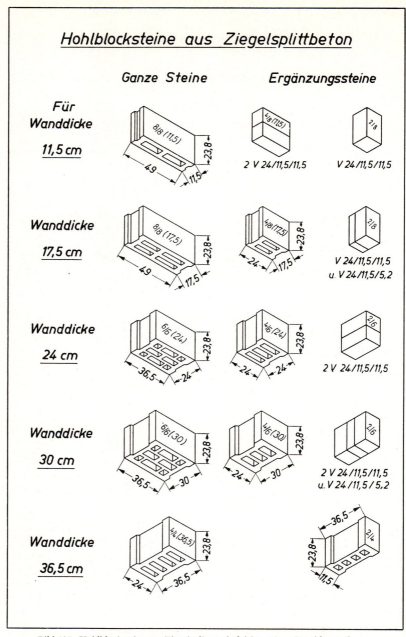

Bild 197. Hohlblocksteine aus Ziegelsplitt und gleichwertigen Zuschlagstoffen

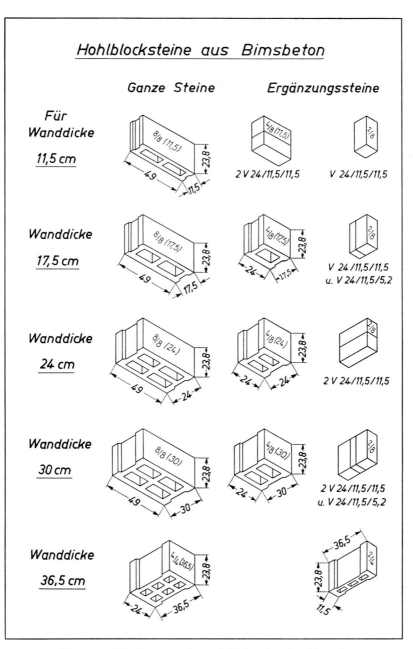

Bild 198. Hohlblocksteine aus Bims und gleichwertigen Zuschlagstoffen

Beachte: Ergänzungssteine dürfen keine höhere Eigenfestigkeit und Rohwichte haben wie die Hohlblocksteine. Sonst entstehen Risse durch ungleichmäßiges Setzen, schlechte Putzhaftung durch verschiedenartigen Putzgrund, sowie verminderte Wärmedämmung.

Mauerverbände. Beim Versetzen von Hohlblocksteinen gilt grundsätzlich, daß jede Stoßfuge auf einer Rasterlinie (12,5 cm) liegen muß, wenn der Verband aufgehen soll. Abweichungen sind nur bei Mauerecken und beim Einbinden von 17,5 und 30 cm dicken Wänden zulässig, da diese Wanddicken nicht in den Raster von 12,5 cm passen.

Würden für eine Wand 49 und 24 cm lange Hohlblocksteine verwendet, werden die Steine im Läuferverband oder „mittigen Verband" versetzt. Das heißt, die Steine binden schichtenweise wechselnd um je einen $^1/_2$ Stein über. Bei Fensterpfeilern, Mauerecken und einbindenden Wänden ist eine Überdeckung von 12,5 bzw. 6,25 cm zulässig. Steinlängen von 36,5 cm werden im „schleppenden Verband" versetzt, so daß die Steine schichtenweise um $^1/_3$ Steinlänge (12,5 cm) überbinden. Eine Steinüberdeckung von 12,5 cm darf auch bei Fensterpfeilern, Mauerecken und einbindenden Wänden nicht unterschritten werden.

Eckverbände können mit normalen Hohlblocksteinen ohne Verwendung von Ergänzungssteinen erzielt werden (Bild 202a). Bei einer 30 cm dicken Mauerecke mit 8/8-Bims-Hohlblocksteinen (30er) kommt man auch ohne Anschlagsteine aus, wenn man an der Ecke je einen 8/8-Hohlblockstein (24er) und dahinter in der 1. Schicht zwei Quartierstücke und einen ganzen, und in der 2. Schicht zwei Dreiquartiere im DF-Format verwendet (Bild 202b). Will man bei einer 30 auf 36,5 cm dicken Ecke ohne Anschlagstein auskommen, wird in der 1. Schicht ein Stein im Dünn-Format (5,2) hochkant gemauert (Bild 199c). Bei allen Verbänden ist dem Verband der Vorzug zu geben, bei dem die wenigsten Ergänzungssteine benötigt werden.

Mauerstöße aus Hohlblocksteinen müssen genau so wie Mauerwerk aus Vollziegeln, schichtenweise wechselnd, einbinden. Das kann beim Beispiel „a" im Bild 200 in der 2. Schicht mit einem 4/8 Ergänzungsstein und zwei Vollsteinen im 1$^1/_2$-NF-Format geschehen. Bindet eine 17,5 cm dicke Wand ein, so verwenden wir für die 2. Schicht einen 4/8-Ergänzungsstein und zwei Vollsteine im Dünnformat (siehe Bild 200, Beispiel b). Bindet eine 24 cm dicke Wand in eine gleichdicke Wand aus Ziegelsplitt-Hohlblocksteinen ein, so muß in der 2. Schicht ein $^2/_6$-Ergänzungsstein oder 2 Vollsteine im 1$^1/_2$-NF-Format vermauert werden (Bild 200, Beispiel c).

Bei einer **Mauerkreuzung** mit der Wanddicke von 24 auf 24 cm aus Ziegelsplitt-Hohlblocksteinen läßt sich der Verband so lösen, daß in der 2. Schicht 2 Vollsteine in 1$^1/_2$-Normalformat übereinander vermauert werden (Bild 201, Beispiel a). Haben wir aus der gleichen Steinart jedoch eine Mauerkreuzung von 24 auf 30 cm, so werden in der 2. Schicht links (siehe

Bild 201, Beispiel b) 2 Vollsteine im $1^1/_2$-Normalformat und rechts 2 Vollsteine im Dünnformat sowie ein $^4/_6$-Ergänzungsstein zur Lösung des Verbandes benötigt. Werden bei der gleichen Mauerkreuzung an Stelle der

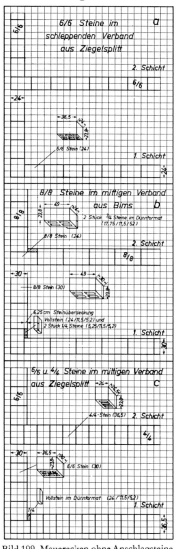

Bild 199. Mauerecken ohne Anschlagsteine im „schleppenden und halben Verband" aus Ziegelsplitt- und Bims-Hohlblocksteinen

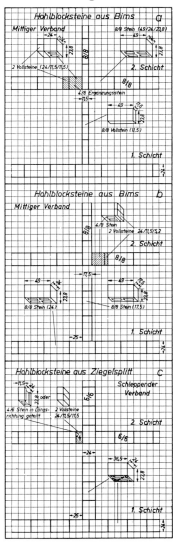

Bild 200. Mauerstöße im „halben" und „schleppenden Verband" aus Bims- und Ziegelsplitt-Hohlblocksteinen

Ziegelsplitt-Hohlblocksteine solche aus Bims genommen, brauchen wir in der 1. Schicht links 2 Vollsteine im $1^1/_2$-Normalformat und rechts 2 im

Dünnformat (siehe Bild 201, Beispiel c). In der 2. Schicht werden, um auf halben Verband zu kommen, unten und oben je 2 Vollsteine im $1^1/_2$-Normalformat hochkant vermauert. Der dazwischen liegende Hohlraum wird überdeckt; ist bauamtlich zugelassen.

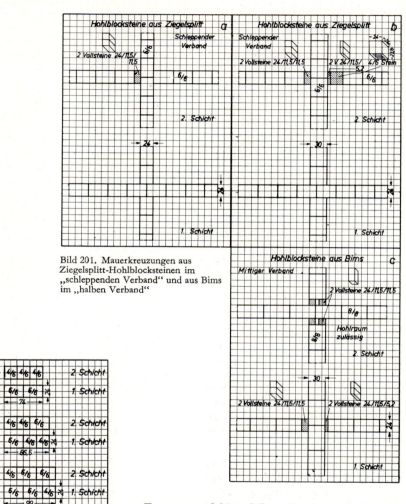

Bild 201. Mauerkreuzungen aus Ziegelsplitt-Hohlblocksteinen im „schleppenden Verband" und aus Bims im „halben Verband"

Bild 202. Fenster- und Tür-Pfeiler

Fenster- und Türpfeiler mit glatten Leibungen lassen sich mit entsprechenden Ergänzungssteinen einwandfrei ausführen (Bild 202). Nach DIN 1053 muß jedoch die Pfeilerbreite mindestens 74 cm betragen. Fenster- und Türanschläge werden zweckmäßig mit angelieferten Anschlagsteinen

(Bezeichnung A 4/6 oder A 6/6) verbandgerecht gelöst (Bild 203). Bei den Beispielen in Bild 202 und 203 sind Ziegelsplitt-Leichtbetonsteine verwendet worden.

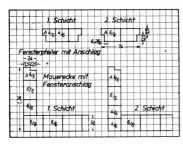

Bild 203. Fensterpfeiler und Mauerecke mit Fensteranschlag

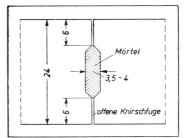

Bild 204. Stoßfugenausbildung bei Hohlblocksteinen aus Leichtbeton

Arbeitsverfahren beim Hohlblock-Mauerwerk. Im Wohnungsbau werden in zunehmendem Maße Hohlblocksteine verwendet. Die Gründe hierfür sind folgende: Gegenüber dem Einhand-Vollstein benötigen Hohlblocksteine **weniger** Zeitaufwand bei der Verarbeitung und **besitzen** ausreichende Wärmedämmung bei wesentlich geringeren Außenwanddicken. Die Hohlblocksteine sind, bedingt durch ihr Format, so schwer, daß sie nur als Zweihandsteine vermauert werden können.

Beim Versetzen der Hohlblocksteine werden zwei Verfahren angewandt: Beim Reihenverlegen, das sich als vorteilhaft erwiesen hat, wird das Mörtelbett für die nächstfolgende Steinschicht für mehrere Steine aufgetragen; hierbei werden die Nuten in den Stoßfugen der unteren Steinschicht gleichzeitig von oben mit Mörtel verfüllt (Bild 204). Sodann legt der Maurer die Kelle aus der Hand, um die Steine mit beiden Händen (über Eck angefaßt) hintereinander auf das Mörtelbett zu verlegen (Bild 205). Beim Einzelverlegen wird der Mörtel für die Lagerfuge nur für einen Stein aufgetragen; die senkrechten äußeren Stoßflächen des vorher versetzten Steines mit Mörtel ausgeworfen (Stoßfuge). Sodann legt der Maurer die Kelle aus der Hand und versetzt den folgenden Stein. Bei dieser Verlegung bleibt die Nute der Stoßfuge frei (Bild 206). Beim Einzelverlegen rutscht aber der Mörtel beim Anwerfen und Zurechtrücken des anzusetzenden Steines häufig ab, so daß die Stoßfugen unzureichend vermörtelt werden. Die Stoßfugen werden in diesem Falle meist

Bild 205. Versetzen der Steine auf das vorbereitete Mörtelbett

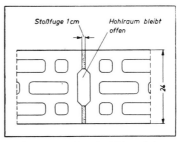

Bild 206. Stoßfugenausbildung beim Einzelverlegen

zusätzlich von außen verschmiert, ohne daß damit die Dichtung verbessert wird. Nach dem Abbinden kann man trotzdem in großer Zahl durchscheinende Fugen feststellen. Diese Fehler treten beim Reihenverlegen nicht auf. Der Maurer soll beim Versetzen von Hohlblocksteinen einen möglichst langen Wandabschnitt erhalten, um das Reihenverlegen anwenden und bei größeren Wandflächen den Mörtelschlitten einsetzen zu können, nachdem die Stoßfugennuten mit Mörtel ausgekellt sind. Dadurch wird Arbeitszeit und Mörtel eingespart.

Der Maurer muß den Hohlblockstein mit Hilfe der ganzen Körperkraft versetzen; deshalb muß von 1,25 m an (5 Schichten) eingerüstet werden. Die Fluchtschnur wird in der Regel an der Außenkante der Wand befestigt; der Stein läßt sich aber nur schwer über die Schnur versetzen. Aus diesen Gründen ist es zweckmäßig, Hohlblocksteine von innen über Hand zu versetzen. Da beim Hohlblockmauerwerk mehr und schneller eingerüstet werden muß als beim Ziegelmauerwerk, kommt es darauf an, leichte und handliche Rüstungen zu verwenden. Dabei dürfen die Querriegel an der Wandseite nicht auf dem Mauerwerk liegen, weil die Rüstlöcher beim Hohlblockmauerwerk den Verband erheblich stören würden. Zweckmäßig sind Leichtbockrüstungen zu verwenden. Die Beanspruchung der Rüstung ist beim Hohlblockmauerwerk nicht so groß als beim Vollziegelmauerwerk, weil die Hohlblöcke nicht abgekippt werden dürfen und die Steinstapel nicht so viel wiegen, wie gleichgroße Steinstapel aus Vollziegeln. Wird von innen (überhand) versetzt, so muß außen ein Fanggerüst errichtet werden, sobald die Arbeitshöhe mehr als 5 m über dem äußeren Boden liegt.

Vorteile. Alle Leichtbetonsteine haben den Vorteil, daß sie einen besseren Wärmeschutz als die meisten anderen Wandbaustoffe (außer Lochziegeln) bieten und daher eine Verminderung der Wanddicken auf das statisch zulässige Maß erlauben. Dadurch können Mauermassen eingespart und die Dicken der Kellerwände und Fundamente eingeschränkt werden. Das Institut für Bauforschung E. V. Hannover hat festgestellt, daß bei Verwendung von Hohlblocksteinen eine Einsparung von Maurerlohn bis 75 % erfolgen kann, an Wandbaukosten bis zu 38 %, während vergleichsweise die Gesamtbaukosten-Einsparung bei einem dreigeschossigen Wohnhaus bei ca. 6 % liegt.

Tafel 21
Materialbedarf, Wandgewicht und Wärmedämmzahlen $1/\Lambda$ nach Din 4108 für Hohlblocksteine

Materialbedarf			Wanddicke in cm						
			11,5	17,5 Hbl 25	17,5 Hbl 50	24 Hbl 25	24 Hbl 50	30	36,5
je m²	Steine (ohne Bruch)	Stck./m²	10,7	8	8	10,7	10,7	10,7	16
	Mörtel (ohne Putz)	l/m²	9	12	12	16	16	20	27
je m³	Steine (ohne Bruch)	Stck./m³	86	45,7	45,7	44,5	44,5	35,6	44
	Mörtel (ohne Putz)	l/m³	79	69	69	67	67	67	74
Gewicht einschl. beidseitigem Putz		kg/m²	220	275	275	360	360	410	500
$1/\Lambda$ (einschl. beidseitigem Putz)		$\frac{m^2 \cdot h\,°C}{kcal}$	0,28	0,40	0,40	0,55	0,55	0,66	0,80

Wände aus Kalksand-Hohlblocksteinen

Bei den Kalksand-Hohlblocksteinen beschränken sich die durch Rütteln hergestellten Steine auf zwei Formate (370 × 240 × 238 mm und 370 × 175 × 238 mm) (Bild 207). Die Steinfestigkeiten betragen 50 und 25 kp/cm². Es sind neben Steinrohwichten von 1,2 kg/dm³, die bereits bei 24 cm dicken Wänden einen ausreichenden Wärmeschutz gewährleisten, auch Steinrohwichten von 1,0 kg/dm³ vorgesehen (siehe Tafel 22).

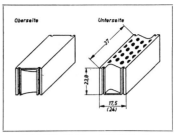

Bild 207. Kalksand-Hohlblöcke

Tafel 22

Kalksand-Hohlblocksteine nach DIN 106

Steinart	Steinfestigkeit kp/cm²	Kennzeichnung	Steinrohwichte kg/dm³	Außenwanddicke im Wärmedämmgebiet II in cm	Maße (mm)			Steingewicht kg
					Länge	Breite	Höhe	
Kalksand-Hohlblocksteine KsHbl	50	1 Kerbe	1,2	24	370	175	238	19,4
						240		26,7
		1 Kerbe	1,0	24	370	240	238	22,1
	25	keine	1,2	24	370	175	238	19,4
						240		26,7
		keine	1,0	24	370	240	238	22,1

Da die Bauwirtschaft in letzter Zeit bei den Hohlblocksteinen 30 cm dicke Außenwände bevorzugt, wäre es zweckmäßig, auch Kalksand-Hohlblocksteine dieser Abmessung zu normen. Allerdings würde das Gewicht dieser Steine an der oberen Grenze des für die Verarbeitung noch zulässigen Gewichts liegen. Das Versetzen der Kalksand-Hohlblocksteine wird durch 8 cm breite und 4 cm tiefe Grifftaschen erleichtert (Bild 208). Für das Versetzen gelten die gleichen Regeln wie für Mauerwerk aus Leichtbeton-Hohlblocksteinen. Die Länge des Steins beträgt 37 cm; da das zugehörige Richtmaß 37,5 cm ist, verbleibt nur noch eine Dicke von 0,5 cm,

Bild 208. Grifftaschen erleichtern das Versetzen

die für das Anstreichen der Stoßfugen zu gering ist. Die Steine werden von oben vergossen, ohne den Mörtel zu verdünnen (da die Wandungen glatter als bei den Leichtbeton-Hohlblocksteinen sind), nachdem mehrere Steine verlegt worden sind. Für das Vergießen sind zwei Vergußnuten von mindestens 5 cm Breite und 2 cm Tiefe vorgesehen. Ergänzungssteine erlauben eine einwandfreie Ausführung von Anschlägen, Ecken und Mauerstößen. Die Putzhaftung wird durch Rillen, die auf den Läuferseiten der Steine angebracht sind, verbessert.

Wände aus Gas- und Schaumbeton

Gasbeton entsteht durch Beimischung von gasbildenden Stoffen zu flüssigen Mörteln aus Zement oder Kalk bzw. Zement und Kalk sowie feinkörnigen Zuschlägen. Die Gase blähen den Mörtel auf, wie z. B. die Kohlensäure den Mehlteig. Sie sollen im erstarrten Beton gleichmäßig verteilte kugelige Poren mit einem Durchmesser bis etwa 3 mm hinterlassen. Als Treibmittel werden verwendet: Aluminiumpulver, mit dem im Mörtel Wasserstoff entsteht, oder Wasserstoffsuperoxyd und Chlorkalk, die Sauerstoff freigeben und zur Bildung von Kalziumchlorid führen. Dieses beschleunigt auch gleichzeitig das Erstarren des Zements. Bild 209 zeigt den Querschnitt eines Gasbetons mit einer Rohdichte von 0,5 kg/dm³.

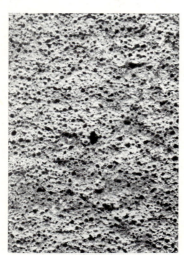

Bild 209. „Ytong"-Gasbeton mit einer Rohdichte von 0,5 kg/dm³

Schaumbeton wird wie Gasbeton aus feinkörnigem Mörtel hergestellt. Die Luftporen entstehen durch Beigabe von Schaum oder Schaummitteln. Die Erzeugnisse, deren Bildung vorzugsweise mit Kalk erfolgt, werden oft Leichtkalkbeton genannt. Die Bezeichnungen Gas- und Schaumbeton sind nicht nur den Baustoffen vorbehalten, die mit Zement allein oder vorzugsweise mit Zement gebunden sind, sondern gelten in gleicher Weise für kalkgebundene Stoffe. Aus Gas- und Schaumbeton werden ganze Wände zwischen Schalung gegossen.

Der Gas- oder Schaumbeton wird in der Regel zu Blöcken vergossen. Nach mäßigem Erstarren des Betons werden die Blöcke durch Schneiden in die gewünschte Größe geteilt; das Schneiden geschieht mit feinen Drahtseilen, Drähten oder Sägen.

Das Erhärten des Betons erfolgt bei erhöhter Temperatur unter Zufuhr von Dampf oder bei hoher Temperatur unter Dampfdruck. Zweckmäßig ist die Erhärtung bei hoher Temperatur (etwa 180°) unter Dampfdruck (wie beim Kalksandstein). Durch dieses Verfahren lassen sich Erzeugnisse mit hoher Druckfestigkeit und geringer Schwindneigung herstellen.

Wandbausteine und Platten aus Gas- oder Schaumbeton

Da diese Erzeugnisse schwinden, dürfen daraus gefertigte Steine oder Platten erst dann angeliefert werden, wenn sie nicht mehr als 0,5 mm auf 1 m nachschwinden. Die Rohdichte beträgt je nach Festigkeit 600 bis 800 kg/m³, ihre Druckfestigkeit in der Regel 25 und 50 kp/cm². Die Druckfestigkeit wird bei 25 kp/cm² durch einen gelben, und bei 50 kp/cm² durch einen

Bild 210. Trennen von Ytong mit grobgezahntem Fuchsschwanz

Bild 211. Ytong-Rillenkratzer für Leitungsschlitze

blauen Farbstrich gekennzeichnet. Steine mit und ohne Nuten kommen in den Handel mit Längen von 49 cm und 61,5 cm. Die Regelhöhe beträgt 24 cm, Breiten je nach Wanddicke von 11,5; 17,5; 24 und 30 cm. Die Steine und Platten können gesägt, behauen, gebohrt und genagelt werden (Bild 210 bis 212). Wandbauplatten mit und ohne Nuten gibt es mit Längen von 49 und 61,5 cm. Die Regelhöhen 24 und 32 cm, Breiten je nach Wanddicke 5; 7,5; 10; 12,5; 15; 17,5 und 20 cm, und Betonrohdichten von 450, 600, 800 kg/m³. Sie unterliegen der dauernden Güteüberwachung nach DIN4 165. Handelsbezeichnungen sind für Gas- und Schaumbeton: Ytong, Siporex, Turrit, Betoncel, Celonit, Iporit u. a.

Bild 212. Leitungsschlitz, hergestellt mit Rillenkratzer; Steckdosenaussparung, hergestellt mit Steckdosen-Bohrer

Verwendungszweck. Gas- und Schaumbetonerzeugnisse werden als nichttragende, wärmedämmende Platten für die Bekleidung oder Ausfachung von Stahlbetonbauten, als tragende Platten zu Außenwänden, als bewehrte Platten für Decken und Dächer verwendet. Blöcke in Dicken bis 30 cm, 24 cm hoch und 49 cm lang zu Mauerwerk für Außenwände. Die Wandbausteine werden grundsätzlich wie Hohlblocksteine aus Leichtbeton als Zweihandsteine im Läuferverband versetzt, da die Steinbreite der Wanddicke entspricht. Wie beim Hohlblockmauerwerk wird der Mörtel für die Lagerfuge aufgezogen. An der Stoßfläche des neu zu versetzenden Steines wird der Mörtel in Streifen entlang der Außen- und Innenseite angegeben. Um das Abrutschen des weichen Mörtels zu verhüten, ist es besser, den Mörtel in geringerer Dicke sowohl am versetzten als auch am nächsten Stein anzustreichen. Bei Mörtel aus grobkörnigem Sand wird die Fuge ausgekellt. Die Steine sind vor dem Auftragen des Mörtels gut anzunässen.

Wände aus Durisol-Schalungssteinen

Bei dieser Wandbauart werden Schalungssteine aus Holzspanbeton oder Leichtbeton verwendet, die in der Regel 2 Hohlräume aufweisen. Die Steine werden mit entsprechenden Ergänzungssteinen für die Wanddicken 15; 17,5; 24 und 30 cm gefertigt. Regellänge 50 cm; Regelhöhe 25 cm. Die Steine werden trocken im mittigen Verband versetzt und mit plastischen Beton der Güteklasse B 120, B 160 oder B 225 gefüllt, der die Tragfähigkeit der Wände übernimmt. Die Schalungssteine dienen nur als verlorene Schalung und übernehmen den Wärmeschutz.

Bei der Bauausführung sind folgende Richtlinien zu beachten:

Das Einfüllen des Betons erfolgt nach der 1. Schicht; dann nach jeder 2. Schicht bis zur Unterkante der Steinaussparung. Der Beton muß dann durch Rütteln oder Stochern verdichtet werden. Nach jeder Betonfüllung sind die Lagerfugen der Steine zu reinigen. Wird die Betongüte B 120 oder B 160 verwendet, ist jede 3. Schicht umlaufend aus Riegelsteinen herzustellen. Die richtige Höhenlage kann nötigenfalls durch Holzkeile, die in die Lagerflächen der Steine gesteckt und einige Stunden nach dem Einfüllen des Betons entfernt und wiederverwendet werden können, erreicht werden. Bei Fensterbrüstungen muß die letzte Schicht vor dem Anlegen des Pfeilers aus Riegelsteinen hergestellt und mit 2 Stählen $\varnothing$ 10, die ca. 80 cm in die anschließende Wand hineinreichen, bewehrt werden.

Wandanschlüsse und Kreuzungen werden durch Aussägen der Steinwandungen, die zu einer Ausbildung von Betonsäulen führen, erreicht.

Fenster- und Türstürze werden zweckmäßig aus U-Steinen mit oder ohne Anschlag ausgeführt.

Aussteifende Wände sind gleichzeitig mit hochzuführen. Beim Anschluß einer 11,5 bzw. 24 cm dicken Ziegelwand an Durisol-Wände, wird in jeder 2. Schicht ein Verbindungsstahl $\varnothing$ 5 mit Endhaken und Abbiegung eingelegt.

Für die Ausbildung der Ringanker sowie die Verbindung zwischen Außenwänden und Decke oder Pfeilern und Decke ist eine im Zulassungsbescheid vorgeschriebene Bewehrung anzuwenden.

Bei dieser Bauweise ist besonderer Wert auf die richtige Ausführung des Außen- und Innenputzes zu legen.

Der *Außenputz* muß 3lagig und mindestens 20 mm dick sein. Der Spritzwurf (1. Lage) muß etwa 3—5 mm dick mit einem Mischungsverhältnis Zement : Kies = 1 : 1 bis 1 : 3 hergestellt werden. Er muß die Außenflächen der Schalungssteine lückenlos decken. Vor dem Aufbringen des Unterputzes muß der Spritzbewurf weitgehend erhärten und mäßig austrocknen (bis zu 3 Wochen).

Der *Unterputz* (2. Lage) ist mit Mörtelgruppe II nach DIN 18550 auszuführen; er muß etwa 15 bis 20 mm dick sein.

Der *Oberputz* (3. Lage) muß etwa 2—5 mm dick sein. Er kann je nach der örtlichen Lage des Bauwerks aus Mörtelgruppe I oder II bestehen.

Für den Innenputz sind alle Innenputzmörtel (Mörtelgruppe IV) geeignet. In Feuchträumen jedoch wie Außenputz; Spritzbewurf aber 1 : 1 : 3.

Vorschriften für Mauerwerk aus Leichtbetonsteinen

Tragfähigkeit. Nachdem es gelungen ist, Wandbaustoffe herzustellen, die im Wärmedämmgebiet II schon bei Wanddicken von 20 bis 24 cm einen genügenden Wärmeschutz bieten, kommt der Tragfähigkeit dieses Mauerwerks eine erhöhte Bedeutung zu.

Abgesehen von der Dicke und Höhe der Wände sowie von genügenden Aussteifungswänden hängt die Tragfähigkeit des Mauerwerks insbesondere von der Festigkeit der verwendeten Steine und des Mörtels ab. Hinzu kommen Anzahl und Dicke der Fugen sowie das Format der Steine und der Mauerwerksverband. Die in Tafel 23 für die Mauerfestigkeit geschoßhoher Wände aus großformatigen Leichtbetonsteinen angegebenen Werte zeigen uns, daß z. B. mit kleinformatigen Steinen aller Art mit einer Steinfestigkeit von 100 kp/cm² (s. Tafel 7) keine höhere Mauerfestigkeit zu erreichen ist als wie mit großformatigen Leichtbeton-Vollsteinen V 75.

Tafel 23 Zulässige Mauerwerksfestigkeit geschoßhoher Wände aus Leichtbetonsteinen

Steinart		DIN	Betonraumgewicht kg/m³	Güteklasse	Steindruckfestigkeit kp/cm²	zulässige Druckspannungen in kp/cm² bei Mörtelgruppe	
						II	III
Leichtbeton-Hohlblocksteine	Zweikammersteine	18151	1000 bis 1600	Hbl 25　Hbl 50	25　50	5　7	6　10
	Dreikammersteine			Hbl 25　Hbl 50	25　50	5　7	6　10
Leichtbeton-Vollsteine		18152	800 bis 1600	V 25　V 50　V 75　V 150	25　50　75　150	5　7　9　12	6　10　12　16
Wandbausteine aus dampfgehärtetem Gas- oder Schaumbeton		4165	450 bis 800	25　50	25　50	5　7	6　10

Wärmeschutz. Für alle Bauten, die zum dauernden Aufenthalt für Menschen dienen, ist ein guter Wärmeschutz von großer Bedeutung. In DIN 4108 — Wärmeschutz im Hochbau — sind deshalb für Außenwände, Wohnungstrennwände, Treppenhauswände solcher Bauten in den einzelnen Wärmedämmgebieten I bis III bestimmte Wärmedämmwerte vorgeschrieben.

Die für Außenwände vorgeschriebenen Dämmwerte werden von Mauerwerk aus Leichtbetonsteinen schon bei den in Tafel 24 angegebenen Mindestwanddicken erreicht, während alle übrigen Wandbaustoffe, mit Ausnahme von Poren- und Lochziegeln, größere, unnötige Wanddicken erfordern.

Die für den Wärmeschutz von Außenwänden ausreichenden Mindestwanddicken von 24 und 30 cm (siehe Tafel 24) sind auf Grund neuester Forschungsergebnisse festgelegt worden. Die in Tafel 24 für die entsprechenden Wanddicken angegebenen Wärmeleitzahlen beziehen sich nicht auf die Steine, sondern auf das unverputzte Mauerwerk. Sie berücksichtigen also bereits die Beeinträchtigung der Wärmedämmung durch den Fugenmörtel und die Dauerfeuchtigkeit des Mauerwerks. Abgesehen von dem Einfluß des Fugenmörtels und der Dauerfeuchtigkeit hängt die Wärmedämmungsfähigkeit auch vom Raumgewicht der verwendeten Baustoffe ab. Wie aus Tafel 24 ersichtlich ist, erfordern z. B. im Wärmedämmgebiet II Leichtbeton-Vollsteine eine Außenwanddicke von mindestens:

24   cm bei einem Betonraumgewicht von 1,2 t/m³
30   cm bei einem Betonraumgewicht von 1,4 t/m³
36,5 cm bei einem Betonraumgewicht von 1,6 t/m³

Tafel 24 Mindestwanddicken für Außenwände, Wohnungstrennwände und Treppenhauswände aus Leichtbetonsteinen

Steinart		Betonraumgewicht kg/m³	Wärmeleitzahl	Außenwände in Wärmedämmgebiet			Wohnungstrenn- und Treppenhauswände
				I	II	III	
Leichtbeton-Hohlblocksteine nach DIN 18151	Zweikammerstein	1000	0,38	24	24	24	30
		1200	0,42	24	24	30	24
		1400	0,48	24	24	30	24
	Dreikammerstein	1400	0,42	24	24	30	24
		1600	0,48	24	24	30	24
Leichtbeton-Vollsteine nach DIN 18152		800	0,35	24	24	24	30
		1000	0,40	24	24	24	30
		1200	0,45	24	24	30	24
		1400	0,55	24	30	36,5	24
		1600	0,68	30	36,5	49	24
Wandbausteine aus dampfgehärtetem Gas- oder Schaumbeton nach DIN 4165		600	0,30	24*	24*	24*	36,5
		800	0,35	24	24	24	36,5
		1000	0,40	24	24	24	30

*) Aus baulichen Gründen erforderlich dünnere Wände nur auf Grund polizeilicher Zulassung.

Für Wohnungstrennwände und Treppenhauswände angegebene Mindestwanddicken erfüllen neben den Anforderungen an den Wärmeschutz, der für diese Wände niedriger als für Außenwände ist, auch die Anforderungen an den Schallschutz.

Alle angegebenen Mindestwanddicken gewährleisten auch eine genügende Wärmespeicherung, so daß im Winter eine zu schnelle Auskühlung der Räume bei Nachlassen der Heizung und im Sommer eine zu rasche Erwärmung nicht zu befürchten ist.

Feuchtigkeitsschutz. Neben genügender Standsicherheit und Wärmedämmfähigkeit wird an die Außenwände auch die Anforderung gestellt, daß sie zur Vermeidung baulicher Schäden ein Durchschlagen von Feuchtigkeit von außen verhindern. Diese Anforderungen können auch schon 24 cm dicke Wände aus Leichtbeton-Voll- oder Hohlblocksteinen erfüllen unter der Voraussetzung, daß sie einen wasserabweisenden, zweilagigen Außenputz erhalten (siehe auch Seite 90). Ohne einen solchen Putz wird sich bei keinem Wandbaustoff, der für 24 cm dicke Außenwände zugelassen ist, ein Durchschlagen von Feuchtigkeit mit Sicherheit verhindern lassen.

Widerstandsfähigkeit gegen Feuer. Alle Wandbaustoffe, auch Leichtbeton nach Tafel 24 sind nicht brennbar. Nach DIN 4102 — Widerstandsfähigkeit von Baustoffen und Bauteilen gegen Feuer und Wärme — gelten:

1. als feuerhemmend: Wände aus vollfugig gemauerten Leichtbetonsteinen und -platten von mindestens 6 cm Dicke,
2. als feuerbeständig: a) Wände aus vollfugig in Kalkzementmörtel gemauerten Leichtbeton-Vollsteinen (ohne Hohlräume) von mindestens 11,5 cm Dicke, b) Wände aus ebenso gemauerten Leichtbeton-Hohlblocksteinen von mindestens 24 cm Dicke.

Die **Dauerhaftigkeit** eines Baustoffes ist vor allem von seiner Widerstandsfähigkeit gegen Witterungseinflüsse abhängig, wobei der Frost die Hauptrolle spielt. Frostschäden entstehen nur bei durchfeuchteten Baustoffen, die sich so voll Wasser saugen, daß für ihre Ausdehnung beim Gefrieren in den Poren kein Raum mehr frei bleibt. Bei Leichtbetonsteinen ist infolge ihrer geringen Saugfähigkeit noch soviel Luft in den Poren vorhanden, daß sich das Wasser beim Gefrieren noch $1/10$ seines Volumens ausdehnen kann. Ihre Beständigkeit gegen Frost ist mindestens ebenso gut wie die der meisten anderen künstlichen Bausteine. Gegen chemische Einflüsse (aggressive Wässer, Rauchgase) sind Leichtbetonsteine nicht so widerstandsfähig wie gebrannte Steine. Solchen Einflüssen sind aber geputzte Leichtbetonwände nicht so stark ausgesetzt.

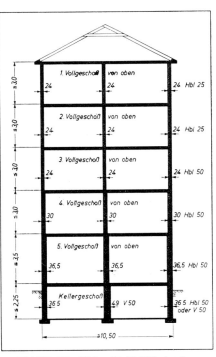

Bild 213. Wanddicken für Hohlblocksteine aus Ziegelsplitt, Schlacke oder gleichschweren Zuschlagstoffen bei 500 kg/m² Deckenlast

Wanddicken. Unter den in DIN 1053 angegebenen Voraussetzungen können die zulässigen Druckspannungen für alle genormten Steine voll ausgenutzt werden. Die Wanddicke belasteter Außenwände darf aber 24 cm nicht unterschreiten. In welchem Maße in einem fünfgeschossigen Wohnhaus von 10,5 m Tiefe mit quergespannten Decken und genügenden Aussteifungswänden eine Einschränkung der Wanddicken auf Grund der Bestimmungen in DIN 1053 bei einer kombinierten Verwendung von Voll- und Hohlblocksteinen der verschiedenen Güteklassen möglich ist, zeigen die Tafeln 25 und 26. Alle angegebenen Wanddicken reichen aus bei einer Geschoßhöhe bis:

        3,00 m im 1. bis 4. Geschoß von oben,

        3,50 m im 5. Geschoß von oben,

        2,50 m im Kellergeschoß (siehe Bild 213).

Tafel 25

Wanddicken für fünfgeschossige Wohnungsbauten aus Leichtbeton-Hohlblocksteinen nach DIN 18151 im Wärmedämmgebiet II

Deckengewicht kg/m² einschl. Verkehrslast		400	500	600	400	500	600	Treppenhauswände		Brand- und Wohnungstrennwände
Bezeichnung der Geschosse	Güteklasse	Belastete Außenwände			Belastete Mittelwände			ohne	mit	
								Belastung		
Dachgeschoß	Hbl 25	24	24	24	24	24	24	24	24	24
1.		24	24	24	24	24	24	24	24	24
2. Vollgeschoß von oben		24	24	24	24	24	24	24	24	24
3.		24	24	24	24	24	30	24	24	24
4.		24	30	30	30	30	36,5 (30)	24	24	24
5.	Hbl 50	30	36,5 (30)	36,5 (30)	36,5 (30)	36,5 (30)	49 (36,5)	24	30	24
Kellergeschoß		30	36,5 (30)	36,5 (30)	36,5 (30)	49 (36,5)	61,5 (49)	24	30	24

Anmerkungen: Unterhalb der punktierten Linie können auch Leichtbeton-Vollsteine V 50 verwendet werden. Bei Wanddicken über 36,5 cm ist dies ohnehin notwendig, weil Hohlblocksteine nur für Wanddicken bis 36,5 cm hergestellt werden.

Bei Verwendung von Leichtbeton-Vollsteinen V 75 reichen die eingeklammerten Wanddicken aus, bei Außenwänden aus wärmetechnischen Gründen nur dann, wenn das Betonraumgewicht dieser Steine 1,4 t/m³ nicht überschreitet. Die Wanddicke der Treppenhaus- und Wohnungstrennwände ist bei einem Betonraumgewicht von 1,2 t/m³ aus schalltechnischen Gründen in allen Vollgeschossen auf 30 cm zu erhöhen.

Tafel 26
Wanddicken für fünfgeschossige Wohnungsbauten aus Leichtbeton-Vollsteinen und Wandbausteinen aus dampfgehärtetem Gas- und Schaumbeton

Bezeichnung der Geschosse	Güteklasse	Deckengewicht kg/m² einschl. Verkehrslast						Treppenhauswände		Brand- und Wohnungstrennwände
		400	500	600	400	500	600	ohne	mit	
		Belastete Außenwände			Belastete Mittelwände			Belastung		
Dachgeschoß		24	24	24	24	24	24	24	24	24
1.	V 25	24	24	24	24	24	24	24	24	24
2.		24	24	24	24	24	24	24	24	24
3. Vollgeschoß von oben		30	30	30	24	30	30	24	24	24
4.		30	30	36,5 (30)	30	36,5 (30)	36,5 (30)	24	24	24
5.	V 50	36,5 (30)	36,5 (30)	49 (36,5)	36,5 (30)	49 (36,5)	49 (36,5)	24	30	24
Kellergeschoß		36,5 (30)	36,5 (30)	49 (36,5)	49 (36,5)	49 (36,5)	61,5 (49)	30	36,5 (30)	24

Anmerkungen: Die Wanddicke der Außenwände muß aus wärmetechnischen Gründen in allen Vollgeschossen mindestens betragen: 30 cm bei einem Betonraumgewicht über 1200 kg/m³ und 36,5 cm bei einem Betonraumgewicht über 1400 kg/m³.

Die Wanddicke der Treppenhaus- und Wohnungstrennwände ist bei Steinen mit Betonraumgewicht 1,2 t/m³ aus schalltechnischen Gründen mindestens 30 cm dick auszuführen. Bei Verwendung von Leichtbetonsteinen V 75 reichen die eingeklammerten Wanddicken aus.

Die Voll- und Hohlblocksteine mit einer Druckfestigkeit von mindestens 50 kp/cm² dürfen für die Außenwände der Kellergeschosse und für Sockelmauern verwendet werden (siehe Bild 213), während diese Wände nach den alten Bestimmungen bis 50 cm über Erdgleiche nicht zulässig waren. Die Verwendung dieser Steine für Kellermauern erfordert aber — ebenso wie bei den Ziegeln — einen guten Außenputz (siehe Seite 90) und eine einwandfreie Sperrung gegen Erdfeuchtigkeit (siehe Dämmschichten). Die Bestimmungen über die Ausführung von Ringankern sind erleichtert worden (siehe auch Seite 197). Solche Ringanker waren bisher bei allen Gebäuden aus Leichtbetonsteinen in den Außenwänden und durchgehenden Querwänden unter jeder Balkenlage vorgeschrieben. Sie werden nur noch bei Bauten über 18 m Länge oder bei mehr als 2 Vollgeschossen mit einer Außenwanddicke unter 30 cm gefordert. Bei besonders großen Fensteröffnungen, deren Gesamtlänge über 60% der Wandlänge ist, sowie bei ungünstigen Baugrundverhältnissen müssen die Ringanker immer ausgeführt werden. Waagerechte und schräge Schlitze sind in tragenden Wänden aus Hohlblocksteinen bei einer Wanddicke unter 30 cm unzulässig, weil die Standsicherheit der Wände durch solche Schlitze wesentlich herabgesetzt wird. Sind solche Schlitze nicht zu vermeiden, so müssen Leichtbeton-Vollsteine verwendet oder die Wanddicke auf 30 cm verstärkt werden (Dreikammer-Steine günstiger). Vollsteine aus Leichtbeton sowie Hüttensteine dürfen auch für Schornsteine verwendet werden. Diese Steine sowie auch Hohlblocksteine sind auch für Brandmauern mit 24 cm Mindestdicke zugelassen. Zu Mauerwerk aus allen Leichtbetonsteinen ist in der Regel Kalkzementmörtel zu verwenden. Zementmörtel ist für Pfeiler und dergleichen zugelassen, so daß die dafür zulässigen höheren Druckspannungen zur Einschränkung der Wanddicke und Länge ausgenutzt werden können.

Für die Außenwände aus Leichtbetonsteinen aller Art ist ein wasserabweisender, zweilagiger Außenputz vorgeschrieben, um ein Eindringen von Feuchtigkeit und damit eine Beeinträchtigung des Wärmeschutzes auszuschließen.

Die vorgenannten Bestimmungen gelten auch für Wandbausteine und Platten aus dampfgehärtetem Gas- oder Schaumbeton (DIN 4165 und 4166). Hervorzuheben ist, daß die Wanddicke tragender Außenwände auch bei Verwendung von Steinen aus Gas- oder Schaumbeton mindestens 24 cm betragen muß, weil diese Mindestwanddicke für Mauerwerk aus künstlichen Steinen mit Rücksicht auf Standsicherheit, Wärmespeicherung und Feuchtigkeitsschutz festgelegt worden ist.

Wiederholungsfragen und Hausaufgaben

1. Warum werden heute in zunehmendem Maße Hohlblocksteine aus Leichtbeton verwendet?
2. Nenne die Abmessungen der Hohlblocksteine, die vorzugsweise gefertigt werden!
3. Was versteht man unter Zwei- oder Dreikammersteinen?
4. An welchen äußeren Merkmalen erkennt man Hohlblocksteine Hbl 25 und Hbl 50?
5. Warum sind für das Hohlblock-Mauerwerk Ergänzungssteine notwendig?
6. Was bedeutet die Bezeichnung 8/8- bzw. 6/6-Steine?
7. Wann werden Hohlblocksteine im „mittigen bzw. schleppenden Verband" versetzt?
8. Wie groß muß die Mindestpfeilerbreite bei Hohlblock-Mauerwerk sein?
9. Welche Verfahren können beim Versetzen von Hohlblock-Mauerwerk angewendet werden?
10. Welches Arbeitsverfahren hat sich beim Versetzen von Hohlblocksteinen als vorteilhaft erwiesen?
11. Bei welcher Mauerhöhe muß bei Hohlblock-Mauerwerk eingerüstet werden?
12. Warum werden Hohlblocksteine über Hand versetzt?
13. Aus welchen Gründen soll man zweckmäßig Leichtbockrüstungen für Hohlblock-Mauerwerk verwenden?
14. Welche wirtschaftlichen Vorteile bietet Mauerwerk aus Leichtbetonsteinen?
15. Welche Zuschlagstoffe können für die Herstellung von Leichtbeton-Vollsteinen verwendet werden?
16. Nenne Güteklassen und Kennzeichnung der Leichtbeton-Vollsteine!
17. Welche Formate der Leichtbeton-Vollsteine können wie Mauerziegel nach den üblichen Verbänden vermauert werden?
18. Für welche Zwecke werden die großformatigen Leichtbeton-Vollsteine verwendet?
19. Wodurch entstehen im Gasbeton gleichmäßig verteilte kugelige Poren?
20. Wodurch entstehen im Schaumbeton die Luftporen?
21. Wodurch kann beim Gas- oder Schaumbeton die Druckfestigkeit erhöht und die Schwindneigung verringert werden?
22. In welchen Festigkeitsstufen kommt Gas- oder Schaumbeton in den Handel?
23. Wie können Steine oder Platten aus Gas- und Schaumbeton bearbeitet werden?
24. Für welche Zwecke werden Gas- oder Schaumbeton-Erzeugnisse verwendet?
25. In welchem Verband werden großformatige Steine aus Gas- oder Schaumbeton vermauert?
26. Wie sind die Steine vor dem Vermauern zu behandeln?
27. Warum kommt der Tragfähigkeit des Mauerwerks aus Leichtbetonsteinen eine erhöhte Bedeutung zu?

28. Wovon hängt die Tragfähigkeit des Mauerwerks ab?
29. Wie dick müssen Außenwände aus Leichtbetonsteinen bei einem Betonraumgewicht von 1,2 t/m³ sein?
30. Was versteht man unter Wärmespeicherung?
31. Warum müssen Außenwände aus Leichtbetonsteinen mit einem wasserabweisenden, zweilagigen Außenputz versehen werden?
32. Welche Wanddicke aus Leichtbeton-Vollsteinen gilt als feuerbeständig?
33. Welche Wanddicke aus Leichtbeton-Hohlblocksteinen gilt als feuerbeständig?
34. Warum sind Leichtbetonsteine gegen aggressive Wässer und Rauchgase nicht so widerstandsfähig wie gebrannte Steine?
35. Warum müssen Wanddicken über 36,5 cm aus Leichtbeton-Vollsteinen erstellt werden?
36. Warum müssen Treppenhaus- und Wohnungstrennwände bei Verwendung von Leichtbetonsteinen mit einem Betonraumgewicht von 1,2 t/m³ auf 30 cm Dicke erhöht werden?
37. Für welche Zwecke werden in einem Gebäude Voll- und Hohlblocksteine mit einer Druckfestigkeit von 50 kg/cm² verwendet?
38. Wann müssen Gebäude aus Leichtbetonsteinen mit Ringankern versehen werden?
39. Warum dürfen in Wände aus Hohlblocksteinen unter 30 cm keine Schlitze gestemmt werden?
40. Warum muß die Außenwanddicke auch bei Verwendung von Steinen aus Gas- oder Schaumbeton mindestens 24 cm betragen?

Rechenaufgaben

1. Zum Vermauern von 44 Hohlblocksteinen (36,5 cm Wanddicke) sind 74 l Mörtel erforderlich. Wieviel l Mörtel werden zum Vermauern von a) 484; b) 286; c) 594 Steinen gebraucht?
2. Um 8 Hohlblocksteine (17,5 cm Wanddicke) zu vermauern, braucht man 12 l Mörtel. a) Wieviel l Mörtel sind für 144 Hohlblocksteine notwendig? b) Wieviel l Kalk, Zement und Sand sind für den Mörtel notwendig, wenn das Mischungsverhältnis 2:1:8 in Rt. beträgt?
3. Wieviel Steine und l Mörtel werden für a) 12,4 m²; b) 16,25 m²; c) 17,85 m² 17,5 cm dickes Hohlblockmauerwerk gebraucht, wenn für 1 m² 8 Steine und 12 l Mörtel erforderlich sind.
4. Errechne den Stein- und Mörtelbedarf für a) 18,7 m²; b) 29,4 m²; c) 37,28 m² 24 cm dickes Hohlblockmauerwerk, wenn für 1 m² 11 Steine und 16 l Mörtel gebraucht werden!
5. Wieviel Steine und l Mörtel werden für a) 2,86 m³; b) 23,75 m³; c) 38,275 m³ Mauerwerk aus Hohlblocksteinen (30 cm Wanddicke) gebraucht, wenn für 1 m³ 36 Hohlblöcke und 67 l Mörtel erforderlich sind?
6. Berechne a) den Flächeninhalt der in Bild 214 dargestellten 17,5 cm Wand aus Hohlblocksteinen mit einer Türöffnung; b) den Stein- und Mörtelbedarf; c) das Wandgewicht, einschließlich beiderseitigem Putz, wenn 1 m² Wandfläche 275 kg wiegt!
7. Berechne den Stein- und Mörtelbedarf für die in Bild 215 im Grundriß dargestellte Wand aus Hohlblocksteinen, wenn die Geschoßhöhe 2,75 m beträgt!
8. Eine 30 cm dicke Mauer aus Hohlblocksteinen ist 10,24 m lang und 3,25 m hoch. a) Wieviel m³ Mauerwerk ist zu erstellen? b) Wieviel Hohlblocksteine und l Mörtel werden gebraucht? c) Wieviel l Kalkteig, Zement und Sand sind für den Mörtel beim Mischungsverhältnis 1,5:1:8 in Rt. erforderlich?

9. Eine 36,5 cm dicke Kellermauer aus Hohlblocksteinen ist 10,49 m lang und 2,75 m hoch. a) Berechne den Stein- und Mörtelbedarf! b) Wie groß ist das Eigengewicht der Wand einschließlich beiderseitigem Putz (1 m² Wandfläche = 500 kg)? c) Mit wieviel kg/cm² wird das Fundament belastet, wenn die Kellermauer durch die Geschoßmauern, Decken und Dach mit 8400 kg/m Wandlänge belastet wird?

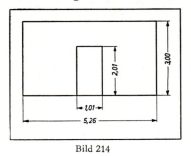

Bild 214

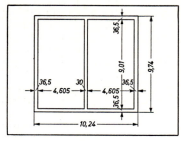

Bild 215

Überdecken von Maueröffnungen

Der Segmentbogen

Zweck des Segmentbogens. Zur Überwölbung von Fenstern und Türen werden Segmentbogen angewendet. Sie dienen oft als Entlastungsbogen über Türzargen, Überlagshölzern und Natursteinstürzen; zum Teil auch bei weitgespannten scheitrechten Bogen, die die Aufgabe haben, die Tür- oder Fensteröffnungen waagerecht abzudecken, damit sie eine rechteckige Form erhalten; denn diese Form ist für den Tischler leichter herzustellen und gibt festere Holzverbindungen.

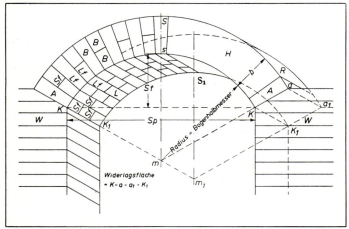

Bild 216. Bezeichnung der Bogenteile

Bezeichnung der Bogenteile. Die einzelnen Teile des Mauerbogens (siehe Bild 216) haben bestimmte Bezeichnungen.

Es bedeuten:
- W = Widerlager der Mauer, welches dem Bogen als Stütze dient.
- L = Leibung, die innere Bogenfläche.
- R = Rücken, auch Mantel genannt, die äußere Bogenfläche.
- A = Anfängerstein, die auf dem Widerlager liegende unterste Schicht.
- $K-K^1$ = Kämpferlinie, in der der Bogen das Widerlager trifft. Die Punkte K und K^1 nennt man Kämpferpunkte, die seitlichen Widerlagssteine, wenn sie vorkragen, Kämpfer.
- S = Schlußstein, der im Scheitel, dem höchsten Punkt des Bogens, befindliche Stein. Die Scheitellinie $s-s^1$ ist die Verbindungslinie aller höchsten Punkte; das ist zugleich die Bogentiefe.
- B = Bogensteine, die zwischen dem Anfänger- und Schlußstein liegenden Steine.
- H = Haupt oder Stirn, die sichtbaren vorderen und hinteren Bogenflächen
- Sp = Spannweite, die kürzeste waagerechte Entfernung zwischen den beiden Widerlagern (lichte Weite).
- St = Stich- oder Pfeilhöhe, der senkrechte Abstand vom Scheitel bis zur Kämpferlinie.
- $m-m^1$ = Bogenachse, die Linie, auf der alle Bogenmittelpunkte liegen.
- b = Bogendicke, der radiale Abstand von der Leibung bis zum Rücken.
- Fugen. Lf = Lagerfugen; sie sind an der Stirn- und Leibungsfläche sichtbar und gehen einerseits nach dem Mittelpunkt, anderseits in die Tiefe, parallel zur Achse.
- Sf = Stoßfugen; sie laufen zwischen den Steinen der gleichen Schicht und liegen rechtwinklig zur Lagerfläche.

Übertragung der Auflast auf das Widerlager. Das Widerlager hat den Zweck, den Druck des Bogens aufzunehmen und diesen auf das Mauerwerk zu übertragen (Bild 217). Dabei weicht die Kraftrichtung stark von der Senkrechten ab. Bei der Zerlegung des Druckes am Widerlager entstehen starke Schubkräfte, die um so größer sind, je flacher der Bogen gewölbt ist. Der senkrechte Auflagerdruck ist dagegen verhältnismäßig klein. Die Auflast wird also am Bogen zum größten Teil in Schubkräfte umgewandelt, die bestrebt sind, die Widerlagsmauern wegzudrücken (Bild 218). Deshalb soll die Dicke des Endwiderlagers $1/2$ bis $1/3$ der Spannweite sein. Bei zu geringer Dicke des Endwiderlagers ist ein Bogenanker einzumauern, der die Schubkräfte abfängt (Bild 220). Beim Zwischenwiderlager zweier Bögen mit gleicher Spannweite und Stichhöhe heben sich die Schubkräfte auf, und es wird nur Auflagerdruck wirksam (Bild 219).

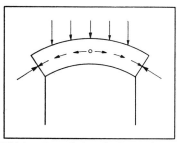

Bild 217. Lastaufnahme des Segmentbogens

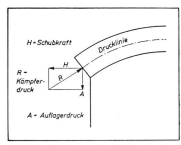

Bild 218. Zerlegung des Auflagerdrucks am Widerlager

Aufreißen des Lehrbogens. Zum Wölben verwendet man Wölbscheiben, auch Lehrbogen oder Lehren genannt. Sie bestehen aus einfachen oder doppelt genagelten Brettern, die oft vom Maurer selbst angefertigt werden. Um den Segmentbogen ausführen zu können, muß die

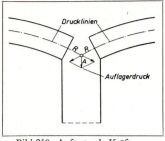

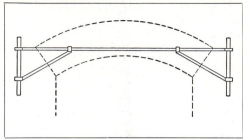

Bild 219. Auftretende Kräfte am Zwischenwiderlager

Bild 220. Bogenanker

Spannweite (lichte Weite) und die Stichhöhe gegeben sein. Die Stichhöhe beträgt $1/6$ bis $1/12$ der Spannweite. Bei den üblichen Stichhöhen kann man den Halbmesser aus Spannweite und Stich leicht errechnen.

Tafel 27   Bogenhalbmesser aus Spannweite und Stichhöhe

Stichhöhe:	Länge des Bogenhalbmessers
$1/6$	Spannweite — 1 Stichhöhe = $5/6$ Spannweite
$1/8$	Spannweite + $1/2$ Stichhöhe
$1/10$	Spannweite + 3 Stichhöhen
$1/12$	Spannweite + $6 1/2$ Stichhöhen

Beispiel: Ein Segmentbogen von 1,51 m Spannweite soll $1/10$ Stich erhalten. Wie groß ist der Bogenhalbmesser?
Lösung: Bei einer Spannweite von 1,51 m ist $1/10$ Stich = 15,1 cm; 3 Stichhöhen = 45,3 cm. Spannweite + 3 Stichhöhen = 1,51 m + 45,3 cm = 1,963 m.

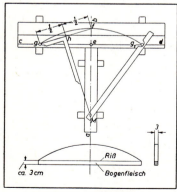

Bild 221. Wölbscheibe

Zur Herstellung der Wölbscheibe genügt in der Regel ein entsprechend breites und langes Brett, auf dem die Bogenform mittels Latte oder Schnur aufgerissen wird. Das Brett muß so auf den Reißboden gelegt werden, daß mindestens 3 cm unterhalb der Grundlinie stehen bleiben (Bild 221).

Arbeitsgang: Auf den Reißboden schlägt man den Schnurschlag a bis b, zieht durch Punkt e die Grundlinie c bis d rechtwinklig und mißt darauf von e die halbe Spannweite des Bogens nach links und rechts bis g bzw. g^1. Vom Schnittpunkt e trägt man die Stichhöhe e bis f, $1/6$ bis $1/12$ der Spannweite, auf die Schnurschlaglinie (Achse) ab. Punkt f verbindet man mit den Punkten g und g^1, halbiert die Strecke f bis g bzw. f bis g^1, legt den Winkel im Schnittpunkt h an und zieht mit ihm (oder einem Richtscheit) eine Linie nach der Achse. Der Schnittpunkt M ist der Mittelpunkt für den Bogen. Mit einer Latte, die eine Kerbe für den Einsatz des Bleistiftes besitzt, wird dann um einen Nagel im Leierpunkt M von g oder g^1 aus der Bogen angerissen (Bild 221). Dann legt man ein genügend großes Brett auf den Riß des Reißbodens, reißt Bogen, Achse und Breite an und schneidet das Brett nach den Rissen zurecht.

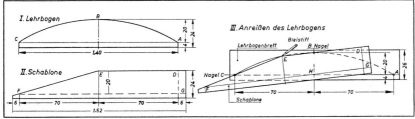

Bild 222/23

Anreißen mit Brettschablone. (Spannweite sei 1,40 m, Stichhöhe 20 cm). Auf einem 24 cm breiten und 1,52 m langen Brett (Sperrholz, Bild 222/23) die Mitte winkelrecht zur Längskante anreißen bis E an der Oberkante; in 20 cm Abstand von Oberkante (E-D) die Parallele F-G anreißen; von Mittellinie aus halbe Spannweite 0,70 m rechts und links nach G und F abtragen, dort Winkelrisse, dann Riß E-F, nach dem abgeschnitten wird. Schablone ist fertig. Jetzt ein Lehrbogenbrett etwa 25-26 cm breit und 1,50 m lang zulegen; C-A in 4 cm über Unterkante parallel anreißen, ebenso Mittelriß winkelrecht und halbe Spannweite (0,70 m) nach A und C und von Mitte H auf A-C nach B 20 cm Stichhöhe abtragen; in C und B Nägel so einschlagen, daß sie mehr als Brettdicke hochstehen; Schablone mit E an C und mit Kante ED an B anlegen; in E Bleistift ansetzen und mit Schablone an C und B bleibend nach B schieben. E beschreibt den halben Bogen C-B; Nagel C herausnehmen und bei A einschlagen, Schablone nach rechts umwenden und wie vorher mit E von A nach B fahren. Nach diesen Bogenrissen zuschneiden, bei C und A auf Länge schneiden.

Zweckmäßige Ausbildung des Widerlagers. Vor dem Einwölben ist das Widerlager aus sorgfältig behauenen Steinen hochzuführen. Die Widerlagsneigung stellt der Maurer mittels einer Fluchtschnur fest, die vom Leierpunkt „M" zum Kämpferpunkt „K" führt. Dabei ist das Widerlager so anzusetzen, daß der Bogenrücken in einer Lagerfuge des anschließenden Mauerwerks ausläuft, wobei die Unterkante des Bogensteines etwa in der

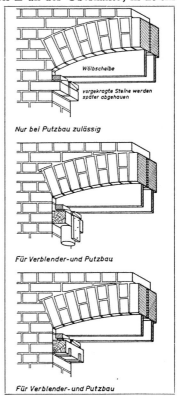

Bild 224. Widerlagerausbildung

Mitte des ersten Widerlagsteines ansetzt. Bei Pfeilern ist es zweckmäßig, durch Auskragung das Widerlager zu verstärken, wodurch gleichzeitig eine Verringerung der Spannweite erreicht wird (Bild 224).

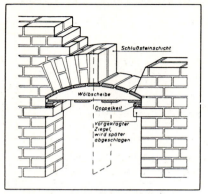

Bild 225. Einrüsten auf Wölbscheibe

Einrüsten des Bogens. Mauerbogen bis etwa 1,51 m Spannweite erhalten Lehrbogen, die aus einer 3 cm dicken Brettafel zugeschnitten sind. Bei größeren Spannweiten bis 3,01 m bestehen die Bogen aus mehreren Brettern, die in 2 bis 3 Lagen im Verbande mit versetzten Stößen vernagelt werden (Bild 226). Die Bogenenden werden durch aufgenagelte Leisten oder durch Zangen zusammengehalten. 2 bis 3 Streben verbinden Bogen und Zange. Bei Bogen in ½ Stein dicken Wänden genügt eine, bei Bogen in Mauern von 1 Stein Dicke 2, bei 1½ Stein 3 Wölbscheiben. Eine Einschalung läßt man fort, da die Steine durch die Wölbscheiben selbst Unterstützung finden.

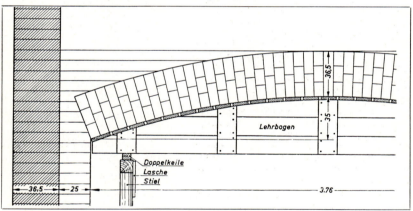

Bild 226. Lehrbogen

Die Lehren ruhen bei kleineren Bogen vielfach auf vorgekragten Steinen des Mauerwerks (Bild 225), die später weggeschlagen werden, oder auf einigen ins Mauerwerk eingetriebenen Bankeisen. Mehrere Lehren werden behelfsmäßig durch eine Leiste zusammengehalten, um ein Ausweichen zu verhindern. Bei größeren Bogen verwendet man zu ihrer Unterstützung starke Bohlen, die auf Mauerhaken ruhen. Man legt auch kurze Rahmhölzer darunter, die wiederum von Pfosten unterstützt und durch Spreizen abgesteift werden (Bild 224, 226, 248).

Damit die Lehrbogen leicht eingerichtet und gelöst werden können, sind an deren Auflager doppelte Keile (Doppelkeile) angeordnet (Bild 226). Die Lehrbogen sind stets 0,5 bis 1 cm erhöht anzusetzen, da die Mauerbogen sich nachträglich setzen. Denn die Mörtelfugen werden durch die Gewölbespannung gepreßt, und der Bogen wird kürzer. Je breiter die Fugen, desto stärker die Pressung und um so mehr setzt sich der Bogen. Wird auf Schalung gewölbt, muß der Lehrbogen um Schalungsdicke tiefer sitzen.

Einwölben des Bogens. Für Mauerbogen ohne Anschlag gelten die Verbandregeln für Pfeilermauerwerk (Bild 227). Mauerbogen mit Anschlag werden in zusammenhängendem Verband gemauert und entsprechen verbandsmäßig den Fensterpfeilern mit Anschlag (Bild 228). Bogen aus verschiedenen Mittelpunkten werden getrennt eingewölbt. Je flacher der Bogen gewölbt und je größer die Spannweite ist, um so dicker muß der Bogen sein.

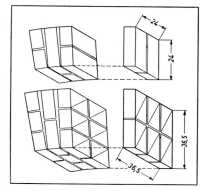

Bild 227. Bogenverbände ohne Anschlag

Als Faustregel gilt:

Spannweite	Bogendicke
bis 2 m	1—1 $^{1}/_{2}$ Stein
2—3,5 m	1 $^{1}/_{2}$—2 Steine
3,5—6 m	2—2 $^{1}/_{2}$ Steine

Bogenmauerwerk wird in Kalkzementmörtel, bei großen Spannweiten auch in Zementmörtel ausgeführt. Vor dem Wölben der Bogen ist zunächst die erforderliche Schichtenzahl festzustellen. Damit im Scheitel keine Fuge sitzt, muß die Anzahl

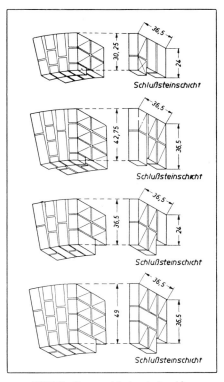

Bild 228. Bogenverbände mit Anschlag

163

der Schichten ungerade sein. Denn jeder Bogen soll durch einen Schlußstein verspannt werden.

Besonders im Ziegelrohbau wird verlangt, daß Bogenrücken und -leibung eine gleichmäßig gewölbte Fläche darstellen. Diese wird aber nur erreicht, wenn die Steinachsen zum Bogenmittelpunkt eingefluchtet werden. Die Praxis fluchtet aber die Steinkante und damit die Fuge zum Leierpunkt ein (Bild 229). Dies prüft man mit einer Schnur, die am Leierpunkt befestigt ist. Man kann auch mit Hilfe einer Bogenlehre die Bogensteine einfluchten (Bild 248). Mit zunehmender Krümmung und Bogendicke erhält man am Bogenrücken dickere Fugen, die Ursache für ein starkes Setzen des Bogens sind. Deshalb sollen die Fugen am Bogenrücken nicht mehr als 2 cm, an der Leibung muß eine gute Druckübertragung von Stein zu Stein durch mindestens 0,5 cm dicke Fugen gesichert sein (siehe Bild 230). Bei kleineren Krümmungshalbmessern sowie großen Bogenhöhen verwendet man zweckmäßig Keilsteine (Bild 231). Sie lassen sich vermeiden, wenn man die Bogen in einzelnen Rollschichten oder Rollschalen herstellt (Bild 232/233). Kleinster Halbmesser 70 cm.

Einteilen der Schichten. Zu diesem Zweck mißt man die Bogenlänge auf dem Lehrbogen aus, zieht eine Fugenbreite ab und teilt durch die

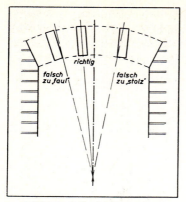

Bild 229. Verlauf der Steinmitten

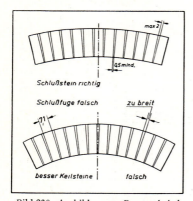

Bild 230. Ausbildung am Bogenscheitel

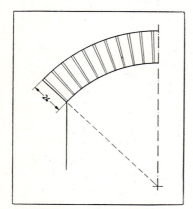

Bild 231. Bogen mit Keilsteinen

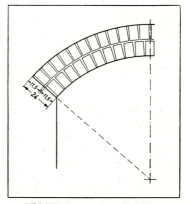

Bild 232. Bogen mit Rollschichten

Schichthöhe (7,1 + 0,5 bis 1,2 cm). Ergibt die Teilung eine gerade Schichtzahl, so ist die Bogenlänge durch die nächsthöhere oder nächstniedere Schichtzahl zu teilen. Die gefundene Schichthöhe reißt man dann auf dem Lehrbogen auf, jeweils von beiden Widerlagern aus. In der Mitte muß eine Schichthöhe + 1 Fugenbreite übrigbleiben.

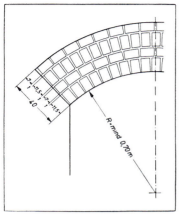

Bild 233. Bogen mit Roll- und Flachschichten

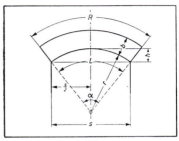

Bild 234

Beispiel: Die Bogenlänge sei 1,40 m.
Lösung: (140—1):(7,1 + 1) = 17; Rest 13 mm. Demnach = 17 Schichten mit je 1,07 cm Bogenfuge.

Man kann auch die Bogenlänge berechnen. Hierzu sind 2 Rechenstufen erforderlich. Zuerst ist der Bogenradius r zu errechnen, entweder nach der Faustformel (siehe Tafel 27) oder nach der Formel:

$$r = \frac{\left(\frac{s}{2}\right)^2 + h^2}{2h} \qquad \text{(siehe Bild 234).}$$

Beispiel 1: Die Spannweite eines Segmentbogens ist 1,51 m, die Stichhöhe h $1/_{10}$ S, also: 15,1 cm. Wie groß ist der Radius?

1. Stufe: $\qquad r = \dfrac{\left(\dfrac{s}{2}\right)^2 + h^2}{2h}$; $\qquad r = \dfrac{0{,}755^2 + 0{,}151^2}{2 \times 0{,}151}$

$$r = \frac{0{,}57 + 0{,}0228}{0{,}302} = \mathbf{1{,}96\ m}$$

2. Stufe:

Die Bogenleibungslänge wird nach der Formel: $L = \dfrac{2r \cdot \pi}{360°} \times \alpha$ errechnet.

Es muß hierzu die Größe des Zentriwinkels (α) bekannt sein. Dieser beträgt im Beispiel bei $1/_{10}$ Stich nach Tabelle = 45°

Stichhöhe $h =$	$1/_6$ S	$1/_8$ S	$1/_{10}$ S	$1/_{12}$ S
Zentriwinkel	74°	56°	45°	39°

Beispiel 2: Wie groß ist die Bogenleibungslänge, wenn der Radius 1,96 m und der Zentriwinkel 45° beträgt?

$$\text{Bogenleibungslänge } L = \frac{2 \cdot r \cdot \pi}{360°} \times \alpha;$$

$$L = \frac{2 \times 1,96 \times 3,14 \times 45°}{360°}; \quad L = 1,539 \text{ m}$$

Die Schichtenzahl errechnet man, indem man von der Bogenlänge eine Fugendicke abzieht und das so erhaltene Maß durch die Schichtdicke teilt.

Beispiel 3: Bei der errechneten Bogenleibungslänge von 1,539 m, einer Fugendicke von 0,5 cm bzw. Schichthöhe von 7,6 cm (7,1 + 0,5) rechnet man:

$$\frac{153,9 - 0,5}{7,6} = \frac{1534}{76} = 20 \text{ Schichten; es werden also 19 Schichten eingewölbt.}$$

Hierbei beträgt die Fugendicke an der Leibung: (153,9 – 19 × 7,1) cm : 20 = (153,9 – 134,9) cm : 20 = 190 mm : 20 = **9,5 mm**. Die Fugendicke beträgt also bei 19 Schichten rd. 9 mm, das entspricht einer Schichtendicke von **8 cm**. Die so ermittelten Schichtendicken werden dann auf der Wölbscheibe angerissen.

Es ist besonders beim Ziegelrohbau notwendig, die Fugendicke am Bogenrücken zu errechnen, um höchstens 2 cm dicke Fugen zu erhalten.

Beispiel 4: Wie groß ist die Bogenrückenlänge, wenn im vorangegangenen Beispiel der Bogen 24 cm dick ist?

Radius für den Bogenrücken = 196 + 24 = **220 cm**

$$\text{Rückenlänge } R = \frac{2r \cdot \pi}{360°} \cdot \alpha; \quad R = \frac{2 \times 220 \times 3,14 \times 45°}{360°}; \quad R = \text{ca. } 173 \text{ cm};$$

$$\text{Fugendicke} = \frac{173 - (19 \cdot 7,1)}{20} = 1,9 \text{ cm}.$$

Arbeitsvorgänge beim Wölben. Damit die Wölbscheiben nicht einseitig belastet werden, wölbt man abwechselnd von beiden Widerlagern aus. Bei größeren Bögen wird in der Regel von 2 Maurern eingewölbt. Am Widerlager ist mit einer Läuferschicht zu beginnen, wenn die Schichtzahl bis zum Schlußstein gerade (6, 8, 10 usw.) ist; bei ungerader Zahl mit einer Binderschicht. Nach dem Einwölben sind die Ausgleichsteine für das Schichtmauerwerk über dem Bogen sauber zu behauen. Damit der Bogen sich nach dem Einwölben mit dem anderen Mauerwerk gleichmäßig „setzen" kann, sind die Keile unter den Wölbscheiben später etwas zu lockern. Abhängig von der verwendeten Mörtelart, der Witterung, Spannweite und Belastung des Bogens kann nach 4 bis 6 Tagen ausgerüstet werden. Durch vorsichtiges Lösen der Keile wird die Einrüstung entfernt. Ausgekragte Steine als Auflager für Wölbscheiben werden sorgfältig abgehauen bzw. fehlende Steine ergänzt.

Zweck der Überlagsbohle und Sandschicht unter dem Entlastungsbogen. Innentüren, die oben waagerecht abzuschließen sind, werden mit einer Überlagsbohle überdeckt, um Türfutter und Türbekleidung befestigen zu können. Da die 6 bis 8 cm dicke Überlagsbohle die Last des darüberliegenden Mauerwerks nicht aufzunehmen vermag, wird mit einem Entlastungsbogen überwölbt (Bild 235). Die Bohle dient dabei für die Zeit des Einwölbens als Unterstützung für die Wölbscheiben. Der verbleibende Raum zwischen Bohle und Bogenleibung wird kurz vor dem Putzen ohne Verkeilen ausgemauert. Die Ausmauerung und der Entlastungsbogen können aber auch in einem Arbeitsgang hergestellt werden.

In diesem Falle wird die Ausmauerung gleichzeitig als Lehre für den Bogen hergestellt. Verbleibende Unebenheiten werden mit einer angefeuchteten Sandschicht abgeglichen, die so dick sein muß, daß nach ihrer Entfernung trotz Setzens des Bogens ein Hohlraum zwischen Bogenleibung und Ausmauerung verbleibt. Dieser Zwischenraum ist notwendig, um die Auflast des Bogens auf die Widerlager zu übertragen, da sonst die Ausmauerung und somit die Bohle belastet würde. Die Sandschicht als Abgleichschicht ist niemals durch eine Mörtelschicht zu ersetzen.

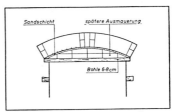

Bild 235. Segmentbogen als Entlastungsbogen

Über Stürzen aus Naturstein oder Betonwerkstein sind in der gleichen Weise Entlastungsbogen auszuführen.

Wiederholungsfragen und Hausaufgaben

1. Nenne den Zweck des Segmentbogens!
2. Nenne die Bezeichnung der Bogenteile!
3. Welchen Zweck hat das Widerlager?
4. In welche Kräfte wird die Auflast am Widerlager zerlegt?
5. Wie dick muß das Endwiderlager beim Segmentbogen sein?
6. Welche Kräfte treten beim Zwischenwiderlager auf?
7. Woraus errechnet sich die Stichhöhe?
8. Nenne die Faustregeln zur Errechnung des Bogenhalbmessers!
9. Wie wird ein Lehrbogen aufgerissen?
10. Wie wird das Widerlager zweckmäßig ausgebildet?
11. Wie kann ein Segmentbogen eingerüstet werden?
12. Nenne die Verbandregel für Mauerbogen mit und ohne Anschlag!
13. Wovon ist die Bogendicke abhängig?
14. Wie werden die Bogensteine eingefluchtet?
15. Nenne die zulässige Fugendicke an der Leibung und am Rücken!
16. Wann müssen zum Einwölben Keilsteine verwendet werden?
17. Wie lauten die Formeln zur Errechnung der Bogenlänge?
18. Nenne die Arbeitsgänge beim Einwölben!
19. Wovon ist die Ausrüstungsfrist abhängig?
20. Wie kann ein Segmentbogen als Entlastungsbogen ausgeführt werden?
21. Warum darf die Sandschicht nicht durch eine Mörtelschicht ersetzt werden?

Rechenaufgaben

1. Wie groß ist die Stichhöhe eines Fensters von a) 1,76 m, b) 1,51 m Spannweite wenn der Stich $^1/_6$, ($^1/_8$, $^1/_{10}$, $^1/_{12}$) der Spannweite ist?
2. Wie groß ist der Bogenhalbmesser für einen Segmentbogen, wenn die Spannweite a) 1,01 m, b) 1,26 m und der Stich $^1/_{10}$ bzw. $^1/_{12}$ beträgt?
3. Wie groß ist die Bogenleibungslänge für den Segmentbogen nach Bild 236?
4. Wie groß ist die Bogenleibungslänge für einen Segmentbogen mit einer Spannweite a) 1,26 m; b) 1,51 m; c) 2,76 m und $^1/_{12}$ Stich?
5. Die in Bild 237 dargestellte Türöffnung soll mit einem Segmentbogen überwölbt werden.
   a) Wie groß ist der Radius?
   b) Wie groß ist die Bogenleibungslänge?
   c) Wieviel Schichten (NF) sind einzuwölben?
   d) Wie dick sind die Fugen an der Leibung?
   e) Wie groß ist die Bogenrückenlänge?
   f) Wie dick sind die Fugen am Bogenrücken?

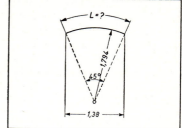

Bild 236

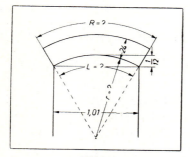

Bild 237

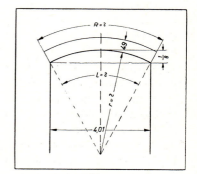

Bild 238

6. Eine Öffnung von 4,01 m Breite soll mit 49 cm (36,5 cm) dicken Segmentbogen nach Bild 238 überwölbt werden.
   a) Wie groß ist der Radius?
   b) Wie groß ist die Bogenleibungslänge?
   c) Wieviel Schichten sind im Dünnformat einzuwölben?
   d) Wie dick sind die Fugen an der Leibung?
   e) Wie lang ist der Bogenrücken?
   f) Wie dick sind die Fugen am Bogenrücken?
7. Die Fläche der Stichbogenöffnung (Kreisabschnitt) berechnet man nach der Formel $F = $ Spannweite $\times \,^2/_3$ Stichhöhe. Berechne folgende Stichbogenöffnungsflächen, wenn

   Spannweite = 1,26; 1,76; 2,135 m
   Stichhöhe = 0,12; 0,21; 0,27 m ist?

Scheitrechter Bogen

Zweck des scheitrechten Bogens. Sollen Fenster- und Türrahmen waagerecht überdeckt werden, so kann mit einem scheitrechten Bogen überwölbt werden (Bild 239). Wegen seiner geringen Tragfähigkeit wird er nur für Spannweiten bis 1,26 m verwendet. Denn er ist konstruktiv

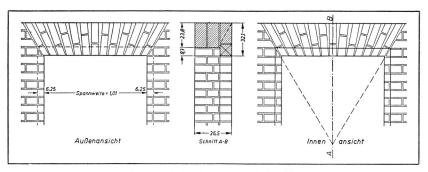

Bild 239. Scheitrechter Bogen mit Anschlag

eher ein zwischen Widerlagern gelagerter Mauerkeil als ein Bogen; deshalb auch die Bezeichnung „Mauersturz". An seiner Stelle werden heute oft Stahlbetonstürze verwendet, deren Spannweite wesentlich größer sein kann.

Übertragung der Auflast auf die Widerlager. Beim scheitrechten Bogen wird die Bogenlast winklig zur Widerlagsneigung übertragen. Dabei findet eine Zerlegung der Kräfte in Schubkräfte und Auflagerdruck statt (Bild 240).

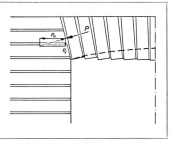

Bild 240. Zerlegung der Kräfte am Widerlager

Widerlagsneigung und Fugenrichtung. Die Widerlagsschichten sind sorgfältig zu behauen, und zwar so, daß die Fugen an den Widerlagern mindestens 60° gegen die Waagerechte geneigt sind. Die Neigung ist demnach höchstens 30° zur Senkrechten (Bild 241). Da beide Widerlager gleiche Neigung haben, läßt sich der Bogenmittelpunkt, der für die Fugenrichtung maßgebend ist, durch Verlängerung der Widerlagsneigung ermitteln. In der Praxis legt man gern die Schräglage des Widerlagers in

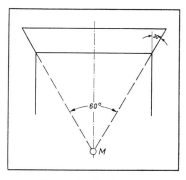

Bild 241. Scheitrechter Bogen

cm fest. Bei einem 1½ Stein hohen Bogen nimmt man ein waagerechtes Maß „a" von 11,5 cm an (Bild 242); bei einem 1 Stein hohen Bogen etwa 6,5 cm. Die Widerlager sind so anzusetzen, daß der Bogenrücken in Höhe der anschließenden Mauerschicht ausläuft. Der untere Kämpferpunkt soll möglichst auf die Mitte des unteren Widerlagssteines treffen.

Beim Ziegelrohbau wird der äußere scheitrechte Bogen gesondert hergestellt. Das Widerlager wird nur leicht schräg gemauert (Bild 243). Die untere Leibungslinie setzt man dabei auf gleiche Höhe mit einer Lagerfuge des anschliessenden Mauerwerks, um die waagerechte Linie am Bauwerk zu betonen (Bild 244). Zweckmäßig sind die Fensteröffnungen so breit anzulegen, daß sie mit den Bogenschichten übereinstimmen. Um eine sichere Verbindung zwischen dem Verblendsturz und dem hinteren Bogen oder Betonsturz zu erhalten, werden Drahtanker in die Fugen des Verblendsturzes eingemauert (Bild 245).

Einrüsten. Um das unvermeidliche Setzen des Bogens auszugleichen,

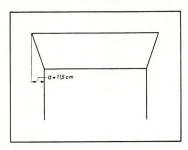

Bild 242. Waagerechtes Maß bei einem 1½ Stein hohen Bogen

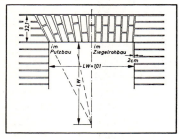

Bild 243. Fenstersturz bei Putz- und Ziegelrohbau

Bild 244. Fenstersturz im Ziegelrohbau

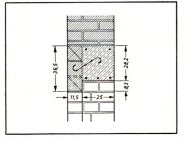

Bild 245. Verblendsturz mit Drahtanker im Schnitt

gibt man einen geringen Stich von etwa $1/_{50}$ der Spannweite. Man erreicht dies durch Abbeilen des Lehrbrettes (Bild 246) oder durch Ausbreiten einer in der Mitte dickeren angefeuchteten Sandschicht. Am einfachsten erhält man den Stich, indem man das Lehrbrett in der Mitte von unten einsägt (Bild 247) und der Stichhöhe entsprechend unterstützt oder unterkeilt. Dies ist jedoch weniger zu empfehlen, weil dann in der

Mitte ein Knick entsteht, also keine gleichmäßige Bogenwölbung erreicht wird. Besser ist es, ein Schalbrett auf einer Bohle zu befestigen. Den gewünschten Stich erhält man durch eine in der Mitte untergelegte Leiste.

Einwölben des Bogens. Sind die Widerlager zugerichtet, dann wird das Lehrbrett eingestellt. Ist ein Anker zur Verstärkung des Bogens erforderlich, so muß vor Aufmauern der Widerlager das Lehrbrett eingestellt und der Anker auf die Schalung gelegt werden. Die Höhenlage des Bogens ist zweckmäßig so zu wählen, daß die Rückenlinie in Schichthöhe liegt. Das Widerlager von scheitrechten Bogen ohne Anschlag liegt am Kämpferpunkt schräg zur äußeren Leibung. Bei Bogen mit Anschlag führt man die Widerlagsschräge vom Kämpfer der inneren Leibung aus; sie ist also von der äußeren Leibung um die Anschlagsbreite zurückgesetzt (Bild 239).

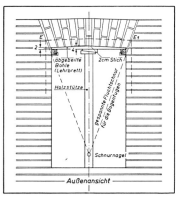

Bild 246. Stichhöhe durch Abbeilen der Bohle

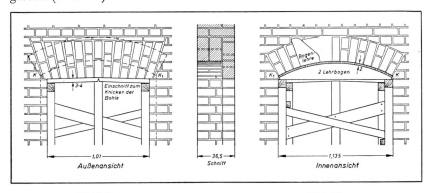

Bild 247.
Stich durch Einsägen eines Brettes

Bild 248.
Innenansicht mit Flachbogen

Die gleichmäßige Verteilung der Steine erreicht man durch vorherige Verteilung der Schichten auf dem Lehrbogen. Die Richtung der Fugen erhält man durch eine Fluchtschnur, die im Mittelpunkt des Bogens (Leierpunkt) befestigt ist (Bild 229 und 246).

Die Einwölbung der Bogen wird stets von den beiden Widerlagern aus gleichmäßig nach der Bogenmitte hin vorgenommen. Der zuletzt eingesetzte und gespannte Schlußstein gibt dem Bogen erst die erforderliche Tragfähigkeit. Die Schlußsteinschicht muß Läuferschicht sein (Bild 248). Sonst gelten die Regeln wie beim Segmentbogen.

Erhält der Bogen eine getrennte Einwölbung der äußeren und inneren Leibungen, und zwar so, daß der äußere Bogen ein scheitrechter, der dahinterliegende ein Stichbogen wird, dann wird der scheitrechte Bogen immer zuletzt gemauert (Bild 249).

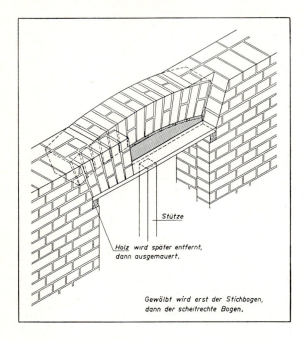

Bild 249. Fenster mit scheitrechtem Blendbogen und hinterem Segmentbogen

Setzen des Bogens. Da die Pressung der Fugen am scheitrechten Bogen weit größer ist als beim Segmentbogen, macht man die Bogenfugen unten höchstens 5 bis 8 mm breit und mauert sie mit Zementmörtel. Nur so läßt sich das unvermeidliche Setzen auf das geringste Maß beschränken.

Wiederholungsfragen und Hausaufgaben
1. Bis zu welcher Spannweite kann ein scheitrechter Bogen eingewölbt werden?
2. Welche Widerlagsneigung ist beim scheitrechten Bogen zulässig?
3. Wie groß ist das waagerechte Neigungsmaß bei einem $1^1/_2$ Stein hohen Bogen?
4. Wie hoch ist das Widerlager am scheitrechten Bogen anzusetzen?
5. Warum muß ein Verblendbogen verankert werden?
6. Warum muß der scheitrechte Bogen einen geringen Stich erhalten?
7. Wie kann man die Stichhöhe beim Einrüsten des Bogens erreichen?
8. Warum muß der Bogen durch einen Schlußstein verspannt werden?
9. Warum soll die Fugendicke an der Leibung auf ein Mindestmaß beschränkt bleiben?

Rechenaufgaben

1. Ein scheitrechter Bogen mit einer Spannweite von 1,01 m ist mit Vollziegeln im Normalformat einzuwölben. Die Bogenhöhe ist 24 cm, das waagerechte Neigungsmaß „a" = 6,5 cm.
   a) Wieviel Schichten sind einzuwölben?
   b) Wie dick sind die Fugen an der Leibung?
   c) Wie dick sind die Fugen am Bogenrücken?
2. Eine Fensteröffnung mit einer Spannweite von 1,26 m ist mit Vollziegeln im Dünnformat einzuwölben. Bogenhöhe 36,5 cm, das waagerechte Maß „a" = 11,5 cm.
   a) Wieviel Schichten sind einzuwölben?
   b) Wie dick sind die Fugen an der Leibung?
   c) Wie dick sind die Fugen am Bogenrücken?
3. Eine Fensteröffnung ist mit 17 Schichten NF-Steinen eines scheitrechten Bogens überwölbt.
   Die untere Fugenbreite beträgt 0,6 cm. Wie groß ist die Öffnung?

Rund-, Spitz- und Korbbogen

Rundbogen. Der Rundbogen wird auch heute noch gern wegen seiner hohen Tragfähigkeit und guten architektonischen Wirkung angewendet. Er ist vornehmlich bei Haustüren, Kirchenbauten, Wandelhallen und öffentlichen Gebäuden anzutreffen (Bild 250).

Tragfähigkeit und Ausbildung des Widerlagers. Bei Rundbogen liegt das Widerlager meist in Höhe des Leierpunktes, also waagerecht. Daraus folgt, daß die Auflast senkrecht auf das Mauerwerk übertragen wird und keinen Schub ausübt (Bild 251). Der Rundbogen muß immer im Scheitel durch einen Schlußstein verspannt werden. Der Bogenanfang bei Türen liegt mindestens auf 1,60 m Höhe. Der Rundbogen wirkt am besten, wenn das Widerlager so hoch geführt und vorgekragt wird, daß die Kämpferfugen einen Winkel von 90 bis 120° ergeben (Bild 252 und 253). Da die ausgekragten Steine behauen werden müssen, wird meist nur im Putzbau ausgekragt.

Bild 250. Rundbogen

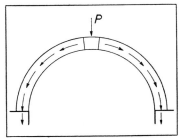

Bild 251. Übertragung der Auflast auf die Widerlager

Einwölben des Rundbogens. Der Lehrbogen besteht aus einer Lage

Bretter, die mit Aussteifstreben zusammengenagelt werden (Bild 254). Die tragende Unterkonstruktion ist wie beim Segmentbogen anzuordnen. Die Wölbung wird auf Schalbrettern oder Latten vorgenommen, deshalb

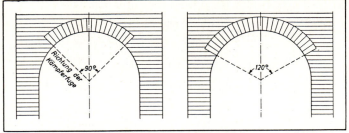

Bild 252   Rundbogen mit ausgekragtem Widerlager   Bild 253

ist beim Anreißen und Ausschneiden des Bogens die Brettdicke zu berücksichtigen (Bild 255). Die Brettbreite soll höchstens 10 cm betragen, damit sie sich der gekrümmten Leibungslinie anpassen kann. Nach dem Aufstellen von 2 Lehrbogen und Aufheften der Schalung werden die Schichten des Bogens errechnet. Beim Rundbogen ist der Bogenradius gleich halbe Spannweite $\left(\frac{S}{2}\right)$ (Bild 256). Bedingt durch die starke Krümmung des Bogens ergeben sich stark keilförmige Fugen, die aber auch wie beim Segmentbogen an der Leibung mindestens 0,5 cm und am Rücken höchstens

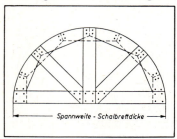

Bild 254. Lehrbogen mit Zange und Streben

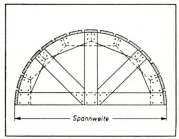

Bild 255. Beim Anreißen ist die Schalbrettdicke zu berücksichtigen

2 cm betragen dürfen. Deshalb werden besonders für kleine Spannweiten zweckmäßig Keilsteine verwendet. Bogenleibungslänge $L = \dfrac{S \times \pi}{2}$.

Beispiel: Ein Rundbogen hat eine Spannweite von 1,135 m. Dieser soll halbsteinhoch mit Ziegeln im Normalformat eingewölbt werden.

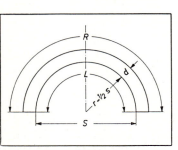

Bild 256

a) Wie groß ist die Bogenleibungslänge?
b) Wieviel Schichten sind einzuwölben?

c) Wie dick werden die Fugen an der Leibung?
d) Wie lang ist der Bogenrücken?
e) Wie dick sind die Fugen am Bogenrücken?

Lösung: a) $L = \dfrac{S \cdot \pi}{2}$; $\quad L = \dfrac{113{,}5 \times 3{,}14}{2} = 178{,}2$ [cm]

b) $(178{,}2 - 0{,}6) : 7{,}7 = 23{,}1$; also **23 Schichten**

c) $(178{,}2 - 0{,}6) : 23 = 7{,}72$ [cm] Schichtdicke
$7{,}72 - 7{,}1 = \mathbf{0{,}62}$ **[cm]** Fugendicke an der Leibung

d) Spannweite des Bogenrückens $= 113{,}5 + 2 \times 11{,}5 = \mathbf{136{,}5}$ **[cm]**

Länge des Bogenrückens $= \dfrac{136{,}5 \times 3{,}14}{2} = \mathbf{214{,}3}$ **[cm]**

e) Fugendicke am Rücken $= \dfrac{214{,}3 - 23 \times 7{,}1}{24} = \mathbf{2{,}15}$ **[cm]**

Soll mit Keilsteinen (Taf. 16 Teil 1) eingewölbt werden, wird zuerst die Schichtenanzahl am Rücken bestimmt und dann die Schicht- und Steindicke an der Bogenleibung. Letztere werden auf dem Lehrbogen angerissen.

Wird das Widerlager ausgekragt, so wird der Lehrbogen auf richtige Höhe gesetzt, mit den behauenen Steinen beigemauert und das Widerlager zugehauen. Dann wird der Bogenrest in Schichten eingeteilt. Der Bogenrücken soll eine gleichmäßig gekrümmte Fläche darstellen. Dies wird aber nur erreicht, wenn die Steinachsen zum Bogenmittelpunkt eingefluchtet werden. Die Praxis fluchtet aber die jeweils obere Kante der Steinschicht und damit die Fugenkante zum Leierpunkt ein. Die Kontrolle wird mit einer Schnur durchgeführt, die am Leierpunkt befestigt ist (Bild 257). Es wird von beiden Widerlagern aus mit gleichem Verband eingewölbt. Um zu große Fugen bei Rundbogen mit kleinen Spannweiten zu vermeiden, werden diese auch in Rollschichten oder Rollschalen ausgeführt.

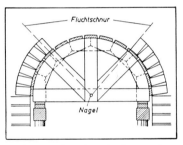

Bild 257. Einfluchten der Bogensteine zum Leierpunkt

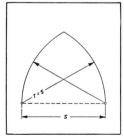

Bild 258. Normaler Spitzbogen. Hier liegt der Leierpunkt auf dem Kämpferpunkt. Bogenhalbmesser = Spannweite S

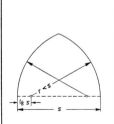

Bild 259. Gedrückter Spitzbogen. Der Leierpunkt liegt innerhalb der Leibung. Bogenhalbmesser etwa $1/6\ S$ kleiner als die Spannweite

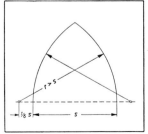

Bild 260. Überhöhter Spitzbogen. Der Leierpunkt liegt außerhalb der Leibung. Bogenhalbmesser etwa $1/6\ S$ größer als die Spannweite

Spitzbogen. Beim Spitzbogen sind drei Konstruktionsarten bekannt. Sie unterscheiden sich durch das Verhältnis ihrer Spannweite zur Höhe. Abhängig von der Lage der Leierpunkte zum Kämpferpunkt unterscheiden wir normale, gedrückte und überhöhte Spitzbogen (Bild 258 bis 260).

Die Ausführung ist sinngemäß die gleiche wie beim Rundbogen. Die Fugen einer Bogenhälfte verlaufen nach einem Leierpunkt. Im Scheitel ist dann eine Fuge (Bild 262). Aus diesem Grunde werden die Fugen etwa im oberen Drittel des Bogens zum Schnittpunkt m_3 hin verzogen, um den Bogenschluß durch einen ganzen Stein bilden zu können (Bild 261). Man erreicht dadurch eine bessere Verspannung und erhöhte

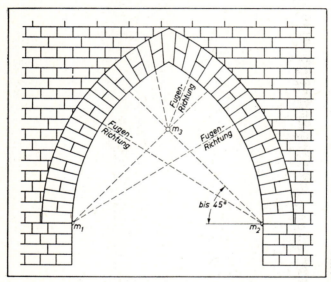

Bild 261. Spitzbogen bei verzogenen Fugen

Tragfähigkeit. Der Schlußstein besteht entweder aus Ziegeln, öfter jedoch aus Werksteinen (Bild 262 und 263). Der Schlußstein wird auf dem Lehrbogen angeschrieben, anschließend werden die Bogenschichten beiderseits

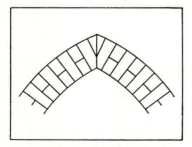

Bild 262. Schlußschicht aus Ziegelstein

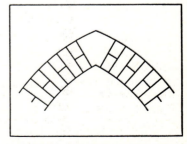

Bild 263. Schlußstein aus Werkstein

gleichmäßig eingeteilt. Es ist zu berücksichtigen, daß der Schlußstein zwei Lagerfugen erhalten muß. Da der Spitzbogen zwei Bogenmittelpunkte hat, müssen zur Kontrolle des Fugenverlaufs auch zwei Fluchtschnüre befestigt werden.

Der Korbbogen ist ein gedrückter Rundbogen, der bei geringem Unterschied zwischen Spannweite „S" und Stichhöhe „h" aus 3 Mittelpunkten, bei größerem Unterschied mit 5 Mittelpunkten konstruiert wird. Seine günstige Stichhöhe beträgt $1/3$ der Spannweite $\left(h = \frac{1}{3} S\right)$. Bei einem Korbbogen mit 3 Mittelpunkten wird das Achskreuz C, A, B aufgerissen, die Linie CA gezogen und darauf $AD = \frac{S}{2} - h$ abgetragen.

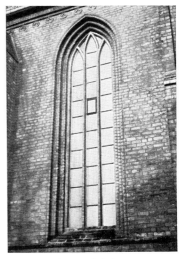

Bild 264. Spitzbogen

Die Mittelsenkrechte über CD ergibt den ersten Mittelpunkt M_1 für den Bogen von C bis zu dieser Mittelsenkrechten im Schnitt mit der Kämpferlinie CB und den zweiten Mittelpunkt M_2 für den Bogen von dieser Mittelsenkrechten bis A als Schnitt mit der Bogenachse (Bild 265). Bei 5 Mittelpunkten trägt man im Bogenmittelpunkt D ein Quadrat mit einer Seitenlänge $\frac{S}{2} - h$ so an, daß seine Diagonale DE auf der Bogenachse liegt. Die Länge DE beträgt das 1,41fache $\left(= \sqrt{2}\right)$ von $\left(\frac{S}{2} - h\right)$.

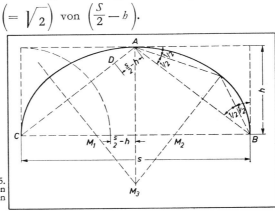

Bild 265. Korbbogenkonstruktion mit 3 Mittelpunkten

Verlängert man DE bis EF um die Länge $d = DE$, so erhält man durch Ziehen der eingezeichneten Linien die Trennungslinie der Bogen und die 5 Mittelpunkte (Bild 266).

Wölben des Korbbogens. Bei dem Korbbogen mit 3 Mittelpunkten haben wir zwei verschiedene Fugenrichtungen, beim fünfteiligen drei verschiedene Fugenrichtungen. An den Übergangsstellen ist darauf zu achten, daß der Bogenrücken trotz verschiedener Mittelpunkte einen gleichmäßigen Übergang erhält. Je gleichmäßiger der Übergang von einem Bogenstück zum

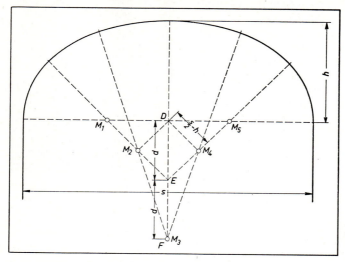

Bild 266. Korbbogenkonstruktion mit 5 Mittelpunkten

anderen wird, desto größer ist die Tragfähigkeit. Der Korbbogen wird auf einer Vollschalung eingewölbt (Lehrbogen mit Schalung und Unterkonstruktion). Vor dem Einwölben werden Bogenschichten wie üblich eingeteilt und angerissen. Es kann in beliebiger Bogendicke eingewölbt werden,

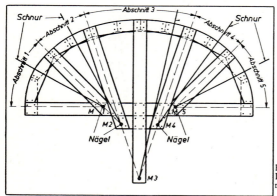

Bild 267. Lehrbogen für einen Korbbogen mit Fluchtschnüren

wobei die bekannten Fugendicken eingehalten werden müssen. Um den Fugenverlauf mit einer Fluchtschnur kontrollieren zu können, werden in den Bogenmittelpunkten Nägel eingeschlagen (Bild 267). Es ist zweckmäßig, mit der Wölbung die Hintermauerung hochzuführen. Da flache Korbbogen wie Stichbogen einen großen Seitenschub ausüben, müssen die Endwiderlager stark genug sein oder es ist ein Bogenanker einzubauen (Bild 220).

Wiederholungsfragen und Hausaufgaben

1. Welche Vorteile hat der Rundbogen?
2. Wie wird die Auflast auf die Widerlager übertragen?
3. Welche Vorteile bieten vorgekragte Widerlager?
4. Worauf ist beim Anreißen des Lehrbogens zu achten?
5. Warum müssen bei kleinen Spannweiten Keilsteine verwendet werden?
6. Wie fluchtet der Maurer die Bogensteine ein?
7. Nenne die Merkmale der drei Spitzbogenkonstruktionen!
8. Warum soll im Bogenscheitel des Spitzbogens keine Fuge liegen?
9. Wieviel Bogenmittelpunkte kann ein Korbbogen haben?
10. Nenne die günstigste Stichhöhe beim Korbbogen!
11. Worauf ist beim Einwölben des Korbbogens besonders zu achten?
12. Wovon ist die Tragfähigkeit des Korbbogens abhängig?

Rechenaufgaben

1. An einem Rundbogen mit ausgekragtem Widerlager ist eine Bogenleibung von 120° einzuwölben. Die Spannweite beträgt 1,135 m, die Bogenhöhe ist halbsteindick.
   a) Wie lang ist die Bogenleibung?
   b) Wieviel Schichten sind einzuwölben?
   c) Wie dick werden die Fugen an der Leibung?
   d) Wie lang ist die Bogenrückenlänge?
   e) Wie dick werden die Fugen am Rücken?

2. Wie lang ist die Bogenleibung und der Bogenrücken, wenn die Spannweite 1,26 m groß ist und die Bogenhöhe 24 cm beträgt?

3. Ein 1 Stein hoher Rundbogen mit einer Spannweite von 2,01 m soll aus Steinen im Dünnformat eingewölbt werden.
   a) Wie lang ist die Bogenleibung?
   b) Wieviel Schichten sind einzuwölben?
   c) Wie dick werden die Fugen an der Leibung?
   d) Wie lang ist der Bogenrücken?
   e) Wie dick werden die Fugen am Rücken?

4. Ein Rundbogen mit einer Spannweite von 3,26 m und einer Bogenhöhe von 36,5 cm soll aus Ziegeln im Normalformat hergestellt werden.
   a) Wie lang ist die Bogenleibung?
   b) Wieviel Schichten sind einzuwölben?
   c) Wie groß ist die Fugendicke?
   d) Wie lang ist der Bogenrücken?
   e) Wie dick werden die Fugen am Rücken?

5. Ein Rundbogen mit einer Spannweite von 1,01 m soll 1 Stein hoch mit Keilsteinen überwölbt werden. Die Dicke der Keilsteine beträgt am Rücken 7,1 cm, an der Leibung 5 cm.
   a) Wie lang ist der Bogenrücken?
   b) Wieviel Schichten sind einzuwölben?
   c) Wie dick sind die Fugen am Rücken?
   d) Wie lang ist die Bogenleibung?
   e) Wie dick sind die Fugen an der Leibung?

Überdecken von Öffnungen mit Stahlträgern

Verlegen von Stahlträgern. Stahlträger können einzeln von Hand, mit Traghebeln oder Tragzangen (Bild 268) zum Aufzug gebracht werden. Mehrere Stahlträger können mit der Aufzugsplatte oder 2 Ketten am Aufzug oder Kran so angehängt werden, daß sie waagerecht liegen. Bei geneigter Lage besteht die Gefahr, daß sie abrutschen und abstürzen. Die Folgen wären Gerüstbeschädigungen, Beschädigung von Bauteilen und Körperschäden, wenn sich Personen in der Fallrichtung befinden. Vor dem Hochziehen müssen alle Kettenglieder durch Anklopfen mit Rundholz gerade gerichtet werden.

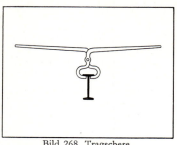

Bild 268. Tragschere

Merke: Niemals unter schwebenden Lasten aufhalten! Werkstücke und Stahlträger dürfen mit dem Aufzug oder Kran nicht ruckweise abgelassen werden, da hierdurch Seile oder Ketten reißen oder die Verbindungen sich lockern. Bei ruckartigem Aufsetzen auf den Gerüstbelag können diese brechen oder einstürzen.

Verlegt werden die Träger meistens von Hand (am oberen Flansch gefaßt, ohne oder mit Tragzange), und zwar an die mit Zementmörtelschicht abgeglichene und mit Kohle oder Kreide angerissene Stelle. Beide Auflager müssen gleich lang sein.

Zweckmäßigkeit der Trägerform. Träger dienen zum waagerechten Überspannen von Tür- und Fensteröffnungen. Trotz der geringen Abmessungen können sie auf Biegung beansprucht werden. Bei normalem I-Stahl beträgt die Flanschbreite $1/2$ bis $1/3$ der Trägerhöhe. Dieses Verhältnis der Flanschbreite zur Trägerhöhe ergibt die wirtschaftlichste Trägerform und erfordert im Vergleich zur Tragfähigkeit die geringste Stahlmenge.

Beispiel: Ein breitflanschiger Träger IP 12 hat einen Querschnitt von 34,3 cm² und ein Widerstandsmoment $W_x = 144$ cm³. Ein I 20 hat dagegen nur 33,5 cm² Querschnittfläche, aber ein erheblich größeres Widerstandsmoment $W_x = 214$ cm³. Deshalb ist auch das Normalprofil die meist angewendete Trägerform, wenn genügend Mauerhöhe zur Verfügung steht. Ist nicht genügend Bauhöhe vorhanden, z. B. beim Überdecken von Schaufenstern, so wählt man breitflanschige I-Stahl (IP).

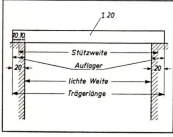

Bild 269. Auflager und Trägerlänge

Trägerlänge. Die Auflagerlänge der I-Träger muß so groß sein, daß die Unterlage aus Mauerwerk, Naturstein oder Beton in der Lage ist, den Auflagerdruck einwandfrei aufzunehmen. Bei normalen Belastungen und Trägern bis I 14 soll die Länge mindestens 18 cm betragen, bei höheren Trägern soll die Auflagerlänge der Höhe des Trägers entsprechen (Bild 269). Treten große Lasten auf, so muß die Auflagerlänge rechnerisch ermittelt werden.

Auflagerdruck und Auflagerfläche. Bei kleineren Trägern (bis I 12) genügt eine Zementmörtelbettung, die aber nicht bis an die Mauerkante reichen darf, da sonst durch Kantenpressung die Mauerwerkskanten abspringen können (Bild 270). Träger (bis I 20) müssen auf 6 bis 8 Schichten Mauerziegel Mz 150 in Kalkzementmörtel oder auf harte Natursteine von genügender Größe verlegt werden. Höhere Träger, insbesondere Unterzüge und nebeneinanderliegende Träger, erhalten als Auflager Unterlagsplatten oder Natursteine. Das darunterliegende Mauerwerk ist 6 bis 8 Schichten aus Klinkern oder Vormauerziegeln in Zementmörtel zu mauern (Bild 271). Die Größe der Auflagerfläche wird durch den Auflagerdruck sowie von der verwendeten Stein- und Mörtelart bestimmt. Mauerziegel Mz 150 in Kalkzementmörtel dürfen mit 12 kp/cm², in Zementmörtel dagegen mit 16 kp/cm² belastet werden (siehe auch Tafel 7).

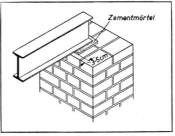

Bild 270. Richtiges Trägerauflager

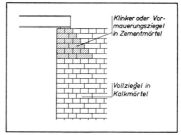

Bild 271. Trägerauflager aus Klinkern od. Vormauerungsziegeln in Zementmörtel

Beispiel: Ein I 24 mit einer Flanschbreite von 106 mm hat auf jedes Auflager 3400 kp zu übertragen. a) Wie groß ist die Auflagerlänge bei Mauerwerk aus Mauerziegeln Mz 150 in Kalkzementmörtel? b) Wie groß ist die Auflagerlänge bei Mauerwerk aus Mz 150 in Zementmörtel?

$$\text{Zu a: erf. } F = \frac{3400 \text{ kp}}{12 \text{ kp/cm}^2} = 284 \text{ cm}^2 \quad L = \frac{284 \text{ cm}^2}{10,6 \text{ cm}} = \text{rd. } 27 \text{ cm}$$

Die Auflagerlänge beträgt 27 cm + 5 cm Kantenabstand = **32 cm**

$$\text{Zu b: erf. } F = \frac{3400 \text{ kp}}{16 \text{ kp/cm}^2} = 215 \text{ cm}^2 \quad L = \frac{215 \text{ cm}^2}{10,6 \text{ cm}} = \text{rd. } 21 \text{ cm}$$

Die Auflagerlänge beträgt 21 cm + 5 cm Kantenabstand = **26 cm**

Unterlagsplatten und Auflagersteine. Hohe Träger, insbesondere Unterzüge und nebeneinanderliegende Träger erhalten oft als Auflager eine gemeinsame Unterlagsplatte aus Grauguß oder Flußstahl, deren Dicke 30 bzw. 20 mm beträgt. Der seitliche Überstand der Platten vom Trägerflansch beträgt höchstens bei Grauguß 3 d, bei Stahl 5 d, wobei „d" die Plattendicke ist (Bild 272). Auflagersteine sind so hoch zu wählen, daß die

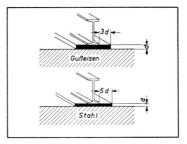

Bild 272. Überstand der Unterlagsplatten

Auflast einwandfrei auf das Mauerwerk übertragen werden kann, in der Regel genügen 20 cm Höhe. Der seitliche Abstand muß dabei $^2/_3\ h$ betragen (Bild 273). Das Mauerwerk darunter ist, wie schon erwähnt, aus Klinkern oder Vormauerziegeln in Zementmörtel zu mauern. Seitlich und darüber wird mit Kalkmörtel angemauert. Am Kopf des Trägers läßt man für jedes laufende Meter 1 cm als Dehnungsfuge. Trägerköpfe dürfen nicht durch die Außenmauer hindurchreichen; die Vormauerung muß mindestens $^1/_4$ Stein betragen.

Ausmauerung der Träger. Die Träger sind durch Schraubenbolzen mit Zwischenrohr (Bild 274) oder durch Bandstahlklammern (Bild 275) gegen Ausweichen zu sichern. Außerdem sind die Träger gegen Rostgefahr und Verlust an Tragfähigkeit bei eventuellen Gebäude-

Bild 273. Überstand beim Auflagerstein

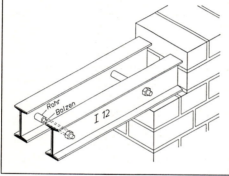

Bild 274. Trägerverbindung durch Bolzen mit Zwischenrohr

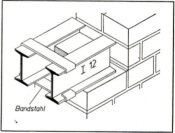

Bild 275. Trägerverbindung durch Bandstahlklammern

bränden zu schützen. Um als feuerbeständige Bauteile zu gelten, sind nach DIN 4102 Träger mit einer feuerbeständigen Ummantelung zu versehen.

Deshalb werden auf die Flanschen an den Außenseiten Steine hochkant mit Zementmörtel so eingesetzt, daß ihre äußere Seite mit der Mauerflucht übereinstimmt (Bild 276), oder dieser Raum wird ausbetoniert. Diese Ummantelung muß durch eingelegte Drahtbügel gegen Herabfallen gesichert werden und einschließlich des Putzes mindestens 60 mm dick sein. Die sichtbaren Flanschflächen müssen dabei mindestens mit 3 cm dickem Putz aus Kalkzementmörtel mit eingelegtem Drahtgewebe gedeckt sein. Als Putzträger ist Rabitzgewebe oder Ziegeldrahtgewebe zu verwenden. Der Hohlraum zwischen zwei Trägern wird entweder ausbetoniert oder mit Ziegelsteinen in Mörtel ausgedrückt. Man kann auch eine Flachschicht auf die unteren Flansche legen und darüber ausmauern oder ausbetonieren. Die Ausmauerung zwischen zwei Trägern muß diese gleichzeitig verspannen.

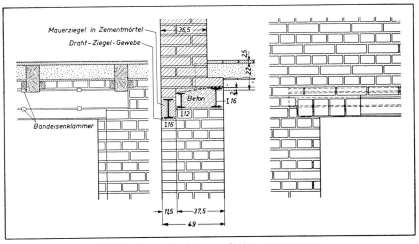

Bild 276. Fensterüberdeckung mit Trägerausmauerung

Wiederholungsfragen und Hausaufgaben

1. Warum wird bei I-Trägern das Normalprofil bevorzugt angewendet?
2. Wie groß ist die Flanschbreite beim Normalprofil?
3. Wann verwendet man vorzugsweise breitflanschige Träger?
4. Wie groß muß die Auflagerlänge bei normalen Belastungen der Träger bis NP-14 sein?
5. Wie ist das Auflager für kleine Träger auszubilden?
6. Wie ist das Auflager bei großen Lasten auszubilden?
7. Wovon ist die Auflagerlänge bei großer Belastung abhängig?
8. Wie groß darf der seitliche Abstand der Unterlagsplatten vom Trägerflansch sein?
9. Wie werden zwei Träger miteinander verbunden?
10. Warum müssen Trägerüberdeckungen mit einer feuerbeständigen Ummantelung versehen sein?
11. Wie kann eine feuersichere Ummantelung ausgeführt werden?
12. Wie dick muß die Ummantelung einschließlich des Putzes sein?
13. Wie sind beim Ummanteln die Trägerflächen zu behandeln?

Rechenaufgaben

1. Eine Öffnung mit der lichten Weite von 2,26 m soll mit Trägern I 14 überdeckt werden. Berechne die Trägerlänge bei normaler Belastung!
2. Das Trägerende eines I 20 mit einer Flanschbreite von 90 mm liegt 20 cm tief auf dem Mauerwerk auf. Das darunterliegende Mauerwerk aus Vormauerziegeln in Kalkzementmörtel kann mit 16 kp/cm² belastet werden. a) Welche Auflast kann das Trägerende aufnehmen? b) Wie groß ist die Trägerlänge bei einer Öffnung von 2,51 m? Berücksichtige den Mörtelabstand von Vorderkante Mauerwerk!

3. Ein Breitflanschträger IP 18 soll eine Auflast von 7240 kp auf eine Mauer aus Klinkern in Zementmörtel übertragen. a) Wie groß muß die Auflagerfläche sein? b) Wie groß ist die Auflagerlänge des Trägers? Kantenabstand ist zu berücksichtigen! c) Wie groß ist die Schnittlänge des Trägers bei einem Öffnungsmaß von 2,635 m?

4. Ein I 24 mit einer Flanschbreite von 106 mm liegt 27 cm weit auf Mauerwerk aus Vollziegeln Mz 150 in Kalkzementmörtel (siehe Tafel 7). Der Träger übt einen Druck von 4650 kp aus. a) Wie groß ist die Belastung des Mauerwerks pro cm²? b) Reicht die zulässige Druckspannung des Mauerwerks aus? c) Wie breit muß eine entsprechende Unterlagsplatte sein, wenn ihre Länge 24 cm beträgt?

Die einfachen Gewölbe

Tonnengewölbe

Der Mauerbogen hat die Aufgabe, eine Maueröffnung zu überdecken, während das Gewölbe einen Raum überspannt. Die weitgehende Verbreitung der eben gespannten Massivdecken, die sich wirtschaftlicher herstellen lassen und raumsparend sind, haben den Gewölbebau stark verdrängt. Er wird heute nur noch auf Sondergebieten der Baugestaltung angewendet.

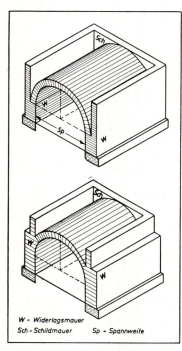

W = Widerlagsmauer
Sch = Schildmauer
Sp = Spannweite

Bild 277. Tonnengewölbe

Gewölbeformen. Die Grundformen aller Gewölbe ist das Tonnengewölbe. Es hat in der Regel einen halbkreisförmigen, zum Teil elliptischen Querschnitt. Die Bezeichnung der Gewölbeteile sind die gleichen, wie beim Mauerbogen (siehe Bild 216). Hinzu kommen die Mauern, die den Gewölberaum an den Stirnseiten abschließen; sie heißen Stirn- oder Schildmauern (Bild 277). Haben die Gewölbe keine Stirnmauern, bezeichnet man sie als offene Tonnengewölbe (Bild 278). Die Mauern, auf die sich das Gewölbe stützt, heißen Widerlagsmauern.

Übertragung der Auflast auf die Widerlagsmauern. Die Widerlagsmauern haben den Auflagerdruck und den Horizontalschub aufzunehmen und auf die Mauer zu übertragen. Deshalb ist besonders Wert auf richtige Ausbildung des Widerlagers zu legen. Falsch wäre es, die Widerlager bis zur Kämpferlinie herabzuziehen, da die Gewölbe dann von dem keilförmigen Zwischenwandfuß belastet und nach innen gedrückt werden (Bild 279).

Bild 278. Offenes Tonnengewölbe

Das ausgekragte Widerlager verstärkt die Widerlagsmauer, verringert die Spannweite und damit die Schubkraft (Bild 300). Man rechnet für halbkreisförmige Tonnengewölbe eine Widerlagsbreite von $^1/_5$ der Spannweite. Über 3 m hohe Widerlagsmauern sind noch um ca. 15% zu verbreitern.

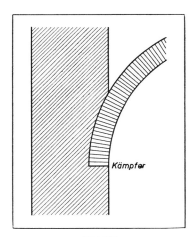

Bild 279.
Falsche Widerlagsausbildung,
Zwischenwand belastet

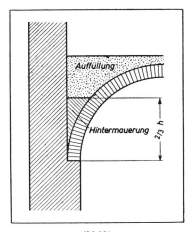

ild 280.
Brauchbares, abgesetztes Widerlager

Spannweite und Gewölbedicke. Die Gewölbedicke wird durch die Spannweite und Auflast bestimmt. Bei normaler Belastung rechnet man:

Tafel 28

Spannweite und Gewölbedicke

Spannweite	Gewölbedicke am Widerlager	Gewölbedicke am Scheitel
bis 3 m	½ Stein	½ Stein
3—4 m	1 Stein	½ Stein
4—5 m	1 Stein	½ Stein mit Verstärkungsrippe
5—6 m	1 Stein	1 Stein
6—8 m	1½ Stein	1 Stein mit Verstärkungsrippe

Die Verstärkungsrippen sind 1 bis 1½ Stein breit und ½ Stein hoch und sind in einem Abstand von 1,5 bis 2 m anzuordnen (Bild 282). Bei Verwendung von Bruchsteinen wird die Gewölbedicke vom Widerlager zum Scheitel verjüngt.

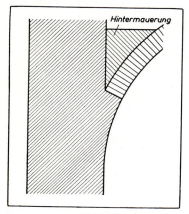

Bild 281.
Mauer mit ausgekragtem Widerlager

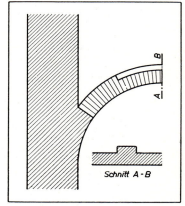

Bild 282.
Ausgekragtes Widerlager; Gewölbe mit Verstärkungsrippe im mittleren Teil

Die Einrüstung besteht aus Lehrbogen, die mit Doppelkeilen auf einem Lehrgerüst ruhen und gegeneinander abgesteift sind. Der Abstand der Bogen untereinander beträgt ca. 1 m; der Steifenabstand des Lehrgerüstes 1,5 m (Bild 283).

Beim **Einwölben auf Kuf** verlaufen die Gewölbeschichten parallel zu den Widerlagern. Die Ziegel werden hochkant im Läuferverband verlegt. Das Wölben geschieht auf einer Vollschalung. Vor Beginn des Wölbens müssen an den Stirnseiten der Schalung die Schichten eingeteilt werden. Es ist immer mit einer ungeraden Schichtenzahl zu teilen und von beiden Widerlagern aus zum Mittelpunkt nach der Schnur einzuwölben. Die Schlußschicht ist vollfugig und satt im Scheitel des Gewölbes einzusetzen.

Die offengebliebenen Fugen werden mit schlankem Mörtel der Mörtelgruppe II vergossen. Gewölbe ab 1 Stein Dicke werden im Block- oder Kreuzverband eingewölbt, für Verstärkungsrippen gilt der Verband für Mauervorlagen.

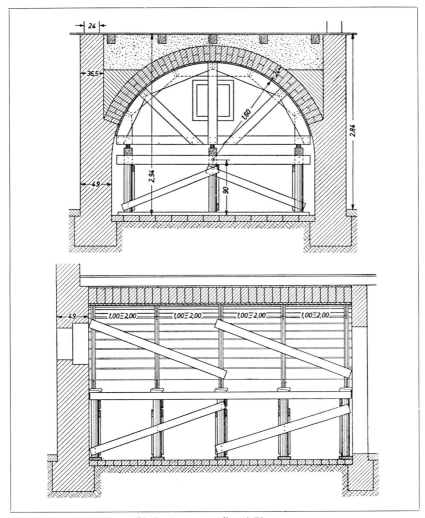

Bild 283. Tonnengewölbe mit Einrüstung

Hintermauerung. Das Tonnengewölbe erhält bis zu etwa $^2/_3$ seiner Höhe eine Hintermauerung, die aus Beton bestehen kann. Diese darf jedoch weder mit dem Gewölbe noch mit den Widerlagsmauern eine Verbindung

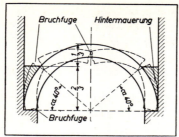

Bild 284. Gewölbehintermauerung und Lage der Bruchfugen

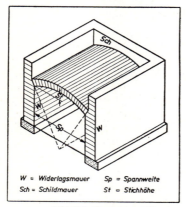

W = Widerlagsmauer   Sp = Spannweite
Sch = Schildmauer   St = Stichhöhe

Bild 285. Kappengewölbe

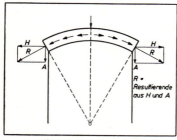

Bild 286. Zerlegung der Kräfte am Widerlager

haben. Wird das Gewölbe im Scheitel überbelastet, so entsteht an den Seiten eine Bruchfuge, dem die Hintermauerung entgegenwirken soll (Bild 284).

Kappengewölbe

Zweck der Kappe. Das Kappengewölbe ist der obere Teil eines Tonnengewölbes (Bild 285). Sein Querschnitt hat die Form eines Kreisabschnittes, deshalb auch die Bezeichnung Segmentbogengewölbe. Auch die Kappen sind von den ebenen Massivdecken verdrängt worden. Sie werden heute nur noch zum Überwölben von Kellern, Ställen und Küchen benutzt. Für Geschoßdecken sind sie wegen ihrer schlechten Wärme- und Trittschalldämmung weniger geeignet. Kappen sind im Gegensatz zur Holzbalkendecke feuerbeständig und beständig gegen tierische und pflanzliche Schädlinge. Außerdem ist die Tragfähigkeit und Lebensdauer erheblich größer als bei einer Holzbalkendecke.

Teile der Kappe. Die Bezeichnung der Gewölbeteile ist die gleiche wie für Mauerbogen (siehe Bild 216). Hinzu kommen noch die Mauern, die den Gewölberaum an den Stirnseiten abschließen; sie heißen Stirn- oder Schildmauern. Solche, auf die sich das Gewölbe stützt, heißen Widerlagsmauern (Bild 285), die untere Seite der Wölbung nennt man Leibung, die obere Gewölberücken.

Übertragung der Auflast auf die Widerlager. Die Widerlager müssen das Eigengewicht der Kappe und die Auflast aufnehmen und auf das Mauerwerk übertragen. Wie beim Segmentbogen entstehen dabei an jedem Widerlager ein Horizontalschub H und ein lotrechter Auflagerdruck A (Bild 286). Durch die auftretenden Schubkräfte ist es nicht zulässig, $1/2$ Stein dicke Mauern als Widerlager zu benutzen. Deshalb sind nur ausreichend dicke Widerlagsmauern, deren Dicke $1/4$ bis $1/5$ der Spannweite betragen muß, zulässig. Der Gewölbeschub wird durch Auflast, Spannweite und

Stichhöhe bestimmt. Das bewirkt, daß mit zunehmender Auflast und Spannweite der Gewölbeschub größer, bei zunehmender Stichhöhe jedoch kleiner wird. Als Beispiel sei eine Kappe mit einer Spannweite von 1,51 m und einer Nutzlast von 200 kg/m² angenommen (siehe Tafel 29).

Bei gleicher Spannweite und Belastung nimmt die Schubkraft am Widerlager mit kleiner werdender Stichhöhe zu.

Zulässige Spannweiten und Stichhöhen. Nach DIN 1053 muß die Stichhöhe mindestens $1/10$ der Spannweite betragen. Zulässige Stichhöhen siehe

Tafel 29

Stichhöhe	Schubkraft auf 1 m Widerlager in kp
$1/6$	630
$1/8$	795
$1/9$	875
$1/10$	955

Tafel 29. Die wirtschaftlichste Spannweite einer Kappe liegt etwa zwischen 80 cm und 1,50 m. Deshalb ist es wirtschaftlicher, einen Raum besser in kleinere Kappen aufzuteilen als eine große Kappe zu wölben. Es wird dadurch an Raumhöhe gespart, der Horizontalschub zwischen den einzelnen Feldern wird geringer und Material eingespart. Die Spannweite, Auflagerdruck und Gewölbeschub bestimmen die Gewölbedicke; deshalb muß bei großen Spannweiten und starker Belastung die Kappe so ausgebildet werden, daß sie am Widerlager dicker ist als in der Mitte. Zulässige Spannweite und Kappendicke siehe Tafel 30. Sollen Kappen zwischen I-Träger gewölbt werden, ist ein Abstand von 1 bis 1,5 m am wirtschaftlichsten. Zwischen **Gurtbögen** wird in einem Abstand von 2,5 bis 3,5 m gewölbt.

In Endfeldern solcher Decken aus Kappen muß der Gewölbeschub durch Zuganker aufgefangen werden, die sowohl an den Trägerenden als auch mindestens in den Drittelspunkten der Trägerlänge (Abstand höchstens gleich der Breite des Endfeldes) am letzten Träger zu befestigen sind. Ist das Endfeld weniger breit als $1/3$ der Trägerlänge, so müssen die Anker mindestens über 2 Endfelder geführt werden (DIN 1053 Abs. 5. 325).

Zweckmäßigkeit des Widerlagers am Mauerwerk und am Träger. Die Widerlager sind beim Aufmauern des Mauerwerks sofort mitzumauern. Man bildet sie bei Mauerabsätzen durch einfache Abschrägung (Bild 287), bei durchgehenden Mauern von geringer Dicke durch Vorkragen (Bild 288), bei dicken Mauern und Gurt-

Tafel 30
Spannweite und Kappendicke

Spannweite m	Dicke der Kappe am Scheitel	Dicke der Kappe am Widerlager
bis 2,00	$1/2$ Stein	$1/2$ Stein
2,00 bis 3,00	$1/2$ Stein	1 Stein
3,00 bis 3,50	1 Stein	$1 1/2$ Stein
3,00 bis 3,50	1 Stein	1 Stein und Verstärkungsrippen, Abstand 1,5-2 m

bogen durch Aussparen eines Spitzfalzes (Bild 289). Am Gurtbogen muß Unterkante Falz mindestens 8 cm über dem Leibungsscheitel des Bogens liegen. Soll zwischen I-Trägern gewölbt werden, kann das Widerlager durch eine schrägbehauene Ziegelrollschicht, durch besonders geformte Widerlagssteine oder Beton gebildet werden (Bild 290). Die Flanschbreite muß im allgemeinen der eines I 16 entsprechen. Trägerschutz s. Seite 193.

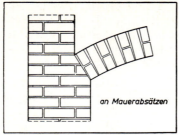

Bild 287. Widerlager an einem Mauerabsatz

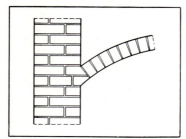

Bild 288. Durch Vorkragen gebildetes Widerlager

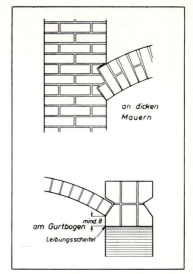

289. Ausgefalztes Widerlager an dicken Mauern und an Gurtbogen

Wölben der Kappen. Kappen können in verschiedenen Verbandarten eingewölbt werden, und zwar:
Wölben auf Kuf,
Wölben auf Schwalbenschwanz,
Wölben in Ringschichten.

Im Hochbau sind Mz 100, Hochlochziegel, Kalksandsteine und Hüttensteine in Mörtel der Mörtelgruppe II die für Kappen geeigneten Werkstoffe. Die Mindestdicke der Kappe beträgt 11,5 cm. Bei normaler Belastung reicht diese Dicke nach DIN 1053 für eine Spannweite bis etwa 2,5 m aus. Ein Festigkeitsnachweis ist nicht erforderlich. Nach DIN 1053 sind für befahrbare Hofkellerdecken, Durchfahrten und Decken in Fabrikräumen Steine mit einer Druckfestigkeit von 150 kp/cm^2 zu verwenden. Es muß im Verband gemauert werden (Kuf oder Schwalbenschwanz).

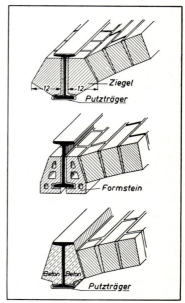

Bild 290. Widerlager am I-Träger

Einwölben auf Kuf. Wird auf Kuf eingewölbt, verlaufen die Schichten parallel zu den Widerlagern. Die Steine liegen hochkant und werden im

Läuferverband verlegt. 1 Stein dicke und dickere Kappen werden im Block- oder Kreuzverband eingewölbt. Nachteilig ist, daß keine Längsverspannung vorhanden ist. Diese Einwölbungsart bedarf einer vollständigen Einschalung. Sie besteht aus schmalen, 2 cm dicken Schalbrettern, die auf Lehrbogen gelegt werden (Bild 291). Die Lehrbogen

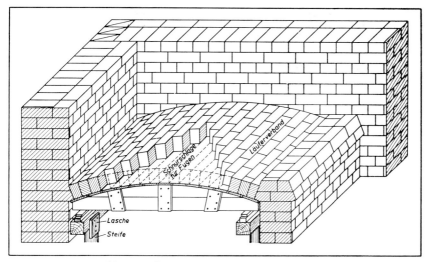

Bild 291. Wölbung auf Kuf mit Einrüstung auf Lehrbogen

sind aus ein oder zwei Bretterlagen gebildet und werden im Abstand von 1 m auf Rahmenhölzer (Holme) aufgestellt. Diese ruhen auf 1,5 m voneinander entfernt stehenden Stielen oder Steifen, welche mit den Rahmenhölzern durch Brettlaschen verbunden auf Doppelkeilen stehen. Damit die Stiele nicht in das Erdreich eindrücken, stehen diese auf Rüstbrettern. Das Lehrgerüst ist in Längs- und Querrichtung zu verschwerten. An Stelle der Stiele genügen auch Mauerhaken, die an der Wand befestigt und auf die Rahmenhölzer gelegt werden. Wird zwischen I - Trägern gewölbt, so nimmt man an Stelle der Brettlehren und Rahmenhölzer Hängeeisen (Bild 292) oder auch stählerne Scheren (Bild 293). Einfacher ist es, mit verstellbaren stählernen Lehrbogen einzuwölben, welche für jede Trägerentfernung eingestellt und an den unteren Trägerflanschen aufgehängt werden können (Bild 294). Vor Beginn des Wölbens müssen an den Stirnseiten der Schalung die Schichten in ungerader Zahl eingeteilt werden.

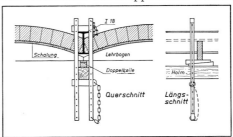

Bild 292. Einrüsten auf Hängeeisen

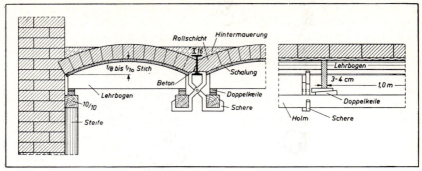

Bild 293. Einrüsten auf stählernen Scheren

Von beiden Widerlagern aus ist mit einer Bogenlehre radial zum Bogenmittelpunkt einzuwölben. Die Schlußschicht ist vollfugig und satt im Scheitel der Kappe einzusetzen. Die offengebliebenen Fugen werden mit einem schlanken Mörtel der Mörtelgruppe II vergossen. Da das fertige Gewölbe einen Seitenschub ausübt, müssen bei der Aufteilung mit I-Trägern die noch leeren Felder verspreizt werden, damit die Träger nicht seitlich ausbiegen. Da die Kufeinwölbung keine Längsverspannung besitzt, stößt das Gewölbe stumpf gegen die Schildmauern, die unbelastet bleiben. Den Schub und Auflagerdruck nehmen allein die Widerlagsmauern auf. Dadurch ist es möglich, das Gewölbe an jeder beliebigen

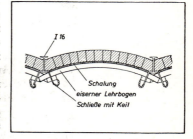

Bild 294. Einrüsten m. stählernen Lehrbogen

Stelle seiner Länge aufzulassen und Öffnungen auszusparen. Wird die Stirnmauer fortgelassen, entsteht ein offenes Gewölbe. Ist das Gewölbe genügend abgebunden, was etwa nach 8 Tagen der Fall ist, dann werden die Doppelkeile durch vorsichtiges Lockern gelöst und das Lehrgerüst behutsam entfernt.

Einwölben auf Schwalbenschwanz. Beim Wölben auf Schwalbenschwanz verlaufen die Schichten im Winkel von 45° zu den Widerlags- und Stirnmauern. Die Einwölbung kann bei geringer Spannweite auch ohne Einschalung nur auf Lehrbogen ausgeführt werden, wenn diese im Abstand von 40 bis 50 cm aufgestellt werden. Es wird in allen vier Ecken eines Feldes gleichzeitig begonnen (Bild 295). Die Endsteine müssen dem spitzen Winkel entsprechend schräg zugehauen werden (siehe Bild 295). Der Zusammenschluß in den Achsenlinien ist schwalbenschwanzförmig. Der Mittelschluß ist ein quadratisches Feld, welches bei NF-Steinen mit vier ganzen und zwei $^2/_3$ Steinen ausgefüllt wird. Bei starker Bogenkrümmung würden die Steine in den Stoßfugen oben klaffende Fugen bilden. Dadurch wären ungleiche Fugenpressungen möglich, die die Festigkeit des Gewölbes beeinträchtigen und zum Setzen des Gewölbes Anlaß geben würden. Deshalb werden die Steine an einer oder beiden Stirnseiten schräg zugehauen. Der Gewölbedruck verläuft hauptsächlich quer zu den Schichten. Eine andere Ausführungsart beginnt in der Mitte des Gewölbes

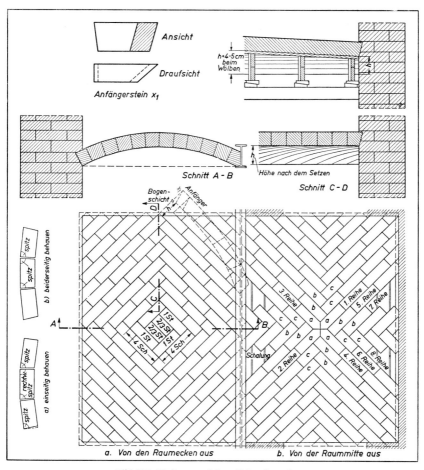

Bild 295. Wölbung auf Grat (Schwalbenschwanz)

und läßt die Schichten unter 45° zur Achse nach dem Widerlager verlaufen (Bild 295). Die ersten vier Steine (a) werden zugehauen und unter 45° zu den Achsen versetzt. In jedem Winkel folgt dann ein ganzer Stein (b) und ein $^3/_4$ Stein (c). Die Mittelreihen werden bis zu den Umfassungsmauern zuerst durchgewölbt, anschließend die übrigen Reihen mit ganzen Steinen fortgeführt und an den Widerlags- sowie Stirnmauern mit schräg gehauenen Steinen verspannt. Die schwalbenschwanzförmige Einwölbung ergibt eine gute Verspannung, weil alle vier Wände Gewölbedruck aufnehmen. Sie hat den Vorteil:

1. daß sich der Kappendruck auf alle vier Umfassungen des überwölbten Raumes verteilt,
2. daß sich das Gewölbe an den Stirnmauern weniger setzt, da jede Schicht in sich als Bogen verspannt ist,
3. daß keine durchgehenden Längsfugen entstehen,
4. daß im Fall a die Einwölbung ohne Schalung und nur auf Lehrbogen ausgeführt werden kann, wenn diese nur 40 bis 50 cm Abstand haben.

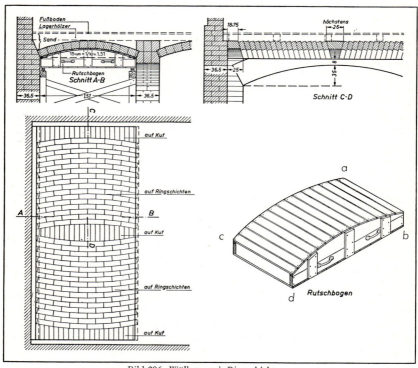

Bild 296. Wölbung mit Ringschichten

Einwölben mit Ringschichten. Bei dieser Einwölbungsart werden die einzelnen Ringschichten, zur Stirnmauer geneigt, im Läuferverband rechtwinklig zu den Widerlagern gegeneinander versetzt. Zum Wölben benutzt man den Rutschbogen, der als Lehrkasten etwa 80 cm breit ist. Der Deckel besteht aus aufgenagelten schmalen Schalbrettern und ist der Gewölbeleibung angepaßt. Der Rutschbogen gleitet auf den Kanthölzern des verstrebten Untergerüstes und wird durch Doppelkeile ein- und ausgerüstet. Er dient bis zum Einsetzen des Schlußsteines zur Unterstützung und als Lehre für die Gewölbeform (Bild 296).

Um das Untergerüst zu sparen, werden die Kanthölzer unter Trägern mit Scheren aufgehängt (siehe Bild 293). Ist der Rutschbogen mit seinen Kämpferlinien a bis b und c bis d auf Höhe der am Widerlager angerissenen Kämpferlinien aufgesetzt, beginnt das Einwölben. Man beginnt an beiden Stirnseiten zugleich. Zunächst wölbt man, von den Widerlagern beginnend, einen Bogen auf Kuf, dessen 1. Schicht 1 Stein lang ist. Die Steine der folgenden Schichten werden so behauen, daß die Steinlänge im Scheitel nur noch $3/4$ Stein, bei größeren Spannweiten $1/2$ Stein beträgt. Anschließend folgt die erste geneigte Ringschicht, deren Steine an der Kopfseite etwas schräg zugehauen werden,

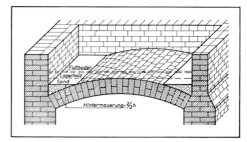

Bild 297. Kappenhintermauerung

damit sie mit gleichdicker Fuge an die vorderen anstoßen. Jeder Ring wird, an den Widerlagern beginnend, in der Mitte geschlossen. An Kopf- und Lagerfläche ist eine Mörtelfuge anzugeben. Dann wird der Ziegel hochkant auf den Rutschbogen gesetzt. Der Schlußstein muß satt in Mörtel stramm eingesetzt werden. Nicht keilen, sonst lösen sich die Ziegel vom Mörtelbett! Ist ein Feld gewölbt, wird mit schlankem Mörtel ausgegossen, um die offenen Fugen zu schließen. Der Kastenbreite und Reichweite des Maurers entsprechend, führt man zunächst eine Wölbung von 60 cm aus. Ist man am Ende des Rutschbogens angelangt, werden die Keile gelöst, zieht den Kasten etwa 70 cm soweit vor, daß er noch unter die letzte Schicht greift; dann wird er auf Höhe gebracht und unterkeilt. Das verbleibende Feld in der Mitte, am Scheitel 1 bis $1\frac{1}{2}$ Stein, am Widerlager $1/2$ Stein, wird mit Kufeinwölbung so versehen, daß die beiden Gewölbeteile gegenseitig verspannt werden (Bild 296). Nach den amtlichen Vorschriften sind Kappen mit Ringschichten eingewölbt nur bis 1,51 m Spannweite zulässig. Das Ausrüsten erfolgt durch Lösen der Doppelkeile, Fortnahme der Gleiträhme und gleichzeitiges Abnehmen des Rutschbogens.

Hintermauerung. Kappen mit größerer Spannweite und damit höherem Stich hintermauert man bis zu $2/3$ der Gewölbehöhe. Dadurch soll das Gewölbe gegen ein Ausknicken nach oben und den Seiten infolge des Gewölbeschubes gesichert werden (Bild 297). Bei Kappen mit geringer Spannweite wird bis zum Scheitel des Gewölberückens aufbetoniert und eben abgeglichen. Darauf kommt eine Dämmatte und Estrich bzw. Steinholz oder Sandfüllung mit Lagerhölzern und Fußbodenbelag. I-Träger in gewölbten Decken sind gegen Rosten durch Anstrich mit Zementschlämme zu schützen. Die nicht eingemauerten Teile werden mit einer 2 cm dicken Zementmörtel-Umhüllung gesichert.

Wiederholungsfragen und Hausaufgaben

1. Wodurch unterscheidet sich ein Mauerbogen von einem Gewölbe?
2. Aus welcher Grundform entwickelten sich die verschiedenen Gewölbe?
3. Welche Kräfte hat das Widerlager am Tonnengewölbe aufzunehmen?
4. Wie wird das Widerlager am Tonnengewölbe ausgebildet?
5. Welchen Einfluß hat die Spannweite und Stichhöhe auf die Gewölbedicke?
6. Beschreibe die Einrüstung für ein Tonnengewölbe!
7. In welchen Verbandarten kann ein Tonnengewölbe eingewölbt werden?
8. Welchen Zweck hat die Hintermauerung?
9. Was bezeichnet man als Kappengewölbe?
10. Worin besteht der Vorzug des Kappengewölbes?
11. Nenne die Teile des Gewölbes!
12. Wie groß ist die zulässige Spannweite zwischen Trägern bzw. Mauerwerk?
13. Nenne die üblichen Spannweiten und Kappendicken am Widerlager und am Scheitel!
14. Schildere die Zweckmäßigkeit des Widerlagers am Träger und am Mauerwerk!
15. Nach welchen Verbandarten können Kappen eingewölbt werden?
16. Welche Forderungen stellt die DIN 1053 an Kappengewölbe?
17. Wie wird bei Wölbung auf „Kuf" eingerüstet?
18. In welcher Weise wird auf Schwalbenschwanz eingewölbt?
19. Welche Vor- und Nachteile bietet die Einwölbung mit Ringschichten?
20. Beschreibe die Einrüstung!
21. Welchen Zweck hat die Hintermauerung?

Rechenaufgaben

1. Berechne zu folgenden Kappengewölben Stichhöhe und Dicke, wenn die Spannweite a) 1,50 m; b) 2,25 m; c) 3,50 m beträgt!
2. Wie groß ist die Spannweite von Kappengewölben höchstens zu machen, wenn die Stichhöhe a) 12 cm; b) 18 cm; c) 25 cm beträgt?
3. a) Wie groß ist die Bogenlänge einer Kappe für eine Spannweite von 1,20 m und $1/10$ Stich?
   b) Wieviel Schichten sind hierfür im Normalformat notwendig?
   c) Wie dick werden die Fugen an Leibung und Rücken?
4. Ein Raum von 6,51 m Länge und 3,76 m Breite wird durch vier I-Träger mit 90 mm Flanschbreite gleichmäßig unterteilt und mit einer 11,5 cm dicken Kappe eingewölbt.

a) Welche Spannweiten haben die Kappen?
b) Wie hoch ist die Stichhöhe bei $^1/_{10}$ Stich?
c) Wie lang ist der Bogen an der Leibung?
d) Wieviel Schichten sind mit NF-Steinen einzuwölben?
e) Wie dick werden die Fugen?
f) Berechne den Stein- und Mörtelbedarf (für 1 m² Kappengewölbe benötigt man 52 Steine und 42 *l* Mörtel)!

5. Berechne das Gewicht der Decke für einen Träger (aus Aufgabe 4), wenn auf jedem Träger je die halbe Last von zwei Feldern ruht! Volle Deckenlast 540 kg/m². Fertige eine Skizze an!

6. Berechne das Gewicht der Träger I 20 in Aufgabe 4, wenn 1 m = 26,3 kg wiegt! Auflagerlänge 20 cm.

Einmauern und Verankern der Balken

Balkeneinmauerung. Für die Balkenlagen müssen auf dem Mauerwerk des Geschosses ebene Auflagerflächen geschaffen werden. Die letzte Schicht, die Mauergleiche, muß an der Innenseite als Binderschicht ausgeführt und waagerecht abgeglichen sein. Vor dem Verlegen sollen die Balken durch den Zimmermann zum Schutz gegen eindringende Feuchtigkeit an den Auflagern ringsum mit einem Schutzanstrich (Xylamon, Antorgan, Basileum, Basilit, Hydrasil, Itex-Schwammschutz, Schwammschutz Rütgers u. a.) versehen und durch eine Unterlage aus Sperrpappe gegen aufsteigende Feuchtigkeit gesichert werden. Falsch ist es, die Stirnholzseiten mit einem Teer-Schutzmittel zu streichen oder gar mit Pappe zu benageln, da hierdurch das Austrocknen des Holzes beeinträchtigt bzw. verhindert wird. Dagegen ist es zweckmäßig, zum Schutz gegen Schwitzwasserbildung an der dünnen Vormauerung eine Leichtbauplatte von 2,5 bis 3 cm Dicke einzubauen unter Belassung einer Luftschicht zwischen

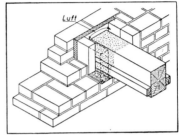
Bild 298. Balkeneinmauerung mit Dämmplatte

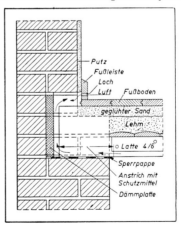
Bild 299. Balkeneinmauerung mit gespaltenen Lochsteinen seitlich

dieser und dem Balkenkopf, um den gleichen Wärmeschutz der normal dicken Außenwand zu erreichen (Bild 298). Bei Decken unter Küchen und Bädern sind alle Seiten von Holzteilen mit Holzschutzmitteln zu streichen.

Zum Schutz gegen Feuchtigkeit sind alle Balkenköpfe in Außenwänden trocken zu vermauern. An den Seitenflächen und an der Stirnfläche des Balkenkopfes verbleibt ein Luftraum von 2 bis 5 cm, den man zweckmäßig mit der Innenluft in Verbindung bringt (Bild 298). Damit der Balkenkopf festliegt, wird von beiden Seiten die 2. oder 3. Schicht des aufgehenden Mauerwerks ausgekragt und trocken an die Balken geführt. Man führt auch die Balkenausmauerung so aus, daß man Langlochsteine aufspaltet und sie mit ihren Kanälen trocken an die Balkenseiten setzt (Bild 299). Über dem Balkenkopf muß eine Luftschicht bleiben.

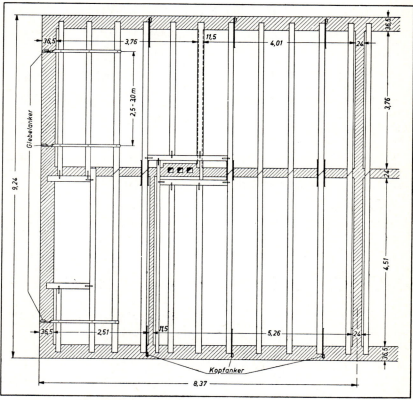

Bild 300. Verankerung der Balkenlage mit dem **Mauerwerk**

Maueranker. Die Standsicherheit eines Gebäudes darf nicht durch waagerechte Kräfte, z. B. Winddruck, oder durch ungleichmäßiges Setzen des Baugrundes gefährdet werden. Diese auftretenden Kräfte müssen durch Aussteifungen und Verankerungen aufgenommen werden. Den nach dem Gebäudeinnern gerichteten Kräften wirken die aussteifenden Querwände und besonders die Geschoßdecken entgegen. Als aussteifende Querwände gelten nach DIN 1053 = 11,5 cm bzw. 17,5 cm dicke im Verband mit den Außenwänden gemauerte Wände. Um einen Zusammenhalt der Umfassungswände miteinander zu gewährleisten, werden Verankerungen vorgenommen. Die DIN 1053 unterscheidet dabei die Balkenverankerung und die durchlaufenden Ringanker. Bei Holzbalkendecken kommen beide Arten zur Anwendung. Die Balkenverankerung unterscheidet Kopf- und Giebelanker. Kopfanker stellen die Verbindung zwischen den Außenwänden

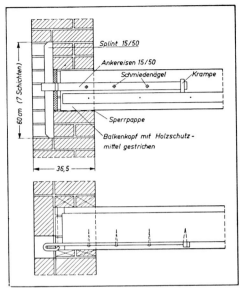

Bild 301. Balken-Kopfanker

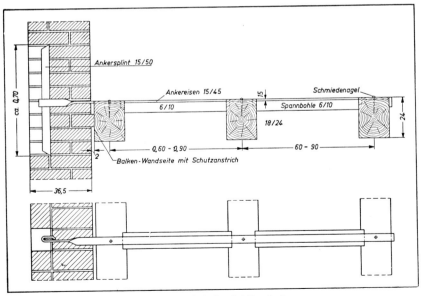

Bild 302. Giebelanker bei Putzflächen

her (Bild 301), dabei muß jeder dritte Balken an beiden Seiten je einen Anker erhalten. Die Anker können nur an ganzen oder zugfestgestoßenen Balken wirksam sein.

Das Einmauern des Splints (50 bis 70 cm Länge) ist in der Weise vorzunehmen, daß er in mindestens 24 cm Entfernung von der Innenflucht fest an der Mauer sitzt (Bild 301). Anker müssen stets über Pfeiler liegen und nicht über Öffnungen. Durch Giebelanker werden mehrgeschossige Giebelwände mit den Balkenlagen verbunden (Bild 300). Sie müssen über mindestens drei Balken reichen und in die Balken eingelassen sein; sie sind mit jedem Balken zu vernageln (Bild 302). Zwischen den Balken sind Spannriegel zu befestigen. Das Anbringen der Balkenanker ist Sache des Zimmermanns. In den Außenwänden sind durchlaufende Ringanker aus Beton mit Stahleinlagen anzubringen, um einen Zusammenhalt der Mauern in ihrer Längsrichtung zu gewährleisten. Sie sind in Höhe jeder Deckenlage oder unmittelbar darunter anzubringen. Die Ringanker sollen nach DIN 1053 etwa 15 cm hoch sein und sind oben und unten, möglichst in zwei sich schräg gegenüberliegenden Querschnittecken, mit je einem Bewehrungsstab von 12 mm Durchmesser zu bewehren (Bild 303). Bei Stahlbetondecken mit geeigneter Bewehrung, oder wenn die Bewehrung der Decke bis nahe an die Außenwände reicht, kann auf Ringanker verzichtet werden.

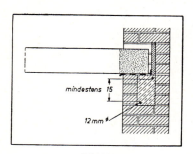

Bild 303. Ringankerausbildung nach DIN 1053

Holzbalkendecken

Zweck der Decke. Die Decke bildet den oberen Abschluß eines Raumes und den unteren Abschluß des Raumes darüber. Sie besteht aus dem tragenden Teil, dem dämmenden Teil und dem oberen und unteren Deckenabschluß. Der tragende Teil muß in der Lage sein, das Eigengewicht und die Verkehrslast (im Wohnungsbau 200 kg/m²) aufzunehmen und auf die Wände zu übertragen. Entsprechend ihrem Verwendungszweck müssen sie eine entsprechende Schall- und Wärmedämmung besitzen.

Zwischendecken. Soll die Decke möglichst dicht gegen durchlaufende Flüssigkeit, wärmedämmend, schalldämmend und feuerhemmend sein, so müssen die Balkenzwischenräume durch eine geeignete Zwischenfüllung ausgefüllt werden. Diesen Teil der Decke nennt man Zwischendecke. Die gebräuchlichste Art der Zwischendecken ist die Einschubdecke; sie besteht aus 2,5 cm dicken, rauhen und schmalen Brettern, meist jedoch aus 2 bis 4 cm dicken Schwarten. Diese werden auf seitlich an den Balken genagelte Latten gelegt. Die verbleibende Höhe muß mindestens 10 cm betragen. Die Ausführung des Einschubes ist schalltechnisch von erheblicher Bedeutung. Wenn eine Auffüllung mit Koksasche vorgesehen ist, muß unbedingt zunächst auf die Einschubschwarten oder -bretter ein Lehmschlag aufgebracht werden. Dadurch werden die Balkenfache abgedichtet und die Steifigkeit der Decke erhöht. Die Auffüllung allein oder das lockere Einfüllen irgendwelcher Faserstoffe oder -matten in die Balkenfache ist schalltechnisch wertlos. An Stelle des Lehmschlags legt man auf die Brettlage eine Dachpappe oder Ölpapier so hinein, daß die aufgebogenen Seiten bis Balkenoberkante reichen (Bild 304). Der Füllstoff muß trocken sein; man verwendet trockenen feinkörnigen Lehm (Lehmschüttung) oder schwefelfreie Schlacke (Koksascheschüttung) oder Sand. Vor dem Aufbringen des Füllstoffes muß der Lehmglattstrich vollkommen trocken sein, sonst bleibt das Holz feucht und anfällig für Pilze. Der Füllstoff darf nur bis 2 cm unter Balkenoberkante reichen und eben gestrichen werden. Bauschutt darf wegen der Schwammgefahr als Füllstoff nicht verwendet werden. Vor dem Einbringen der Schüttung sind Balken und Einschubbretter von Bauschutt zu säubern.

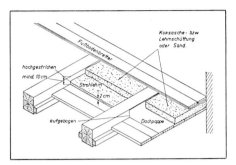

Bild 304. Einschubdecke

Anmachen des Lehmglattstrichs. Der Lehm wird auf einer Holzpritsche ausgebreitet, mit Wasser überbraust und so lange mit der Harke durchgearbeitet, bis ein gleichmäßig dünner Teig entsteht. Dann wird er mit kurzgehacktem Gerstenstroh (10 cm lang) untermischt und nochmals gut durchgeharkt. Das Gerstenstroh verhindert das Zerreißen und Zerbröckeln des ausgetrockneten Lehms.

Tafel 31 zeigt übliche Holzbalkendecken-Querschnitte nach DIN 1055, wie sie auch im sozialen Wohnungsbau angewendet werden.

Tafel 31 Holzbalkendecken

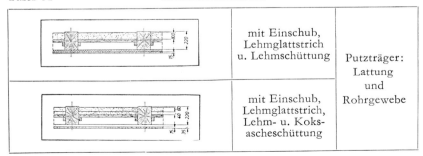

	mit Einschub, Lehmglattstrich u. Lehmschüttung	Putzträger: Lattung und Rohrgewebe
	mit Einschub, Lehmglattstrich, Lehm- u. Koksascheschüttung	

Tafel 31 (Fortsetzung)
Holzbalkendecken

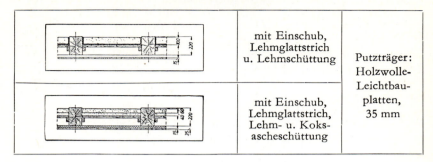

	mit Einschub, Lehmglattstrich u. Lehmschüttung	Putzträger: Holzwolle-Leichtbauplatten, 35 mm
	mit Einschub, Lehmglattstrich, Lehm- u. Koksascheschüttung	

Ermittlung des Deckengewichtes

Ein Raum mit einer lichten Weite von 4,80 m und der lichten Breite von 4,75 m soll mit einer Holzbalkendecke mit Einschubdecke nach DIN 1055 überdeckt werden (Bild 305).

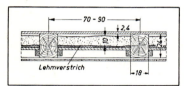

Bild 305. Deckenquerschnitt

Lösung: Zur Feststellung des Deckengewichtes muß zuerst der Querschnitt des Balkens geschätzt werden. Der notwendige Querschnitt des Balkens wird nach einer alten Zimmermannsregel festgestellt. Bei einem Balkenabstand von 80 bis 90 cm und einem Querschnittverhältnis von etwa 5:7 soll danach die Höhe des Balkens in cm gleich der halben lichten Weite in dm sein, hier im Beispiel also $h = 0.5 \times 48.0 =$ **24 cm**, oder der Querschnitt etwa 18/24 cm. Mit diesem Querschnitt ergibt sich bei

 4,75 m lichter Breite des Raumes
 0,03 m Balkenabstand von der Wand und
 0,18 m Balkenbreite

ein Balkenabstand von $e = (4{,}75 - 2 \times 0{,}03 - 0{,}18) : 5 =$ **0,90 m**

Die Stützweite $l = 1{,}05$ der lichten Weite w, also $l = 1{,}05 \cdot 4{,}80 =$ **5,04 m**

Das Eigengewicht der im Beispiel gewählten Holzbalkendecke mit Einschub und Lehm oder Sandschüttung ist:

Bretterfußboden 24 mm dick = $2{,}4 \times 6$ kg/m² = 14 kg/m²
Balken 18/24 cm bei 0,90 m Abstand von Mitte bis Mitte

$$0{,}18 \times 0{,}24 \times 600 \times \frac{1{,}0}{0{,}9} = \frac{29 \text{ kg/m}^2}{43 \text{ kg/m}^2}$$

Einschub mit Lehm oder Sandschüttung
 Latten 3/5 cm   = 2 kg/m²
 Schwarten   = 13 kg/m²
 Lehmverstrich   = 10 kg/m²
 Auffüllung (Lehm oder Sand 10 cm dick) = 160 kg/m²
                 = 185 kg/m²

	Übertrag =	43 kg/m²
also $(0{,}90 - 0{,}18) \times 185 \times \dfrac{1{,}0}{0{,}9}$	=	148 kg/m²
Schalung 2 cm dick	=	10 kg/m²
Rohrputz	=	20 kg/m²
Eigengewicht der Decke	=	221 kg/m²
Verkehrslast nach DIN 1055	+	200 kg/m²
Gesamtgewicht	=	421 kg/m²

An Stelle der Einschubbretter oder -schwarten mit Lehmschlag und Schüttung können auch Bimsbauplatten (Bild 306), Schwemmsteine, dickere Gipsdielen- oder dickere Holzwolle-Leichtbauplatten verwendet werden.

Decken ohne Einschub müssen für eine ausreichende Luftschall- und Trittschalldämmung eine besonders sorgfältige Durchbildung des schwimmenden Holzfußbodens und der Unterdecke erhalten. Bild 307 zeigt eine leichte Holzbalkendecke ohne Einschub. Unter Lagerhölzern, die zur Befestigung des Fußbodens dienen, liegen schalldämmende Streifen aus Faserplatten (Rollflies). Die Ausfüllung der Gefache zwischen den Lagerhölzern wird ebenfalls mit Fasermatten vorgenommen. Für beide Fälle: Matten aus Steinwolle, Schlackenwolle, Holzfaser oder Seegras. Als Wärmeschutz und Putzträger dienen 35 mm dicke Holzwolle-Leichtbauplatten.

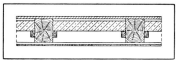

Bild 306. Holzbalkendecke mit Bimsbauplatten als Einschub. Darunter Lattung, Rohrung und Putz

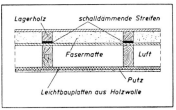

Bild 307. Leichte Holzbalkendecke ohne Einschub

Windelboden. Der Windel- oder Wickelboden (Bild 308) ist eine schwere, dichte und warmhaltende Zwischendecke. Sie wird heute kaum ausgeführt. Beim ganzen Windelboden haut der Zimmermann in die Balken 5 bis 6 cm von der Balkenunterkante entfernt Spitz-Nuten ein. In diese werden die mit Strohlehm umwickelten 4/6 bis 5/8 cm starken, an

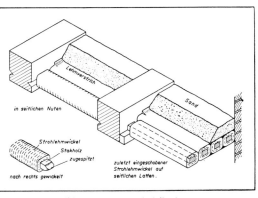

Bild 308. Ganzer Windelboden

den Enden zugespitzten Stakhölzer eingeschoben, die fest aneinander getrieben und mit Lehm unten und oben verstrichen werden. Die gespaltenen, buchenen Stakhölzer kann man auch auf Latten legen. Bei dieser Art ist oben seitlich bis zu den Balken mit Strohlehm dicht zu verstreichen. Das Austrocknen des Strohlehms dauert längere Zeit. Danach werden die Balkenfache mit trockenem Lehm, Sand oder Schlacke aufgefüllt.

Der halbe Windelboden wird in gleicher Weise ausgeführt. Jedoch liegen hier die Staken 10 bis 15 cm unterhalb Balkenoberkante (Bild 309). Durch diese Ausführung wird die Decke leichter.

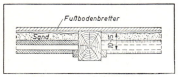

Bild 309. Halber Windelboden

Umwickeln der Stakhölzer. Die mit langem Gerstenstroh hergerichteten Lehmpatzen wickelt man der Reihe nach so um das Stakholz, daß eine ovale Form (Walze) entsteht, die man gleichmäßig abstreift (Bild 308). Die umwickelten Stakhölzer werden dem Einstreifer (Sticker) auf dem Gerüst zugereicht; dieser streift sie nacheinander ein und verstreicht sie an den Stößen.

Holzbalkendecken mit ausreichendem Schallschutz

Man hört häufig die Auffassung, daß sich Holzbalkendecken schalltechnisch allgemein günstiger verhalten als Massivdecken. Das ist aber keineswegs der Fall. Auch die Holzbalkendecke ohne Zusatzmaßnahmen genügt keinesfalls jenen Anforderungen, die an den Luft- und Trittschallschutz in Wohnbauten gemäß DIN 4110 bzw. 52 211 E zu stellen sind. Der Grund, warum bei Holzbalkendecken diese ungenügenden Eigenschaften meist hingenommen werden, scheint darin zu liegen, daß die möglichen Verbesserungsmaßnahmen zu wenig bekannt sind. Dafür gibt es grundsätzlich zwei Möglichkeiten: a) Trennung der Dielung oder des Fußbodenbelages vom Balken; b) Trennung des Putzträgers oder der Unterdecke vom Balken.

Wege der Schallübertragung. Die einfachste Ausführung einer Holzbalkendecke besteht aus einem auf die Balken genagelten Fußboden und einer ebenfalls an den Deckenbalken befestigten Verkleidung, z. B. einem Putzträger mit Putz. Bild 310 zeigt den Querschnitt durch eine solche Decke. Die Schallübertragung erfolgt über die Balken und nicht über den Luftraum. Dämm-Matten im Deckenhohlraum sind deshalb schalltechnisch wirkungslos. Solche Deckenkonstruktion erfüllt daher die Anforderungen bezüglich Luft- und Trittschalldämmung keineswegs und sollte als Wohnungstrenndecke nicht angewendet werden. Eine Verbesserung der Schalldämmung können

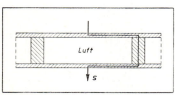

Bild 310. Weg der Schallübertragung (s) bei einer Holzbalkendecke ohne Zwischendecke.

Füllungen aus Schlacke oder Sand bringen. In Bild 311 ist die übliche Ausführung einer solchen Holzbalkendecke mit Einschub und Auffüllung im Querschnitt dargestellt. Wir wollen annehmen, daß auf der Decke hin-

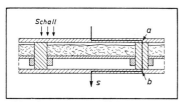

Bild 311. Weg der Schallübertragung bei einer üblichen Holzbalkendecke. Verbesserung durch Unterbrechung des Leitungsweges an den Stellen a oder b

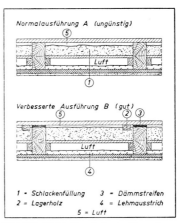

1 = Schlackenfüllung 3 = Dämmstreifen
2 = Lagerholz 4 = Lehmausstrich
5 = Luft

Bild 312. Holzbalkendecke in Normalausführung und in verbesserter Ausführung

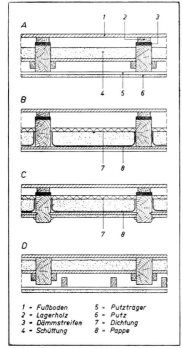

1 = Fußboden 5 = Putzträger
2 = Lagerholz 6 = Putz
3 = Dämmstreifen 7 = Dichtung
4 = Schüttung 8 = Pappe

Bild 313. Beispiele für schalltechnisch einwandfrei ausgeführte Holzbalkendecken

und hergegangen wird. In diesem Falle wird der Fußboden in Schwingungen versetzt, die auf die untere Putzschale übertragen werden und dort zu einer Luftschall-Abstrahlung in den darunterliegenden Raum führen. Der hauptsächliche Übertragungsweg ist in Bild 311 durch den Linienzug s mit Pfeil angedeutet. Diesen Übertragungsweg müssen wir unterbrechen, wenn wir die Schalldämmung verbessern wollen. Der andere Weg, den man früher durch Verwendung großer Balkenquerschnitte und schwerer, steifer Füllungen beschritten hat, ist für uns heute aus wirtschaftlichen Gründen ungangbar.

Richtige Ausführungen. Bild 312 zeigt zwei Deckenausführungen, von denen die Ausführung A einen normal auf den Balken aufgenagelten Fußboden besitzt, während bei der Ausführung B ein Dämmstreifen aus nichtgebundenen Holzfasern auf die Balken gelegt wurde. Den Erfolg dieser Trennung zeigten Messungen: bei der Normalausführung A entsprach sowohl der Luft- als auch der Trittschallschutz bei weitem nicht, während die Decke B durch die geänderte Auflagerung des Fußbodens alle Anforderungen befriedigte. Der Schallschutz entsprach bei der Decke B dem einer Massivdecke mit gut ausgeführtem schwimmendem Estrich und erfüllte die Anforderungen der DIN 4110 bzw. 52 211 E. Bild 313 enthält eine Reihe weiterer Beispiele für die Ausbildung schalltechnisch ausreichender Holzbalkendecken. Die Ausführung C ist für den Fall gedacht, daß die Decke unterseitig sichtbare Balken aufweisen soll. Die Füllungen bei den Ausführungen B und C sollen aus schalltechnischen Gründen oberseitig mit einer Dichtung versehen werden, wozu sich beispielsweise Holzwolle-Leichtbauplatten mit Porenverschluß auf einer Plattenseite eignen würden.

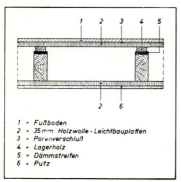

Bild 314. Schalldämmende Holzbalkendecke unter Verwendung von Holzwolle-Leichtbauplatten

1 = Fußboden
2 = 35 mm Holzwolle-Leichtbauplatten
3 = Porenverschluß
4 = Lagerholz
5 = Dämmstreifen
6 = Putz

Eine gute Schalldämmung bei einer Holzbalkendecke ohne Einschub bringt eine mit oberseitigem Porenverschluß versehene Holzwolle-Leichtbauplatte, die, wie in Bild 314 dargestellt, unter dem Fußboden angeordnet ist. Bei einer solchen Deckenausführung kommen außerdem die schallschluckenden Eigenschaften der Platten zur Wirkung, und schließlich wird auch der Wärmeschutz der Decke durch die Verwendung dieser Platten merklich verbessert.

Wiederholungsfragen und Hausaufgaben

1. Nenne den Zweck der Decke!

2. Aus welchen Teilen besteht eine Holzbalkendecke?

3. Was versteht man unter Zwischendecke?

4. Warum muß bei einer Koksaschenschüttung auf die Schwarten oder Einschubbretter zuerst ein Lehmschlag oder Ölpapier aufgebracht werden?

5. Warum darf der Füllstoff nur bis 2 cm unter Balkenunterkante reichen?

6. Warum wird dem Lehm für den Lehmausstrich Stroh untergemischt?

7. Wie groß ist die Verkehrslast für Holzbalkendecken in Wohnhäusern?

8. Wie sind Decken ohne Einschub auszubilden?

9. Wie kann bei einer leichten Holzbalkendecke die Schallübertragung vermindert werden?

Sachwörterverzeichnis

(Die Zahlen geben die Seiten an)

A

Abdichten mit Anstrichmitteln	6
Abdichten von Hochbauten gegen Erdfeuchtigkeit	5
Anforderungen an den Putz	83
Anhaften der Anstrichmittel	11
— Arbeitsregeln	11
Anhydrit	78
Anker	199
Anreißen der Lehrbogen	160, 161
Anstrichmittel zum Abdichten	6
— Zusammensetzung	8
— Mindestverbrauch	8
Arbeitsgerüste für Schornsteine	72
Asphalt	6
Auslegergerüste	71
Außenrüstungen	63

B

Balkenanker	199
Balkeneinmauerung	197
Balkenschalung	110
Baudraht	137
Baugipse	76
Beton-Güteklassen	126
— Güteprüfung	126
— Herstellung, Grundregeln	124
Beton-Stähle	112
— Verlegen u. Flechten	121
Betonstürze, Zusammenwirken von Beton u. Stahl	109, 110
— Zweck u. Auflagerlänge	128
— Versetzen	129
Bewehrung	117
Bewehrung, Arbeitsregeln	123
Bewehrungs-Plan	122
— Knoten	123
Biegeplan	119, 120
Bitumen	6
Bitumen-Pappen	9
Bogen-Teile	158
— Einrüsten der Stichbogen	162
— Einwölben	163
— Einteilen der Schichten	164
— scheitrechter	169
— Widerlagsneigung	169
— Fugenrichtung	169
— Einrüsten scheitrechter Bogen	170
Bogen, scheitrecht einwölben	171
— Setzen	172
Bügel	118

D

Dachpappen	9
Dämmstoffe	16
Dauerhaftigkeit von Baustoffen	153
Deckengewicht	202
Decken ohne Einschub	203
Deckenputz	103
— Putzträger	104
— Ausführung	105
— auf Leichtbauplatten	107
— auf Massivdecken	108
Dichtungskitte	26
Dichtungsstoffe	6
Druckspannungen für Mauerwerk	35
Duroplaste	21
Duroplastische Kunststoffe	31

E

Einrüsten der Bogen	162
Einschubdecke	201
Einwölben der Bogen	163
Entlastungsbogen	166
Estrichgips	78

F

Fenster-Öffnungen	37
— Größen u. Arten	38
— Anschlag	40, 41
Fensterstürze bei Hohlblockmauerwerk	129
Feuchtigkeitsschutz	5
Fugenrichtung bei Bogen	169
Fußbodenbeläge	28

G

Gasbeton	148
Gerüste; s. Rüstungen	63
Gewölbe	184
— Einrüstung	186
— Hintermauerung	187
Giebelanker	199
Gipse	76
— Kennzeichnung	78
— Herstellung, Verwendung u. Eigenschaften	76
— Erhärten	80
— Einstreumenge	80
— Gieß-, Streich- und Abbindezeit	81

H

Hauptgruppen der Kunststoffe	21
Hinterfüllen des Mauerwerks	12
Hintermauerung bei Gewölben	187
— bei Kappen	195
Hohlblock-Steine	138, 139, 140
— Verbände	142
— Arbeitsverfahren	145
— Materialbedarf, Wandgewicht, Dämmwerte	146
Hohlmauern, Zweck	131
— Vor- u. Nachteile	132
— Ausführung	132

K

Kalksand-Hohlblocksteine 147
Kappengewölbe 188
— Lastübertragung 188
— zulässige Spannweite u. Stichhöhe ... 189
— zulässige Kappendicke............. 189
— Widerlager 189
— Wölben der Kappen............... 190
Kopfanker 199
Korbbogen......................... 177
— Wölben 178
Kunststoffe........................ 20
Kunststoffglas 27
Kunststoffüberzüge 23

L

Lastübertragung b. Segmentbogen 159
Lehrbogen aufreißen 160
Leichtbetonsteine: Vorschriften
  für Mauerwerk.................... 151
— zuläss. Mauerfestigkeit 151
Leichtbetonsteine.................... 136
Leichtbeton-Vollsteine u. -Wände....... 136
— Hohlblocksteine 137
— desgl. aus Ziegelsplitt 140
— desgl. aus Bimsbeton 141

M

Maßnahmen zur Verbesserung
  des Schallschutzes................ 15
— des Wärmeschutzes 14
Marmorgips 78
Maueranker 199
Mindestwanddicken für Wände
  aus Leichtbeton 152

P

Pfeiler 32
— rechteckig u. quadratisch 32
Putzarbeiten 83
— Fehler u. Mängel 92
— Arbeitsregeln 94
Putzgrund 84
Putzmörtel, Anforderungen u. Aufbau .. 88
— Sandkörnung 89
— Mischverhältnisse 91
Putzgeräte 93
Putzgips 77
Putz auf Holz, Beton u. Metall 98
Putzträger 99

R

Rohrmatten 102
Rohrleitungen (PVC) 92
Rundbogen: Tragfähigkeit,
  Widerlager u. Einwölben 173
Rüstbretter 67
Rüstungen: Stangengerüste 63, 64
— Zweck u. Arten 63, 69
— Verankerung, Streben 68
— Abmessungen 69
— Verwendungsart 69
— aus Stahlrohr 70
— Schutzbestimmungen 73

S

Schalungsfolien, -tafeln, -hilfsmittel 23
Segmentbogen...................... 158
— Lastübertragung 159
Seilknoten 74
Setzen des Bogens 172
Sieblinien 125
Sohlbänke 43, 44

Sch

Schallschutz bei Holzbalkendecken ..204, 205
Schallübertragung 204
Schalung für Beton 110
Schalungsfristen 128
Schaumbeton 148
Scheitrechter Bogen 169
Schornsteine: Zweck, Bezeichnung, Teile 46
— Zug 47, 48
— Querschnitt 48
— russische u. besteigbare 48, 49
— Wangen u. Zungen 50
— Fugenzahl u. -dichte 50
— Innenflächen....................50, 51
— zulässige Steine 51
— Reinigungsöffnungen 52
— Lage..........................52, 53
— freistehende 54
— einreihige Gruppen in vollen Mauern 54, 55
— desgl. zweireihig 56
— Auflager 57
— aus Formsteinen 59
Schwellen für Türen 45

Sp

Spannweite der Bogen 160
Sperrpappen: Verlegen 9
Spitzbogen: Ausführung 176

St

Stahleinlagen: Zuschneiden 114
— Vorgang im Gefüge beim Biegen 115
— biegen 116
Stahlträger: Überdecken von Öffnungen . 180
— Verlegen, Trägerform und
  Trägerlänge 180
— Auflager-Druck u. -Fläche 181
— Ausmauerung 182
Staken u. Stakhölzer 204
Stichhöhe der Bogen 160
Streckmetall 140
Stuckgips 77

T

Teer.............................. 7
Teerpappen........................ 9
Thermoplaste 21
Thermoplastische Kunststoffe........30, 31
Tonnengewölbe, Formen 184
— Widerlagsmauern 134
— Spannweite u. -dicke 185
Türöffnungen, Größen 39
— Anschlag 40
Türschwellen 45